# 地方発 明治妖怪ニュース

湯本豪一 編

柏書房

## はじめに

江戸時代の人たちは妖怪好きだ。夜、何人もが集まって順番に怪談を話し、一話終えるごとに一本ずつ灯を消して、最後の一本が消えると怪異が起こるという百物語の言伝えを実践した遊びが流行したのもこの時代だ。また、版本、錦絵などにとどまらず、双六、カルタといった玩具にも妖怪が登場する。

しかし、多種多様な妖怪が跳梁し、独特の豊かな妖怪世界をつくりあげていた江戸という時代もやがて終焉を迎え、近代国家〝明治〟がスタートする。科学技術の発達は人びとに恩恵をもたらし、ランプ、ガス灯、電気の普及によって魑魅魍魎が跋扈する闇の世界もつぎつぎと人間のものとしていった。

このような時代にあっても妖怪たちは人びとの心の奥底でしたたかに生き抜き、近代国家の成立とともに発展していった〝新聞《メディア》〟という媒体のなかで再び跳梁することとなる。一昨年刊行した『明治妖怪新聞』ではそんな状況を中央紙の記事を中心にピックアップして、近代国家づくりに邁進する時代相とは裏腹に怪奇譚や妖怪話が新聞を賑わせていたことを紹介した。これらの記事はバラエティに富み、江戸時代の妖怪世界が連綿と引き継がれていることを示している。記事の発信源も北海道から九州まで各地に及び、海外からのものまでも散見されるほどである。

これら中央紙の記事のなかには地方紙からの転載や地方の読者からの情報提供によるものも少なくなかった。明治における新聞の発達はめざましく、全国各地に多くの地方紙を誕生させている。地方紙はもちろん中央の情報を掲載していたが、地域の話題も大きなウェイトを占め、中央紙には掲載されることのない独自の記事が珍しくなかった。怪奇譚や妖怪話についても例外ではない。中央紙に掲載される地方の情報には限界があり、同じ話題を取り上げても内容が食い違うこともしばしばみられる。

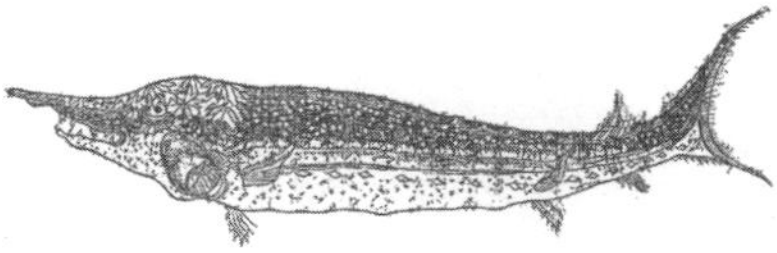

　このようなことからも地方紙の記事を扱わなくては新聞での妖怪情報を十分にフォローしたとは言い難い。本書を刊行したのもこうした理由からで、『明治妖怪新聞』と併読していただくことを希望している。そこから、明治における妖怪の諸相の一端を伝えることができればと思うのである。また、本書には『明治妖怪新聞』において紹介した、中央紙に載ったものと同じ話題の記事もいくつか掲載している。これらを読みくらべて相違を見てみるものも興味深いことではないだろうか。

　何はともあれ、〝明治の妖怪世界〟を楽しんでいただければ幸いである。

　なお、本書刊行にあたっては佐保勲氏、女井正浩氏にお世話になった。記して感謝申し上げげたい。

二〇〇一年五月

編者識

# 凡例

1……記事は、一九世紀の明治期の地方紙を中心に収録した。出典は各記事の末尾に◉に続けて示した。

2……本文中に収録しているケイで囲った図は、記事内容にあわせ、別資料から選んだ。それ以外の図は記事に付属したものである。

3……記事を収録するにあたって、事件の起こった地を現代の地図と照合し、地方別に分けて章立てした。

4……既に付いていたものも含め、各記事の小見出しはすべて新たに付け直し、続けて記事内容の要約を挿入した。

5……各記事の冒頭に事件発生の地を明記した。なお、都道府県名については、現代の行政区分にあわせたものであり、当時の都道府県名とは異なる場合がある。

6……収録記事の資料性と読みやすさをできるかぎり両立させるべく、以下の方針によった。

●漢字は新字体のあるものはそれを用いた。

●原文には句読点がほとんどないので適宜補った。

●原文の仮名づかいの不統一はそのままにした。

●清濁や誤字については正しいと思われる形に修正したが、当時の当字についてはなるべくそのままとした。

●振り仮名は原文にあったもののうち煩雑な部分を削除し、必要と思われる箇所には新たに付けた。

●地の文と登場人物の発言が紛らわしいところは、「　」でくくった。

●反復記号は原文のままを原則としている。

7……収録された記事のなかには、現代にあっては当然配慮の必要のある語句や表現が、当時の社会的・時代的背景を反映して使用されているものがある。しかし、そのような記事が実際に書かれ、読まれてきたこと、またその社会状況を読者に知ってもらうことこそが差別や偏見の解消につながると考え、あえて原文のまま収録した。

# 地方発　明治妖怪ニュース／目次

◆コラム

# 明治怪奇報道地方新聞一覧

本書編集に利用した新聞の一覧
（　）内は発行地の現在道府県名

愛知新聞（愛知県）
秋田魁新報（秋田県）
秋田日報（秋田県）
秋田日々新聞（秋田県）
伊勢新聞（三重県）
茨城新報（茨城県）
岩手新聞（岩手県）
蝦夷日報（北海道）
愛媛新報（愛媛県）
奥羽日日新聞（宮城県）
大阪日報〔就将社〕（大阪府）
小樽新聞（北海道）
海南新聞（愛媛県）
香川新報（香川県）
河北新報（宮城県）
紀伊毎日新聞（和歌山県）
九州日日新聞（熊本県）
九州日報（福岡県）
京都絵入新聞（京都府）
京都滋賀新報（京都府）
京都新報（京都府）
熊本新聞（熊本県）
高知日報（高知県）
甲府日日新聞（山梨県）
神戸又新日報（兵庫県）
西海新聞（長崎県）
西京新聞（京都府）
佐賀新聞（佐賀県）
佐渡新聞（新潟県）
山陰新聞（島根県）
山陽新報（岡山県）
静岡新聞（静岡県）
静岡大務新聞（静岡県）
信濃毎日新聞（長野県）
紫溟新報（熊本県）
下野新聞（栃木県）
新愛知（愛知県）
中京新報（愛知県）
中国（広島県）
鎮西日報（長崎県）
土陽新聞（高知県）
出羽新聞（山形県）
東奥日報（青森県）
東北日報（新潟県）
徳島日日新聞（徳島県）
栃木新聞（栃木県）
富山日報（富山県）
長野新聞（長野県）
南海新聞（愛媛県）
新潟新聞（新潟県）
日本立憲政党新聞（大阪府）
函館公論（北海道県）
函館新聞〔北溟社〕（北海道）
日出新聞（京都府）
広島新聞（広島県）
福井新聞（福井県）
福井新報（福井県）
福岡日日新聞（福岡県）
福島新聞（福島県）
福陵新報（福岡県）
扶桑新聞（愛知県）
普通新聞（徳島県）
北陸日報（石川県）
北海朝日新聞（北海道）
松江日報（島根県）
山形新聞（山形県）
弥生新聞（高知県）
陸羽日日新聞（宮城県）

地方発　明治妖怪ニュース

## ◉度量衡換算表

1 里＝約 4 km
1 町（丁）＝60 間＝約 109 m
1 丈＝10 尺＝約 3.03 m
1 間＝6 尺＝約 1.8 m
1 尺＝10 寸＝約 30.3 cm
1 寸＝10 分＝約 3 cm
1 分＝約 3 mm
1 斗＝10 升＝約 18 $l$
1 升＝約 1.8 $l$
1 貫＝1000 匁＝約 3.8 kg
1 斤＝160 匁＝600 g
1 ヤード＝10 フィート＝約 91 cm
1 フィート＝約 30 cm
1 ポンド＝約 454 g

# 北海道の怪

# 化け猫と寝る

**【北海道／弁天町発】** 下女が引き込んだ男が、寝床から姿を消す。不審に思って問い詰めても、覚えがないというのだが。

◎其昔しありと聞く鍋島《なべしま》家や有馬《ありま》家の猫騒動《ねこそうどう》は今に講釈《こうしやく》や咄《はなし》に伝へ、其他《そのた》猫は陰獣《いんじう》なりとて古来《むかし》より種々《いろいろ》の書《ふみ》に奇《く》しき話を載せたれど、開化《かいくわ》の御《み》世《よ》の今日には彼四乳《かのよつち》をたたくお怪《ばけ》の猫の外《ほか》は聞くも珍らしき猫の怪談、受取にくいお話は当区弁天《べんてん》町の去店《さるみせ》に「お名《な》はお預り」召使《めしつか》はるる下女某《それ》が兼て同家に古《ふる》より飼付《かいつけ》の牡《お》猫《ねこ》が戸棚に置《おき》し魚をば下女の見ぬ間にくはへ出し偸《ぬす》み食《くら》ふをば夫《それ》と見るより此畜生めといきなりに有合《ありあ》ふ火箸《ひばし》をふり上げて威《をど》し半分打《うち》たたきしが打《うち》処《どころ》や悪《あし》かりけんキアツと一声なき叫び其儘底《そこ》へ斃《たふ》へしかば驚いて見ると死んでしまひしに、可愛想《かあひそう》のことをしたと思ツたが今更詮なく其儘人知れず捨てて何気《なにげ》なく打過ぎたり。其翌朝の事なるが日頃は誰より早く起き朝餉《あさげ》の事抔《ことなど》用意する下女がいつになく起きざるにぞ同家の内儀《ないぎ》は不審に思ひ、病気ででもあるのかと起出でて下女の臥戸《ふしど》へ至り起《をこ》さうとして蚊帳《かや》の外から覗ひて見ると、こは如《い》何《か》に見慣ぬ一人の容貌《みめかたち》いと麗しく女にしても見まほしく年未だ若き散髪《ざんぎり》の男が下女の某《それ》と一ツ夜具に添臥《そひね》して内儀の来りし足音にも更に心付《こころづか》ざる様に、余程疲《つかれ》でもせしものか両人《ふたり》ともよく睡《ね》入殊《いりこと》に女は正体なく枕をはづし髪をも乱し臥《ふ》し居る様に、さては是《これ》は兼《かね》て人知ず忍《しの》び合《あひ》し男をば引入れし者にやあらん、去《さり》とは是まで気振《けぶり》にも心付かざりしは不審《ふしん》なりと、呼起さんとは思ひしかど、流石《さすが》女の呼び醒《さま》すさへ心羞《こころはづ》かしく思はれしかば、わざと其儘足音高《あしおとだか》に其場をば立去りて、少し隔てて居るぞとも知らず睡入《ねい》りし下女の某《それ》は、其足音に漸《やうや》く夢覚《ゆめさ》め見れば日もはや高く上り窓に旭《あさひ》のまばゆきに、コハ寝過したりと起《おき》んとせしが、何処ともなく身内《みのうち》がだるき様な塩梅《あんばい》にて疲れて身動きのならざりしを、気を取直して漸くに起きてまづ蚊帳《かや》をはづす様子に、内儀は彼男《かのおとこ》は如何するかと再び進み閨《ねや》を見るに男は見へず下女がはづす蚊帳の下より一匹の猫があはただしく駆出《かけだ》して内儀の傍《わき》をすり抜《ぬけ》て亡《う》せ去《さ》りたり。如何《いか》にしても今見し斗《ばか》りの男の居ぬは不審なりと夫より直《ただち》に下女を質《ただ》し昨夕《ゆうべ》男を臥戸《ふしど》のうちへ引入しかと問質すと、下女は如何にも驚きし体《てい》にて、左様《さやう》のことは覚へなし昨晩はいつになく宵よりして睡気《ねむけ》を催し、閨《ねや》に入ると其儘よく寝入しが、夜更《よふけ》てより何となく寝ぐるしく夢ともなく幻ともなく変な心持になり身うち只しびるる如く、今朝《けさ》起て今にまだ平日《ふだん》になき気分なりと

いふに、内儀も不審《いぶ》かしく殊に其男の見へぬのと猫の床《とこ》より出しとが何《なん》共怪《ともあや》しく思ひしかば猶《なほ》よく聞くと昨日不斗《はからず》猫をうち殺せしとの事にさては猫のお怪《ばけ》が仇《あだ》をなし悪戯《わるさ》をなせしものならんが夢中に猫と契りしならば必らず怪《あや》し子《こ》を娠《はら》み、産の折は苦むならんと家内寄て心配して居るとの風説《うはさ》何共虚《うそ》らしき事ながら聞しがまま記し付ぬ。

◉「函館新聞（北溟社）」明治一五年九月三日……●

# 怪談牡丹鏡

**【北海道／函館蓬街発】心中した男女の遺言は「いっしょに墓に入れてくれ」というもの。ところが遺言を違えられたことに怒ったか、女の鏡に異変が。**

◎去る四日函館蓬街《はこだてほうがい》の貸座敷荻田《をぎた》まさ方《かた》の抱へ娼《せう》妓《ぎ》玉納《たまのう》と住吉町の漁家丸山磯吉の長男文次郎とが自家の物置にてピストルを以つて情死せし顛末《てんまつ》は兼《かね》て本紙に記したるが、両人の遺《かき》書《おき》には二人の死骸を放さずに一緒に葬《ほうむ》り呉《く》れよとの事なりし故《ゆゑ》、楼主《ろうしゆ》は玉納が生前五十日余も病気の為めに楼《みせ》へ出でずその上借金を置土産《おきみやげ》として死したる事故少からざる損害《そむがい》なれど、其死する迄に思ひ詰めし心根《こころね》不《ふ》憫《びん》なりとて死体を引取り盛んなる法《はう》会《ゑ》を営《いとな》み二人を同一にして葬りたしとて流石《さすが》は粋《すゐ》なる計《はから》ひに文次郎の親《おや》許《もと》へ相談せしかど、彼方《かなた》は頑《ぐわん》として聞き入れぬより新比翼塚《しんひよくづか》も遂におぢやんとなりたる始末《しまつ》にて、二人の死体は墓を異《こと》にして葬られ終りしが、ここに一つの不思議なる事起りたりとて専ら蓬街一円に噂するを聞くに、葬送《さうそう》済みし夜の二時頃玉納が平日《つね》に用ひ居りし鏡の面《おも》に急《には》かに紅色牧丹《ぼたん》花様《くわやう》の斑紋《はんもん》顕れ如何《いか》に拭ふとも去らざるより皆々奇異《きい》の思ひをなして之《こ》れその遺言《ゆゐごん》通りにせぬより恨みの一念鏡に宿りしならんと聞いて見れば何となく凄《すご》い話なり。

◉「小樽新聞」明治三一年三月一二日……●

# 大蛇のお告げ

**【北海道／亀田郡石川野発】親族が増えすぎて支店を出す必要が出たため、池と社を作れと、大蛇が夢でお告げ。**

◎夢枕大蛇《おろち》ケ池《いけ》　亀田郡石川野三十六番地豆腐屋《とうふや》佐藤己之松《みのまつ》の妻におなか（四三）といふが或る夜の事真夜中に不図《ふと》目を醒《さま》して見ると枕許《まくらもと》に異形《いげう》の者《もの》が彳《たたず》んで居るので驚《びつく》りして飛び起きると、其異形殿、御声爽《さは》やかに善哉《ぜんざい》〳〵我《われ》は亀田郡赤川村より一里程山奥に赤沼《あかぬま》と云ふ池の主《ぬし》にて年古《としふ》る大蛇なり、雨を祈りの神として人々の尊敬する者なるが、数千年其池に住みたれば、今は孫曾《まごひ》孫玄孫《こやしやご》と眷族《けんぞく》一類殖《ふ》へたるに、池が狭くて住《すま》

居《ゐ》が出来ねば孫共に別居させて支店を出さんと思へば、幸ひ当家の地内に深さ六尺の池を掘り一宇《う》の祠《やしろ》を建つるに於《おい》ては、一家の繁昌《はんぜう》疑ひなしと云ふかと思へば、夢覚めたるより不思議の事に思ひ居たる処、其赤池の流れ尻に夜な〳〵火炎《くわえん》の現るるより、当地の新蔵前《しんくらまへ》に来り卜占《うらない》に見て貰ひしに、矢張《やは》り其通りを云ふより、屋敷内に大蛇の注文通りの円形の池を掘《ほ》り、其傍《そのかたはら》へ三尺四方の祠《やしろ》を建てて祭りたるに、此事を聞き伝へたて近所の人々は我れも〳〵と参詣《さんけい》に出かけるので、同家の門前は恰《あだか》も市《いち》をなすの有様、参詣者は大蛇にお初穂《はつほ》を上げるとて白米を池に投げ込む為めに、時ならぬ雪の如く庭一面白妙《しろたへ》になつて居《ゐ》るとの話し、処が池の掘り方が注文より少し浅かつたとかにて、其大蛇が背中を水面《すゐめん》へ現はしたのを、或る参詣者が見て目を廻したなどいふ珍談《ちんだん》あれど、何をいふ事やら愚夫愚婦《ぐふぐふ》の事とて当てにならず寧《むし》ろ猾稽《こっけい》に過ぎざる話なり。

◉「蝦夷日報」明治三四年七月二九日……●

# 烏賊干し場の霊

【北海道／大森町発】 三〇〇〇円を超える借金を残して死んだ男。債権者にとられた烏賊干し道具に未練があるのか、毎夜、霊となって出没。

◎幽霊かそも枯尾花《かれをばな》 時《と》季《き》しも秋の中頃《なかば》なれば幽霊かそも枯尾花のざは〳〵と騒ぐも無理からぬ話柄《はなし》なり。

大森町二番地金谷松五郎といへるは三千余円の借金残し本年正月病《ほんねんせうげつやまひ》の為め空《むな》しく身没《みまか》りける。其の後は同人所有の烏賊干《いかほ》し道具烏賊干し場までも債権者の有《いう》に帰し、之れも債権者の一人なる同町中田政五郎といふが、金谷《かなや》の烏賊干し場にて業を営み、少なからぬ収益を見たるに、怪《あや》しいかな亡《なく》なりし松五郎形骸北邙《ほくぼう》一片の烟《けむ》りと化しても念思《おもひ》未だに残り居るものと見え、烏賊干し場《ば》の中田の手に帰してより毎夜の如くに裳《すそ》なき白衣姿で烏賊干し場の近所にあらはれ迷ふた〳〵と行路の人を悩ます為め昨今は夜に入ると絶へて同所を通行する者なしといふ円了《ゑんれう》博士の研究物か。

●「函館公論」明治三五年一〇月一六日……●

# 幽霊騒動で迷惑

【北海道／東浜町丸米旅店発】　旅館で割腹自殺した男が、いまだに旅館の周囲を徘徊中。営業にも差し障りが。

◎出たりモモンガーの御隊長遠山源七が恨みの幽霊殿、慌《こわ》イもの見たサに戦《わなな》く足許踏みしめ〳〵一昨夜の篠衝《しのつ》く雨を冒し草木も眠る午前二時《うしみつ》頃東浜町丸米旅店の軒下に佇《たたず》み、トある罅隙《すきま》より伺ひ見しに実《げ》に去る頃よりの噂さに違はず年の頃四十余りの遠山源七が血《あけ》に染《そ》まりし白衣纏《しらきぬまと》ひ髪も茫乎《おどろ》に無念の恨みを噛み締め〳〵、宛然《さも》憤怒に堪へやらぬ相形《そうぎやう》を表はしパッと燃《も》え起燦火《たつほほらび》と共に其所此所《そこここ》となく消えては現はる其気味悪るサ、話すに付けても身震《みぶる》ひがすると昨朝或る者の話せるを聞きしが、其れかあらぬか同旅店は源七割腹の後泊るお客も何かとかに付け転宿するもの多く、昨日に変る今日の淋れ方は何《いつ》れも内所〳〵とのみにて、其真象《しんせう》を知るによしなしとは近頃不思議なる訳なるも、井上円了《ゐのうへゑんれう》氏を聘《へい》じ来て篤《とく》と研究の上ならでは慥《たし》かに夫れとは云い難しとは真か偽か……モモンガー。

●「函館公論」明治三六年四月一七日……●

# 竜神様の祟り

【北海道／西川町発】　ちょっとした商売には格好の長屋。だが、この家に住んだ者はことごとく早死にする運命にあった。

◎正法《せいはふ》に不思議なく神は人を殺さぬものと聞きつるに、此竜神様は又荒々しきことよな、曙町二番地柴某の借家なる西川町八十一番地吉祥女学校前への二軒長家は一寸《ちよつと》した商店向きとしては恰好《かつかう》の造《つく》り家《や》なるも、其敷地は直ぐ其隣なる竜神様の敷地なりしとのことなるが、奇妙に此家に住するもの短命なるのみかは何《いつ》れも頓《とん》死《し》をなすが常なりとの風聞を聞くに、現に這般《くわはん》東川町の火災当時も或る豆腐やの住ひ居りしが、豆を臼にかけ

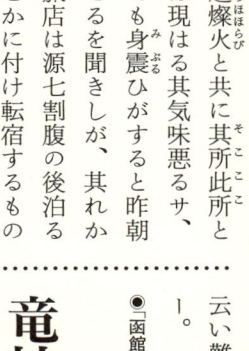

輓《ひ》き居る中《うち》卒倒して其ままとなり、其跡へ（一週間程前）五十川《いそがは》某の引越せしも、其恐慌噂さの絶《た》え間《ま》迚《とて》なく新築以来今日まで廿幾人の死に果てしとのことまで聞き得しより、今は是までなりと某も早々他所《よそ》に転宅をなしたりといふ。真偽は兎《と》に角《かく》奇妙な話しとして掲げ置くの外なし。

●「函館公論」明治三六年四月三〇日……●

## 妖怪ニュースも進化する？……怪獣と三ツ目入道

明治四二年八月二八日の『東京朝日新聞』に「本所の怪獣」なる記事が掲載されている。記事は狸とも熊ともつかない奇獣が捕まり、それを聞きつけたやじ馬や香具師が連日のように押しかけている様子を伝えている。

記者は、この奇獣は狸の変態ではないかとの上野動物園の専門家のコメントを紹介しているが、この報道姿勢はきわめて科学的で、何でも〝不思議〟の一言で片づけてしまった一昔前と比較して格段の進歩といえよう。

翌日にはこの奇獣の写真も掲載しており、写真の発達によってより正確な情報を伝えることが可能になったことが見てとれる。時代は確実に変わりはじめていたのである。

しかし、その一方で、昔ながらの化物などの噂が未だ根強く息づいていたのも事実で、本所の奇獣の写真が掲載された横には「本所の三ツ目の怪」なる記事が報じられている。

本所区茅場町三丁目の稲荷を取り壊そうとしたところ、三ツ目入道が出たり、提灯が人魂のように空を飛ぶなどし、近所の住民が見物に押しかけているというのである。

科学が猛スピードで発達するなかでも、何とも説明のつかない非科学的現象に人々が興味をそそられるといった明治末年のこのような状況は、現在でもほとんど変っていないのかもしれない。

# 東北の怪

# 大黒天からもらった馬糞

【福島県／安達郡中山村発】 塩鮭二尾を買って帰宅途中の新吉の前に、大黒天が立ち現れる。信心深いお前に福を授けてやろうというのだが。

怪現象

◎些《ち》と受取れぬはなしと云《い》ふは過《すぐ》る一日の午後七時頃安達郡中山村の小池新吉（五十二年）が、本宮村より塩《しほ》鮭《さけ》二尾《ひき》を買ひ求《もと》め一杯気限《ぱいきげん》で遣つて来る途中、青田原の三本松と云ふ処へ差懸ると、アーラ不思議や兼《かね》て信心浅からぬ大黒天《だいこくてん》が忽然《こつぜん》と五色の雲に打乗りて彼《か》の松木《まつのき》の上に立顕《たちあらわ》れ、微妙の声美しく善哉《よいかな》〳〵汝平生我を信ずることの浅からぬゆへ只今福を授《さづ》くるぞと、持つたる小槌《こづち》を一と振《ふり》ふれば大判《おほばん》小判《こばん》黄金《こがね》白銀《しろかね》バラリ〳〵と光りを放つて降り来るにぞ新吉は我を忘れ、あな難有《ありがたし》〳〵と彼の金銀を拾ふ中《うち》、大黒《だいこく》どのは光明赫々《かうめうかくかく》有頂天《てん》にぞ飛び去りしかば新吉は夢に夢みし心地して随喜《ずゐき》の涙胆に銘《めい》じ、それより拾ひし金をば風呂敷包に確《しか》と包み飛が如くに馳《は》せ帰り、女房喜べ福が来たと草鞋《わらじ》も脱《ぬ》がずに坐敷《ざしき》へ上れば、女房は只あつけに取られ、お前は狐にでも化《ば》かされたかと云《い》へど新吉は耳にもかけず早く盥《たらへ》に湯を汲め、それ袴《はかま》を出せと狂気の如く躍り狂ひ、やがて身体《からだ》を清《きよ》め袴を着けなどして近処《きんじよ》の者をも呼び集め鹿爪《しかつめ》らしく説き出すには、我今日本宮より帰る途中計らずも大黒様に御目にかかり如此《しかじが》の福を授かりたり、乃《すなは》ち福はこれ此に、彼の風呂敷を取り出し、いと古《ふ》るびたる三宝の上に、恭《うやうや》しくおし開《ひら》けば、コハそも如何《いか》に彼《か》の黄金《こがね》と思ひしは皆《み》なこれ馬糞《まぐそ》の乾物《ひもの》にて三宝より溢《あふ》れ出てコロ〳〵転《ころ》び出すを見《みる》より一座の者共はドツとばかりに打笑《うちわら》へば、新吉は気《き》脱《ぬけ》の如く茫然《ぼんやり》として居たりしが、漸《やうや》く気が付き彼の塩鮭《しほさけ》はと見れば影《かげ》だになかりしとは怪有な一件さと同地の見手北《みてきた》さんより。

◉「福島新聞」明治一二年二月一三日……●

# 油揚げを三〇〇枚

【山形県／香澄町発】 巫女に降りた神は、なんと大火事を予言。大騒ぎの町民たちに、それを防ぎたくば、油揚げ三〇〇枚と念仏七日間だと珍要求をつきつける。

獣変

◎狐が人を騙《だ》ましたと書《かき》ましたらソリヤ又新聞屋の癖女郎《くせじよらう》の事を云《いふ》だらふとお言《い》ひだらふが夢々そふでありません。こは本々《もともと》の狐にだまされたお囃《はな》し、香澄町元吹払口に権現《ごんげん》さまとかがある処《ところ》にて、去る十四日の夜狐の啼声《なきごゑ》がする故其近辺の老母《ばば》どもは何か子細あらんなど言ひ合ひ鉄炮町の御子《みこ》を招《まね》き神おろしとか何《なん》とかすると、彼御子《かのみこ》の権現《ごんげん》さまがいと霊々《れいれい》(だか堂だか)たる誤声《ごせい》にて善哉《ぜんざい》〱(とも云《いふ》まひ)其方共が志しの奇特《きどく》故教ひて遣《つか》はす其一件は、当月の廿八九日頃より四月十日頃(屹《きつ》と狐《こん》なのに限《かぎ》りて旧暦《きうれき》)迄《まで》に元病院が火元にて其より左右に火が分れ市街《まち》凡《およそ》七分通り焼て仕舞ふ、若しそれを防《ふせ》がんには我に油揚《あぶらあげ》三百枚に七日が間念仏を手向《たむけ》よとかの迂鳴《うな》り(コレハ)仰《おつ》しやりました故馬々《ばば》(違ツタ)婆々《ばば》さん方《がた》は真面目《まじめ》に成つて念仏《ねぶつ》そら油揚《あぶらあげ》と騒ぎ居るよし。もし狐《こん》な事が実《ほん》になつたら山中の狐《きつね》の居る場所抔《など》は毎日火事でございましよう(千歳山《ちとせやま》は其為《そのため》かしらん)。

◉「山形新聞」明治一二年四月二二日……●

# 最後の挨拶

**【山形県/旭座発】 一座の二枚目は宿で臥せっていた。ところが、興行を終えた一座の連中の前に顔を出して挨拶を……**

◎記者も保証は出来なひが二三日先きの晩に旭座《あさひざ》に幽霊《ゆうれい》が出たと云ふ評判ゆゑ、少しは其萌《きざ》しでもありしかと探訪せしに、全たく根《ね》も葉《は》もなひと云《い》ふでもなく、彼の坂東勝見《ばんどうかつみ》一座《いちざ》の二枚目を勤め居りし市川由之助と云ふは旧冬より気病《きびやう》に罹《かか》り、月日を重さぬるに従ひ却つて重くなりしかば連中のものも大《おほい》に心配し代り〱最《い》と懇《ねんごろ》に介抱せしが、去る廿八日の夜唯独《ひと》り由之助を旅宿《やど》へ遺し連中は皆《み》な〱旭座へ出勤なし平常《つね》の通り行業《かうげふ》なし早や三番も過ぎ去りて幕となり、連中は皆楽屋へ這《はい》りしに、今まで旅宿《やど》に臥し居りしと思ふ由之助の楽屋に坐り居り皆のものに挨拶《あひさつ》するゆゑ、一同は訝《いぶか》り顔《かほ》ほハテ不識義《ふしぎ》なと近《ち》か寄《よ》れば今まで前に坐りしと思ふ由之助が雲霞、一同は奇異の思ひをなす折しも、宿元より由之助の病死の報《しら》せありしかば、一同は一坐を早やく切り上げて旅宿《やど》を指して帰《か》へりしと云《い》ふが、人《ひと》の魂魄《たましひ》が空中に浮遊《ふいう》すると云ふは果して虚《きよ》ならざる乎《か》。

◉「山形新聞」明治一三年三月三一日……●

# 光りものと幽霊

**【山形県/横町の豊原屋発】 小屋の中に転がる光りもの——その中には十八、九になる女の姿が! 出稼ぎで死んだ娼婦の霊か。**

◎コハ些《ち》と受取り悪《にく》いほんの歯無《はなし》だらうが例《れい》の化《ばけ》的噺《ものばな》しの中《うち》に此程横町の豊原屋《とよはらろう》へ化け者が出るとの風説《うはさ》がある故念の為め探《さぐ》つて見るに、去る一日の夜とか早《は》や十二時も過ぎたるこ

ろ同屋《どうろう》の下女お春が恐々《こはごわ》ながら小便が詰《つま》つて仕方ないから裏の方へ走せ行くとアツといツて倒れし容子《やうす》ゆゑ番丁《ばんてき》の某が何事ぞと駈付見《かけつきみ》ると、是《これ》もアツトいツて倒《たふ》れしが男丈けあツてやう〳〵気《き》を太くし眸を凝《こ》らして見定むるに、小家《こや》の内《うち》に光りものが転《こ》ろ付居《つきを》り、その中に十八九になる女の姿が現はれ出て番丁を見掛けて走り来る塩梅《あんばい》だから、某も大ひに驚き再びアツトいツて家《うち》へ逃《に》げ込みしゆゑ何だ〳〵ト皆々寄り問掛《とひかく》れば云々《しかじか》と物語りけるにぞ、ソハ捨置き難しとて早速《さつそく》和尚を招《まね》きツ、毎夜〳〵祈禱をして居るとぞ。此事に付世間の風説《うはさ》には三四年以前《まへ》同楼に出《で》稼《かせ》ぎなせしおやすといふ娼婦《へな》ありしに永々の病気をなせしかば家内もやう〳〵厭《いと》ひ来り、裏の小家《こや》へ押込《おしこ》め居《お》き、つひ逝去《しんだ》にも気が付《つか》ず其上碌《ろく》に葬送《そうそう》をもせずある寺の片隅へ埋め置きし其霊が、丁度今年が年期当りゆゑ夜な〳〵現はれ出る者だらうなどといふ者あるが毎度《まいど》〳〵狐《こん》な神経病人には困る奴サネー。

◉「山形新聞」明治一四年四月四日……●

# 白狐が夜遊び

**【宮城県／刈田郡白石駅発】大繁昌の貸し座敷。隣の部屋をのぞいてみると、なんと白狐が婦人の膝枕で酒肴を楽しんでいた。**

◎妖怪変化の話しと云へば去月廿七日の夜なりしか刈田郡白石駅の貸座敷春木屋と云ふは、刈田嶽と相対せし風景を以て楼名《ろうめい》を山見楼と称し、其風景同地に類《たぐ》ひなきのもから殊の外に繁《はん》昌《じやう》せり、然《さ》はれ裏手は森々《しんしん》たる茂林《もりん》にして折々狐声《こせい》を聞く事のあれば、気弱なる帰人等《おんなども》の恐気《こはけ》を立て居しが同夜当地の某生が鬱《うつ》を慰《なぐさ》めんとて此楼に登り、定《さだ》めの如く盃も済みて巫《ふ》山《さん》の床に着《つき》しが、暫時《しばし》ありて目を覚し四辺《あたり》を見るに女は居ず枕辺なる行《あん》灯《どう》の油や既に尽きたりけん、いとど灯《とも》しの影闇《かげくら》きに、搔《か》き立んとて夜具かい遣《や》り風《ふ》と首《かうべ》を擡《もた》け見れば、隣り座敷にも客ありと覚しく笑ひさざめく声のしけるに、我相方も爰《ここ》にや居ると襖《ふすま》の透《すき》より垣間見《かきまみ》しに、是《こ》は抑《そ》も如何《いか》に是《こ》は如何《いかに》、汝《な》れは夫《それ》とも白《しろ》狐《きつね》の早本身《ほんしん》を顕はして婦人《ふじん》の膝《ひざ》に身《み》をもたし酒肴《しゆかう》をあらし居たるにぞ、打殺《うちころ》さんとしたりしが否待《いなま》てしばし我にのみ狐と見ゆるも覚束なし、要《えう》こそあれど忍《しの》び足密《あしひそ》かに勝手に走り行き主人に斯くと知らせしかば、其《そ》は大変と尚ほ静かに又々座敷へ鼠《そ》と上《あが》り、主人《あるじ》共々窺ひ見るに、正しく狐に相違なければ、夫《そ》れ打留《うちとめ》よと云ふより早《はや》く、跳《おど》り込《こ》んだる一間《ひとま》の中、老狐も今は身を変ずる透間《すきま》も中々あれ、廻《まわ》り二人も殆々《ほとほと》と手に余まし困《こう》じ果《はて》て居たる折りしも、此物音を聞付て番頭始め客人まで十四五人の同《どう》

勢《ぜい》が動《ど》や〳〵駈け来る足音に、叶《かな》ふまじとや思《おも》ひけん、一声《いっせい》高く吠《ほ》えると斉《ひとし》く二楷の欄干《てすり》を跳り越え裏手の茂林《もりん》へ逃げ込まれしはいと残念の次第なりしと、其夜登楼せしと云ふ人の話《はな》せしよし。

◉「奥羽日日新聞」明治一四年一〇月四日……●

# 検事が怪異と対決

**【岩手県／西磐井郡、山形県／東村山郡東山村発】 岩手では毎夜、座敷に三つの金輪が現れ、上に下にと移動する。さらに山形では寺に出る女幽霊の話。**

お化け屋敷

◎兎角怪談は北国に限るといふ訳にても有るまいが、這程《このほど》の紙上に秋田県下秋田郡の某が怪物に出会《いであ》ひたる話を載せしが、今また左の怪談を聞得たるまま其大略《あらまし》を書記《かきしる》して、世の開化者流が一粲《いっさん》に供すべし。岩手県下西磐井郡一の関字大町呉服店佐藤忠吉方に寄留して磐井始審裁判所へ出勤せらるる撿事補岡村虎之助氏は、赴任以来事務に勉強せられ名望もある由なるが、這頃《このごろ》同氏が住居せらるる坐敷へ毎夜更闌《かうた》け人静まる頃となれば何地《いづち》ともなく三《みっ》の金輪《かなわ》の顕出で上りつ下りつ坐上《ざじやう》を徘徊《はいくわい》する由にて、同氏も最初には流石《さすが》に驚かれたるも、箇《こ》は必らず狐狸《こり》の悪戯《いたづら》なるべければ捨置きて其為《そのせ》ん様《やう》をこそ伺ふべけれと、心を静めて眺め居られしに、金輪は只《た》だ上下左右に徘徊するのみ差《さ》したる異変もあらざれば、其儘に其夜を明かし翌晩もまた気を付けらるると、昨夜の通り顕出で暫時徘徊して消失たり。物に動ぜぬ村岡氏なれば恐怖の念《ねん》はあらざれども、余り怪しき次第なれば其翌日主人忠吉を窃《ひそか》に呼びて前夜よりの怪異を告げ、若し疑はしく思ひ給はば試《こころみ》に今宵《こよい》我居間に同寝して見られよとの言葉に、忠吉も驚きつつ然らば試んとて其夜村岡氏の居間に来り、宵の程は浮世《うきよ》雑談《ざふだん》なぞして十二時頃より打臥せしが、軈《やが》て丑満の頃となれば締切《しまりき》りたる襖の自《おのず》からずすと開らきて、一尺有余の三の金輪ころ〳〵と入来り宙に舞ひ地に摺りて頻《しきり》に徘徊なしけるにぞ、忠吉はキャツと計《ばか》り布団を蒙《かぶ》りて戦慄《ふる》ひ上り、人心《ひとごころ》もなくて夜を明《あか》しぬ。此後も村岡氏は毫《すこ》しも恐《おそ》る景色《けしき》なく毎夜金輪の出るを待ち、香を焼《た》き経を誦《じし》して懇《ねんご》ろに祈念《きねん》せらるる由、同所の噂にては今を距《さ》る六年前前主人忠吉が長女お駒といへるが、継母の呵責《かしやく》に耐兼《たへかね》て井戸へ身を投《なげ》て死したる事あれば、多分其怨鬼《おんき》が顕出で、村岡氏の賢《けん》を知りて継母の非道《ひだう》を訴へんとするなるべしと評《ひやう》し合へるとぞ。

又た足引の山形県下あから引く東村山郡東山村の内に万徳寺と喚《よべ》る小《こ》梵《てら》ありて、住職は久我法順といへる御坊なるが何が扨《さて》開明の御世の難有さ肉食妻帯勝手なれば此御坊も亦妻子珍宝及王位《ちんぼうきふわうゐ》臨命終時不随者《りんめいしうじふずいしや》と悟《さと》り切《きつ》たる聖《ひじり》僧ならねば、いつか汎々《かいなで》の売僧《まいそ》仲間腥《なまぐ》さ坊主の群に入り、這程《このほど》涅槃《ねはん》の伽《とぎ》にとて山形香澄町の某方より一人の活弁天《いきべんてん》を迎取り我寺の梵妻《だいこく》となして置かれしに、程もなくて病に罹《かか》り弘誓《ぐせい》の船に救取《すくひと》られて彼岸《ひがん》へ旅立なしてければ、法順坊が悲嘆の涙は三途川の水も増《ます》ばかりにて、跡懇ろに弔《とぶ》らひ居られしが、世に女ほど執念の深きものはなくて斯《か》く御坊が引導《いんだう》を請け結縁《けちえん》も深き入寂《にふじやく》なれば、目《め》出《で》度安養浄土《たくあんやうじやうど》へ産変《うまれかは》りて歌舞の菩薩の仲間入りもなすべきに、左《さ》はなくて浅間《あさま》しや仮世《かりのよ》の契《ちぎり》忘れ兼ね御坊に未練の執着心離れやらぬものと見え、山寺の鐘丑満《うしみつ》を報ずる頃となれば御坊が法枕《はふちん》の頭《もと》に立顕れ世にありし夜の私言《ささめごと》云替はしたる誓言《かねごと》を、恒河砂《がうがさ》の数よりも多く云ひ並べて、早く来ませ〳〵と手を取りて引立る事毎夜なれば、御坊も今は恐怖《こわ》げ付《づ》きて念珠の玉も冷汗に湿《しめ》る計《ばか》り、南《な》無《む》幽霊《いうれい》頓生菩提《とんしやうぼたい》と押揉み〳〵念じつつ怖《こわ》き夜のみを明《あ》かさるると該寺の門前に住居なす壮丁《わかもの》どもが聞付しかば、何条左《なんでうさ》る怪しみのあるべきぞ、御坊が日頃の愛着心《あいちやくしん》より去る妖怪も顕るれ、我打留めて和尚が迷を逆縁ながら覚し遣らんと一統に相談なし、一日《あるひ》酒肴を用意して法順坊を訪《とぶ》らひしを、御坊は殊《こと》の外《ほか》に喜ばれ今宵も幽鬼に悩まされんかと打萎れて居りつるに、能くこそ訪《とひ》て賜りし、兎《と》てもの事に今宵一夜は飲明かし給へとて、自ら酌取りて酒宴を催し夜の更るも覚えざりしに、軈《やが》て丑満の頃ともなれば忽《たちま》ち奥の室《ま》にかや〳〵と笑ふ声聞えて何者か歩み来る物音なし、素《す》破《は》復《ま》た来たれと蒼《あを》くなりて御坊は念仏のみ唱へ居るを、来合せし内に佐藤源助といへる逸男《はやりを》の壮丁《わかもの》用意の山刀《なた》を手に携へ、我こそ幽鬼を打留めんと忍び足に窺寄《うかがひよ》り奥の襖を引開け見れば、三十前後の女の幽霊、腰より下は朦朧《もうろう》たるが長《たけ》なる黒髪《くろがみ》を蓬々《おどろおどろ》に乱《みだ》してふはり〳〵と進来《すすみく》るにぞ、流石《さすが》の源助もギョツとして覚《おぼ》えずたぢ〳〵と逡巡《すさり》しが、気を励《はげ》まして山刀《なた》振上げ踊懸つてはたと撃《う》つ、撃《う》たれてキヤツと叫びも敢へず身を振返《ふりか》へして遁げんとするを尚ほ追縋《おひすが》つて三刀四刀畳み懸けて切り倒せしうち、他の壮丁《わかもの》も馳来《はせきた》り紙燭を照らして熟《よ》く見れば、今まで在りし幽霊の姿は失て年経たる一匹の古狸血に染みて死し居たり。扨《さて》は這頃《このほど》夜な〳〵出たる幽霊も此狸にてありけるよと皆々驚き且喜び更に狸汁《たぬきじる》を塩梅《あんばい》して夜の明るまで飲みたりとぞ。孰《いずれ》も怪しき話なれども報知の儘に斯くはものしつ、看《み》ん人記者の好事となし笑ひ給ひそ。

◉「日本立憲政党新聞」明治一五年二月一六日……●

# 巡査の足元より火

**【岩手県／東磐井郡八沢村字深茂地発】**

突然、火の玉が現れて軒に燃え移ったから大騒ぎ。慌てて消すが、地面の四方より、また火の玉が。

妖火

◎或は神仏の祟《たたり》といひ又は天狗の所為と云ひ怨念《おんねん》といひ生霊《いきりやう》といひ種々怪談の行はるるは人智《じんち》未開《みかい》の世の状態《さま》にて、開明の今日斯《かか》る妄説《まうせつ》の出づるとは誠《まこと》に怪《あや》しむべきことにはあれども、態々《わざわざ》該地よりの報道なれば其概《あら》略《まし》を記載すべし。陸中国東磐井郡八沢村字深茂地の千葉栄次郎は家屋敷田畑等も多く持ちて土地《とち》には名を知られたる豪農《がうのう》なるが、如何なる訳にや、先月中旬の一夜《あるよ》の事同人が家の西方より突然一個の火の玉現はれ忽《たちま》ち家の軒に燃移り、ソレ火事よと家内は元より近辺の者が大勢駈付け辛うじて消止めしが、間もなく此度は東方より前の如き火の玉飛出せしを居合せしものが力を合せて打消して一息きつくうち、又々同地面の四方より八度までも同じ様の火の玉飛出し家に燃付んとしたりしかば、如何にしても只事《ただこと》ならずと、同所藤沢駅警察の分署へ訴へ直《ただち》に巡査も出張せしが、其頃は丁度火の玉の出る暇《いとま》にて少しも怪しき事のなければ、扠《さて》は何かの間違ひにてありしならんと火元の調べもそこ〳〵に立去らんとする足元より、此度は一層大きなる火の玉の忽然《こつぜん》として飛出したれば巡査も大いに驚愕《けいがく》なし早速《さつそく》千厩警察本署へ事の顛末《てんまつ》を上申《じやうしん》なし翌日警部巡査が大勢にて出張され燃上るを待構《まちかま》へて消止め〳〵したれども何分怪火の事なれば幾度となく飛出して数限りもあらざるにぞ、家内のものはます〳〵恐れて来合せし大勢の助けを乞ひ、諸道具を取片付け自分の家より四五丁を離れし処に持運び我家の方を顧みれば、火は焔々《えんえん》と燃上り遂に家蔵既物置とも見る〳〵灰燼《くわいじん》に属《ぞく》したり。不思議なるは其隣家四五軒には燃移らず一町計り隔りし同人の分家某方へ飛火なし、これも全く焼尽《やきつく》したるが、是にて最早鎮《しづま》るべしと栄次郎を始め家内のものは我家の焼跡を見に出懸け、出張の警察官や消防人足も夫々に引上げに成らんとする時再び隣村に火の手揚り夫《それ》また火事よと人々が駈付《かけつけ》て消止めしも、矢張《やは》り同家の親族なる小野新十郎が一家のみは全焼《まるや》けになりて其火元も怪しき火の玉より出たりとぞ。実に前代《ぜんだい》未聞《みもん》の怪火なれば土地のものは恐怖なして是は何でも神仏の祟《たたり》か又は天狗さまの怒りに触れしに相違なければ此上如何なる変事のあらんも計《はか》り難《がた》しと密語《ささや》きあひ職業をも打捨て青くなつて居るといふ。火の玉の出るは怪しけれども、職業も休みて恐怖《おそれ》居るは有繋僻陬《さすがゐなか》の村民だけ迷ひの醒めぬものと云ふべし。

◉「日本立憲政党新聞」明治一五年四月一六日……●

# 鳴動する貸家

**【宮城県／中櫓丁細横町発】** 婦人がコレラ病で死に、貸家になった家。立派な普請なのに、なぜか借家する者が三日といつかないという。

お化け屋敷

◎当区中櫓丁細横丁の角《かど》屋敷《やしき》は、菊地慶通と云へる人の住家《すみか》なりしに、此の夏中女房が虎列刺《これら》病《びやう》にて死去《しきよ》せしより、十三歳なる子供を伴ひ長男某の住居《すまゐ》る東京《とうけう》へとて赴《おもむ》きし跡は、親族に依頼し去る八月中より貸家《かしや》の札《ふだ》を貼出せしに、場所と云ひ可なりの普請《ふしん》なれば借舎《しやくや》する者も多くあれど、三日と居留る者のなきこそいと不審《ふしん》なれと借舎《しやくや》せし人に就《つい》て問糺《とひただ》せしに、毎夜十二時過になると風もなきに家《や》内鳴動《うちめいどう》し又は何やらん人影の障子《しやうじ》に写《うつ》る抔《など》薄気味悪くして居堪《ゐたたま》られぬゆゑなりと話《はな》せし由なるが、尤も信じ難き次第にこそ。

◉「陸羽日日新聞」明治一五年一一月二日……●

鳴屋《やなり》（『画図百鬼夜行』より）

# 抜き身の用心棒

**【宮城県／桃生郡十五浜発】**　主人が助けてやった狐がなにくれとなく家の面倒をみてくれるようになる。ある時、寝静まった家に泥棒が入るが……

獣変

◎主人《あるじ》は狐を助けしが為めに賊難《ぞくなん》を免れ、泥棒は狐の義気《ぎき》に感じて既往の悪業を悔悟《くやみ》しといふ一奇話あり。陸前国桃生郡十五浜辺は昔より狐の多く住む土地にて、時としては人家へ立入り食物などあさる事も珍らしからぬ処なるが、同村に門田定五郎といへる男あり。一日《あるひ》の事なるが定五郎は奥に在りて何か仕事をなし居たる折しも、門前に犬の声嘩《かまびす》して軈《やが》て我家の台所へ近付く様子なるに何事ならんと立出で見れば、一疋の大狐の三疋の犬の為めに追詰められて我家の台所の片隅に隠れ居るを頻りに犬の探し求め吠るにてありければ、平素《かねて》仏性なる定五郎は忽ち惻隠《そくいん》の心を起し、有合ふ荷棒振廻して辛《から》く其犬を追散らし、扨《さ》て狐をも遁《に》がし遣《や》らんとするに、狐は尚ほ犬の外に在りて待受くるを恐れしものか定五郎が足元近く進出で平伏《へたば》りて頭を下げ只管其援《すく》ひを乞《こ》ふものの如くなるにぞ、定五郎はいよ〳〵憐れに思ひ、窮鳥の懐に入りし時は猟夫《さつを》すら捕へずと云ふに、況《ま》して我は猟夫にもあらねば此狐を助け得さすも今日の善根《ぜんこん》にてあるべしなど独語《ひとりご》ちつつ其狐を抱上《いだきあ》げ道の程二三町を隔てし山《やま》麓《すそ》に連往《つれゆ》きて此処ならば最早怖き事もあるまじ、汝《おぬし》が随意《まにまに》いづれへとも帰れよと、人に云聞かす如く云ひて窃《ひそか》に放ち遣りたりしが、若し近処の壮丁《わかもの》の知らば折角《せつかく》手に入りし狐を撲《うち》殺《ころ》して喰《く》はざりしは残念などと不足云ふは必定なり秘して告げざるに若《しか》じと思ひ、誰にも語らで打過ぎぬ。然るに其後誰云ふともなく定五郎の家は夜《よ》る〳〵数疋の狐来りて用心番をなすとの評判高くなりしにぞ定五郎の家内等も何となく気味悪るき事に思ひ居しに、去月下旬の夜更闌《かふた》けて人定つて後俄《にはか》に奥の室《ま》に人声して免《ゆる》せ〳〵と泣出せしかば、家内は目を覚して大に驚き怖々火を点して到り見れば、是《こ》は如何に大の漢《をとこ》の二人孰《いづ》れも手拭《てぬぐひ》にて貌《かほ》を包み長き脇差《わきざし》を横《よこた》へしが同じ様に手を付きて免《ゆる》させ給《たま》へ助け給へと頻《しき》りに謝罪《わび》する様子にて、一向に其事由《わけ》の分らず狂気せしものかと思へど、二人共同様になし居るは如何にしても不審《いぶかし》き限りなりと、定五郎は其男に向ひて全体貴様達は何者で夜中に我家へ来りしぞと問へば、二人の男始めて気の付きしものと見え四辺《あたり》きよろ〳〵と見廻しながら、扨《さ》て何を隠しませう私し等は此頃の不景気に喰詰《くひつ》めて詮方なしの荒稼《あらかせ》ぎ未だ新米の泥棒なるが、今《こ》宵《よひ》此家へ忍入り何か盗まんと探すうち不思議や其時までは真暗《まつくら》なりし此坐敷へ忽《たちま》ちぱつと焼火《あかり》の点《つ》き、槍長《やりなぎ》刀《なた》など携へし七八人の壮丁衆《わかいしゅ》の何所《どこ》よりか立顕れ私等を取巻れしかば、兎ても叶はぬ所と覚悟し謝罪《あやまつ》て居る最中《さいちう》なりと戦慄《ふるえ》ながら答ふるに、愈々家内は合点《がてん》往かず暫時《しばし》恍惚《あきれ》て扣《ひか》へ居しが軈《やが》て定五郎は横手を打ち、扠《さて》は兼て噂のある狐の所業《しわざ》なるべしと、件《か》の二人の泥棒に向て曾て狐を助《たす》けし事より其後狐の番をなす由噂高かりし事の次第を告知らせ、今宵七八人の壮丁《わかもの》と見せて貴様等を拉《とりひし》ぎ我が賊難《ぞくなん》を援《すく》ひしは全く其恩に酬ひし狐の所業《しわざ》なるべしと事細に語るうち、二人の泥棒はほろ〳〵と涙を溢《こぼ》し狐でさへ恩を知りて斯く殊勝なる行ひをなすに、我々は人間に生れながら泥棒を為して恥ざりしは今更面目なき次第なれば、今日より行状《おこなひ》を改めて元の正業に立復《たちかへ》り一人前の男となるべしと、深《ふか》く定五郎に謝して帰《かへ》去りしとはチト奇《き》に過ぎて真実《まこと》とは思はれねど、該処《かしこ》より報道の儘を茲に記しぬ。

◉「日本立憲政党新聞」明治一六年二月二一日……●

# ありがたい鮫

**【宮城県／牡鹿郡金華山沖発】** なんと、おそれおおくも頭と背に菊のご紋を戴いたありがたい鮫を捕獲。

獣変

◎帝鮫　是《こ》は宮城郡蒲生村の鈴木源左衛門が去《いに》し一月十八日牡鹿郡金華山沖にて捕獲《とりし》たる物なる事は過日の紙上に記載せしも、尚《な》ほ余り珍らかなればとて、図《づ》をさへ添へて投寄《とうき》されし儘、爰《ここ》に再び物する事とはなしぬ。故《か》れ其《そ》が全体は通常の鮫《さめ》なれど、頭及び脊《そびら》に菊の形を冠《いただ》きたる、実に希《け》有《う》の鮫《さめ》なれば遍《あまね》く江湖《こうこ》にしめさんとて近日県庁迄指出《さしいだ》すとの事。

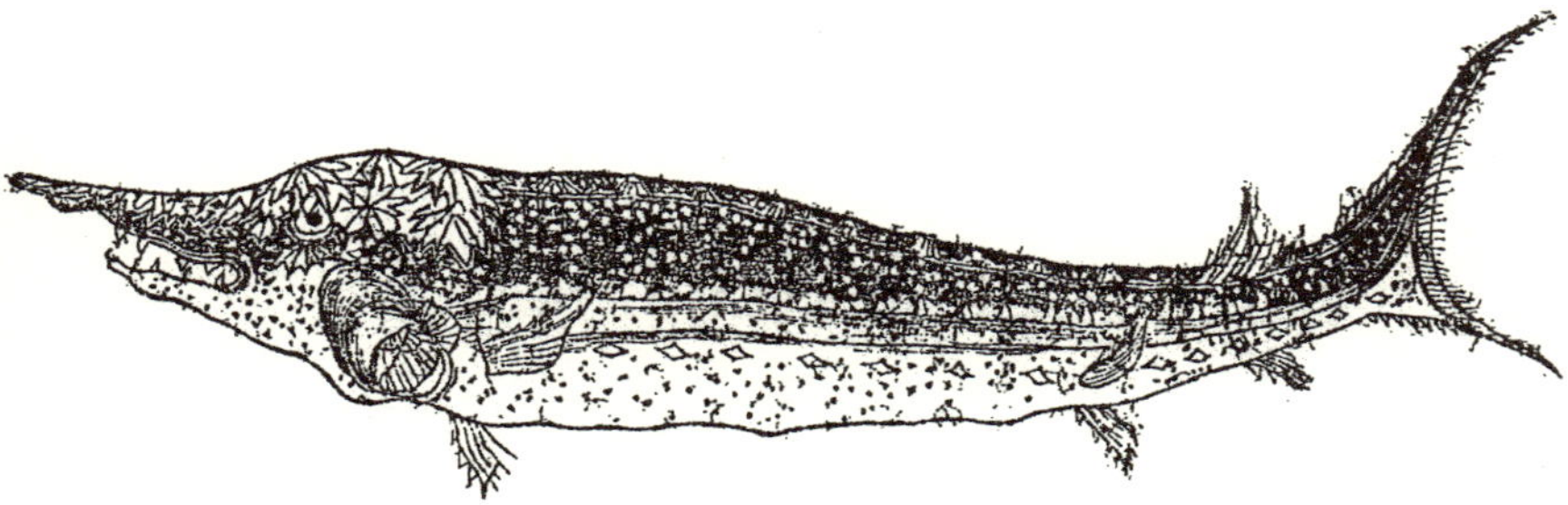

◉「奥羽日日新聞」明治一六年四月四日……●

# 髪振り乱す怪物

**【山形県／北村山郡大久保村発】** 行灯の後ろより怪しい風。気づけばスックと異形の者が立っている。色あくまでも白く、髪振り乱したその正体は。

◎夜嵐がもて来る窓の疎《そばら》雨《あめ》に夢破られて鬱々と百《ひやく》感《かん》胸に集る時遠山寺《とほやまでら》の夜《よ》半《は》の鐘陰《ゐん》に籠《こもつ》て物凄《ものすご》し、油つきたか枕頭《まくらもと》消んとしては又明るく薄気味悪き行灯《あんどん》の其後より一陣《いつぢん》の腥風《せいふう》吹来るよと思へばスツクと立《たつ》たる異形《ゐぎやう》の怪物、髪はおどろに振り乱し透明《すきとう》る ほど色白《いろしろき》が恨《うら》めし相《さう》に睨《にら》める体《てい》に覚えずキツツと立し一声、女房《にようぼ》も是に驚き覚《さ》め何事にて候《そろ》や恐き夢でも五《ご》覚《ろ》じたのかと問《とわ》れて、漸々《やうやう》気を落付ありし次第を物語れば、畏《こわ》やとばかり身を縮め夜具引蒙《ひつかぶ》りつ息を殺して其夜は無事に明せしが、翌晩《よくばん》隣の木《こ》挽《びき》の女房《つま》おつきが厠《かわや》に行く途で又現はれし例の怪物肝魂《きもたましい》も身に添《そは》ず其《その》まま家《うち》へ逃帰りて、是《これ》も朝まで眠り得ざりし。是より毎夜処々《しよしよ》に現はれ人を悩ますと云ことがパツと噂《うわさ》になりしかば、村人どもは恐《おそれ》を為《な》し夜分は宵から戸を鎖《しめ》て出るもの更に無《なき》に至《いた》りし。這《こ》は北村山郡大久保村の事にして第一番に威《おど》されしは、大泉清右ェ門夫婦なるが、斯《かく》ては村中安眠もなり難しとて神巫《みこ》を呼び占はしめしに、是《こ》は同村薬師寺とて昔しは一大伽藍《がらん》なりしも今は荒廃《あれはて》狐狸《こり》の棲《すみ》所《か》となり居る其《そ》が寺内《じない》に埋《うつ》みある先住何某《なにがし》の霊が此寺の斯《か》く成行《なりゆ》くを哀《かなし》み、之を訴《うつた》えん為《た》め姿を現わすなりと云ふにより、早速村中打集り百万遍の念仏を執行せしに、以来は絶て此怪異を見るものなしと真実《まこと》しやかに報じ越せしが迂闊《うか》とは受取ぬ話しです。

●「山形新聞」明治一六年四月一四日……●

# 神隠しから帰る

**【秋田県／河辺郡四小屋村発】**「母が迎えにきた」と言って消えた子ども。三日もたってから発見される。

◎不思議といへば不思議奇妙《きめう》といへば奇妙な話しにこそと冒頭《まくら》を置いて書く記者も誑《だま》されたも知れ魔《ま》仙唐《せんから》、看《みな》官《さん》も十分眉毛に唾《つば》を付けて誑《ば》かされぬ要心して読み玉へ。去る二十八日午前八時頃なりとか河辺郡四小屋村字中野百四十一番地熊津石五郎の次男金蔵（六歳二ケ月）が弟の某（五才）外四五人の子供と打《う》ち連《つ》れて、小安津下村の土堤《どて》に覆盆子《いちご》を摘取《とり》に行き、一同我れ一と争摘《つみ》居しに、突然金蔵は数多の子供に向ひて云ひるやう、私しのおツ母《かか》が迎《むか》ひに来たれば私しが一所に行くからお前達は跡に来れよと云《いふ》に、数多の子供等は四辺《あたり》を見廻はせど金蔵の母の影だも

見えぬより、異口同音《くちぐち》にお前のおツ母は何処に居るのだと問ひば、ナアニ茲に居たにト云ひつつ土堤《どて》を下りて小安津上村を経て目名瀉橋を渡り夫より大野村字新中島桑畑を通るを草刈《くさかり》人等は何処《どこ》の子にて何用ありて斯くぶら〳〵歩行《ある》くのだろうと目を注《つ》けて其行衛《ゆくゑ》を見やりしに、大野本道へ出てしや否や影《かげ》も形《かたち》もなくなりしと。茲に又金蔵の弟某は家に帰りて金蔵の怪《あや》しき素振《そぶ》りを家内に話しければ家内の驚《おどろ》き一と方ならず早速《さつそく》村中の若者を頼み鉦《かね》を鳴《な》らし太鼓《たひこ》を叩《たた》き螺貝《ほら》を吹いて幾組ともなく手分して残る隈《くま》なく山野を捜索《さが》せしかど一向見当らざるより、家内は大に悲傷して居りしに、同三十日桜村の親戚某が所用ありて同家に来る途中図《はか》らずも水口村の田甫《たんぼ》にて金蔵に見当りたれば直ぐ連《つ》れ帰《かへ》りて子細を糺《ただ》せしに只母に連《つれ》られて行きしとのみにて、已に三日も過ぎたれど空腹《くうふく》もせぬ様子にてありしとは所謂天狗《てんぐ》の所《わ》為《ざ》か但しは狐狸《こり》に誑《ばか》されたのか何にしろ奇妙不思議なことであります。

◉「秋田日報」明治一六年八月三日……●

# 竜面が雨降らせる

【秋田県／男鹿真山神社発】 旱魃の時には、その面を被り舞って祈禱をすれば必ず雨が降るという。今回の祈禱は果たして通じるか。

◎天地事物の理《り》は言語を以て罔《しる》べからざるものあるに似《に》たり。兼て聞く男《を》鹿《が》真山神社の宝物なる竜面《りうめん》は慈覚大師の真作《しんさく》にして旱魃《かんばつ》の時に雨乞《あまごひ》するには此竜面を出し顔に被《かぶ》り舞をなし祈禱《きとう》すれば必ず其応《おう》ありて霊顕《れいげん》の新《あら》たかなることは古来より言伝る所なりしか、本年五月より今日に至るまで雨降らず田畑の水不足して万民の困難せしより、真山社に雨乞の儀を願ひ古法の如く本月十日より十二日まで二夜三日の祈禱《きたう》をなしたるに、満願《まんぐわん》の日に当り午前八時頃より九時頃まで天油然として雲を起し沛然として雨を降すこと車軸《しやぢく》の如くなりしかば、渇望《かつばう》の人民は大呼《こ》して歓声遠近に洋々たり。此久旱に当り一点の雨気もなき時に当り斯る奇偉《きい》の霊顕あることは実に奇中の奇と云ふべしと投書がありたり。

◉「秋田日報」明治一六年八月二一日……●

# 雷とともに雷獣落ちる

【岩手県／黒沢尻発】 激しい雷鳴の中、田へ水を運ぼうと作業する農夫。その背後に落雷とともに現れた謎の獣が評判に。

◎六七日前より屢々《しばしば》烈しき雷鳴にて処々へ落雷せしことは、過日の紙上にも記せしが、黒沢尻辺もまた雷鳴烈

しくその日同処近村の農某《のうなにがし》は田へ水を運ばんと雷雨を冒して水上に行き水を引き居たる所、雷電益々甚《はなはだ》しく忽《たちま》ち某の背後に落《お》ちたるにぞ。某は大に驚き顧みたるに、異《あや》しき一《いっ》疋《ぴき》の獣が雷の落ちたる方より駈け来り某の体《たい》を目掛けて攀《よ》ぢ登らんとするを、某は持ちたる鍬《くわ》にて殴《たた》きつけて遂ひ捕ひたるに、その獣の形容《かたち》は猫に似て面長く毛は灰色にして耳なしと。蓋し雷獣なるべし。或る人その獣を五円に買ひ取り目下同所に於て興行せし軽業師《かるわざし》に売《う》り付くるの見《み》込《こみ》なりと。当地方にて雷獣を捕《と》るなどは実に珍らしき噺《はな》し。

◉「岩手新聞」明治一七年六月九日……●

会津の雷獣（江戸時代の肉筆画）

# 笛太鼓で怪獣騒ぐ

【岩手県／西和賀郡太田村発】 松杉がうっそうと茂る村境。どこからともなく聞こえてくる笛や太鼓や三味線の音の正体とは。

◎些《ち》と旧聞に属すれど西和賀郡太田村よりの報に当村地内字深沢と云ふ所は、隣村猿橋村《さるはしむら》に接したる深沢にして松杉鬱葱《うっそう》と繁り日中にも物淋しき所にて住古《むかし》より怪獣の住む所なりと言ひ伝ひたる場処なるが、客月二十一日の夜猿橋村の某が私用ありて当村へ来る折、其所《そこ》を通りたるに笛太鼓三味線の音面白く聞こえたれば、某は是《こ》れ必定三四丁も隔りたる字幅《はば》と云ふ所の人家にて酒宴《さかもり》し居るのが聞《きこ》ゆるなるべしと思ひ、何心《なにこころ》なく幅まで来りたるに、面白き音は却ツて通り過ぎたる深沢の中《うち》は聞こえければ始めて驚き、此れ聞き伝ひたる怪獣の所業《しわざ》に相違あるまじと同所の人へも直ぐ告げたるが、夫れよりは該所を夜行するものなき程になりたり云々。

◉「岩手新聞」明治一七年五月二六日……●

# 人魚が網にかかる

【宮城県／宮城郡菖蒲田浜発】 大網にかかった人魚は五尺の大きさ、胴より上が人間だという。評判になって見物人や買い手が殺到中という。

◎此頃宮城郡菖蒲田浜にて大網にかかりたる魚は、五尺程にして胴《どう》より上は人間の形《かた》ちのみか手迄もあり、胴以下は鼠色をなしたる鱗《こけ》の魚なりといふ評判高く、当区より見に行きたる者もあり或ひは買《かは》んとて出かけしも有《あ》りしと聞しが、正《まさ》しく網にかかりしものとは疑はしき取沙汰《とりざた》なりけり。

◉「奥羽日日新聞」明治一七年六月一八日……●

# 狐の追いはぎにご注意

【岩手県／稗貫郡花巻駅発】 身の丈七尺あまりの覆面男が白刃を振り上げ「坊主、衣類を脱いでゆけ」。僧は必死で逃げ出すが……。

◎稗貫郡《ひえぬきこほり》 花巻駅のある梵刹《てら》（寺名聞洩し）の納《なっ》所《しょ》何某《なにがし》（二十七八）は客月廿八日晴山村の檀家何某方へ仏事に招かれ行き、法用も済み種々《いろいろ》馳走に預りたるが、元来大酒《たいしゅ》の若僧《わかぞう》なれば衆客《しきやく》に強ひられ大分酩酊《めいてい》にて菓子等を紙に包み袂に入れ足元《あしもと》ブラ〳〵帰りたる途中、川口町の車夫にて熊《くま》といふに出逢ひたれば、熊と一処に円満寺村の阿部某方へ立寄り、濁《にごり》酒《ざけ》と出させ主人《あるじ》と三人にて飲み帰りの途中また〳〵上根子《かみねこ》村の小原某方に立寄り酒を出させ、矢張《やはり》主人と三

人にて飲み同家にて車夫熊に別れ納所一人同所より帰りの途中鼬幣稲荷《いたちへいいなり》の側《かたはら》を通りし際、路傍《ろばう》の笹原《ささはら》と押分け身の丈七尺ばかりなる覆面《ふくめん》したる大の男が白刃《しらは》を持ち顕はれ出て、坊主衣類を脱ぎ行けと持ちたる白刃を振り上げ呼び懸けたれば大に驚き如何《いかが》はせんと猶予《いうよ》するうちズカ〳〵と寄り右手《めて》を押ひられしかば、助けて呉よと一声叫び振り放して一目三《いちもくさん》に逃《に》げ出《いだ》せしに、又々行く先きの藪《やぶ》影《かげ》より同出立《おなじいでたち》なる男顕はれ、坊主待テ〳〵と呼び立られて逃げ出すと、後より追ツ掛け来りて襟引ツ摑み引き戻され、迚《とて》も叶はずと帯を解き裸体《はだか》になり息を切ツて逃げ走り南万丁目村の佐藤某方へ漸く這入《はひい》り、水一盃《いつぱい》呉れよと云ふと、同氏の家内は大に怪しみ、旦那寺《だんなでら》のお納所さま如《ど》何《う》なされしやと尋ぬると納所さんはフラネル股引《ももひき》ばかりの姿にて、晴山村より帰りの途中鼬幣《いたちへい》にて強盗に衣類を剝ぎ取られ一命《いちめい》を拾ひ逃げ来れりと演《のぶ》るを聞き、同氏はソレと近所へ告げ若ひ者七八名を同所へ遣《つか》はし自分は納所と同道にて花巻警察分署へ出頭し届け出しに、巡査方もソレはと一時驚かれしが能々《よくよく》納所の容体を見らるるに刀疵《かたなきず》と覚しきは全く爪《つめ》などにて掻きたる如く、また顔より身体へかけ泥に塗《まみ》れ居たれば帰宅の上委しく書面にて届け出よと演《のべ》らるると、畏《かしこま》りましたとて帰院したるが、過酒の上奔走せしゆゑ大に疲れ其夜は生体《しやうたい》なく睡り、翌廿九日、日の高く升りてより起き出しに前日同道して飲み歩行《ある》きたる車夫が昨日お納所さんよりお預りの羽織なりとて持来り、また上根子村の小原より袈裟《けさ》と法衣《はふい》と経文《きやうもん》と帽《ばう》などを送り届けられ、不審に思ひ書面の届を後になし鼬幣へ人を遣はし見せしめしに、其辺《そのへん》の畑中には唯一人の足あとあるのみにて、菓子油揚等を包みたる紙のみ散りてありしかば、帰り来りて其趣を告るに初めて狐に出逢ひしことを知り得て、再び警察分署へ其趣を届け出しが、右の納所さんは其後五六日間は盆槍《ぼんやり》として食事も進まずありしが、日数立ちて頓《やが》て精神気力とも旧に復したりとの事《こと》。

◉「岩手新聞」明治一七年六月二四日……●

# 海猿三匹が鰯網に

【秋田県／南秋田郡典農村発】　網にかかったのはなんと三匹の猿。びっくりして海中に放すとキャッキャッと消えた。古老は猩々なる怪物だという。

◎秋田県下南秋田郡典農村は漁業を以て生計を立つる所なるが、本年《ことし》も最《も》早鰯網《はやいわしあみ》の時節なりとて去月廿四日其初網《はつあみ》を下せしが、如何《いか》なる故にや一尾の鰯《いわし》だも罹《かか》らずして山猿《やまざる》に少《すこ》し

も違《たが》はぬ怪物《くわいぶつ》が三疋まで網にかかりたるに、漁夫《れうし》は驚き是まで幾年となく漁業はすれど海中に猿を見たることなきに初網より斯《かか》る事のあるは不《ふ》吉《きつ》なりとて其儘海中に放ち遣《や》りしに其声まで猿に異なることなくキヤツ〳〵と叫《さけ》びながら左《さ》も嬉《うれ》し気《げ》に波底《なみそこ》深く沈みければ皆々不思議に思ひしが、跡《あと》にて或る老人が之を聞き其《そ》は彼《か》の昔語《むかしがた》りの猩々《せうぜう》といふものてはあらざりしか縦令《たとひ》正真の猿にもせよ海中に得るは珍《めづ》らしきことなり、捉《とら》へ置きなば宜《よ》かりしに惜《をし》きことをしてけりと語りしに漁夫等も大《おほひ》に悔《く》ゐたりと。

●「函館新聞（北溟社）」明治一七年七月一三日……●

# 死霊に憑かれた妻

**【岩手県／庁下発】** 妻のかつての恋人は、帰郷して死んだはずだった。ところが、三年前よりその男が毎夜、妻の床に入ってくるというのだ。

◎庁下《ちやうか》の或《あ》る印刻師《いんばんし》の女房（三十三四）は未《いま》だ処女《むすめ》にてありし頃、栃木県の人にて本県に奉職し居たる或る鯰的《ねんてき》と情好《じやうかう》極めて厚く其際堅く盟《ちか》ひし事のありしが、どう云ふ訳にや其後互に遠ざかり盟ひし言葉も消え失せし姿となりて、乃《すなは》ち今の夫に嫁《か》したり。其後又右の鯰的が職を辞して帰郷し間もなく病死せしが、奇妙なことには三年計《ばか》り前より其鯰的が毎夜の様に来りて其女房の床《とこ》に這入《はい》るのは、他人の目には更《さら》に見得《みえ》ず女房にのみ見ゆることゆゑ堪《た》へられぬ程怖けれど、真逆《まさか》人にも明《あか》しかね、一人で苦しみ居たりしが、先頃より気分が変になりて時々妙《めう》なことを口走り、夫れ其所《そこ》に居る人を追出して下《くだ》さいの、アレ〳〵さうせずにどうぞ赦《ゆる》して下されのと、怪しげなることを云ふを、夫がこれは必らず狐狸《こり》の魅《つき》しならんと思ひ、白刃を女房の枕辺へ突き立てたり、頭の辺を振回《ふりま》はしたりするも、更に其甲斐《かひ》なく、却《かへつ》て烈《はげ》しくなる様子なれば、或る人の勧めにて本誓寺《ほんせいじ》の黒仏尊《くろぼとけそん》へ一七日参《さん》籠《ろう》させしが、其当座は少しく鎮《しづ》まりし様なれども、又々元の如くになり種々《いろいろ》のことを口走るうち、彼の鯰的と堅く盟ひし一件を語りしにぞ、夫は聞てそれでは世に云ふ死霊《しりやう》の付きしなるべければ、これを慰めたらんには或《あるひ》は引き去ることのあるべしとて、香奠《かうでん》に書状を添へ弔《とむら》ふて貰ひたき旨《むね》、彼の鯰的の家元へ言ひ遣りしが、間もなく其返事（何と申越せしにや）来りしに、其夜は殊《こと》に烈しく

狂ひ、近隣を騒がす程にて其後も尚ほ止《や》まざりしかば、夫も今は当惑《たうわく》の外《ほか》なかりしが、近隣なる商法家某は何れよりか見真大師《けんしんたいし》の書き給ひし六《ろく》字《じ》名号《みやうがう》の掛物《かけもの》を持来り、これを拝《をが》ませたまへとて手づから展《ひ》らきて女の頭《かしら》へ覆《か》け、暫《しば》し念仏を唱《とな》ひしかば、不思議や今迄口走り居たりしものは忽ち生態《しやうたい》を失ひ死したる如く眠りしが、其後は鯰的も目に見得ず神気《しんき》追々《おひおひ》元に復して、今は完《まつた》き人になりしとは、些《ち》と請取難き話しなれど、余りに噂さの喧《かま》びしければ斯くは記しぬ。

◉「岩手新聞」明治一七年八月二〇日……●

# 空飛び猫ついに捕まる

**【宮城県／桃生郡馬鞍村発】虎の声で吼え、翼を広げて飛びまわる黒猫。一儲けもくろむ男たちが、生け捕り大作戦。**

◎今抑爰《そもここ》に掲げたる獣の図をば何とか見《み》る。見ればこれ去月十五日桃生郡馬鞍村の深山に於《おい》て、同村の杣《そま》山田丑蔵が生捕《いけどり》たる怪物にして、全身黒色貌《かたち》猫の如く背に翼あり其鳴声《そのなくこゑ》虎に似たりと。偖斯《さてかか》る怪物をいかにして生捕《いけどり》しと云ふに、丑蔵は同日杣木《そまぎ》樵《とら》んと例の如く山奥深く分登《わけのぼ》りしに遥《はるか》彼方の谷間《たにま》方《あた》り怪しき獣の吼《ほゆ》る声してければ、兼《かね》て剛胆《がうたん》なる丑蔵は如何なる物にあらんと追々近寄《ちかより》見るに図《づ》の如き怪獣なるにぞ、こを生捕にせば金目《かねめ》になるまじき物にもあらずと、夫《それ》より同山に稼ぎ居たる仲間数人を雇ひ八方に手配《てば》りをなし鯨波《とき》を造りて猟立《かりたて》たるに、獣は両の翼を張り其所此方《そちこち》と飛廻るを漸々《やうやう》谷底へ追詰《おひつめ》日暮に及びて丑蔵が一人手に捕ひしなるがいかにも怪《あや》しき獣なれば、牡鹿郡門脇村字後町二百七番地の吉田清助が買取《かひとり》当時飼置たりとて図をさへ添ひて送られし儘斯《かく》は物《もの》しつ。

◉「奥羽日日新聞」明治一七年一二月一日……●

# 逮捕されるぞ！

【岩手県／紫波郡間野々村発】 村人が次々と「火付けの罪で逮捕されるぞ」と告げに来る。無実の男はびっくりして逃げ出すが。

◎紫波郡間野々村の農藤原長助の長男亀松（四十）は至極正直ものなるが、去る廿日の夜同村の菊池和助と云へるが遽《あはただ》しく長助方へ来り亀松を尋《たづ》ね、他の用で来たのではない去年の六月居《ゐ》村《むら》の畠山勘四郎かたの火事は貴様が放《つ》けたのだとて、捕縛のためお巡りかたが直《ぢ》き彼処まで来られた、今の間に何処へか隠れたら善《よ》からうと云ひ捨て返りしが、亀松は身に覚えなければ戯れなるべしと思ひ居りしに、間もなくまた同村の谷村喜右衛門が来て矢張其通り語《つ》げて帰り、またその跡へ阿部長蔵も顔を出し同様に告げ、吉田貞身も来り前の如く云ひて帰りたれば、亀松は初めこそ動かず居たれ、四人まで態々《わざわざ》来るに思想が変じ、無実の罪で縄目《なわめ》に懸るも外聞悪しと思ふと一寸も猶予《いうよ》なりがたく、狂人《きちがひ》の如くになりて、支度を調ひ宮城県下石の巻辺の上淵と云ふ処に知り合ひあれば、同処へ行き暫《しば》し身を隠さんと告げ終り、韋《ゐ》駄天《だてん》走りに内を駈《か》け出すと、跡にて家内は泣くやら叫ぶやら大騒動《おほさうどう》であつたが、其夜も明け翌朝飯時分になりても査公は扠置《さておき》見舞の一人も来ぬゆゑ不審を起し、イヤ村の人々が威《おど》しに来たのか彼の人々の宅へ行き見よと人を走らせ聞き合すに、四人とも昨夜は家に居り何れへも出たることなしとの事なれば、夫《そ》れでは狐の処業《しよげう》か心配して走りし人が心元《こころもと》なしと、親類《しるべ》なる同郡東徳田村の川村喜代松を頼み追はしめしが、同人も亦狐に迷はされたか二人とも于今《いまだ》帰らぬとは奇《き》なる咄《はな》しなり。

◉「岩手新聞」明治一八年一月二九日……●

# 山の怪物の復讐

【山形県／朝日嶽発】 村娘を助けるべく、怪物を撃った男。だが怪物には娘に害をなす気はなかった。怪物の復讐が始まる。

◎実《げ》に人は万物の霊長程ありて其精神には微妙不可思議の活動あり。身は一室を出でずして心は万里の波濤《はたう》を渡り座《い》ながらにして万国の形勢をも察しつべし。遮莫《さばれ》其精神の狂ふ折は親戚故旧も悪鬼羅刹《あくきらせつ》と見え猛獣毒蛇も朋友《ほうゆう》と見ゆるなど只神経の作用《はたらき》一つにあり、疑心暗鬼《ぎしんあんき》白地《しろぢ》の浴衣《ゆかた》も幽霊となり艸掃《くさはふき》も悪鬼と見え然《しか》るを古来の小説家が敷衍《ふえん》して、和漢洋共種々様々の説を作《な》し習ひ性となりて実有《じつう》の事《こと》情と為《な》せしは又笑ふべくも恐ろしき事ならずや、玆《ここ》に説き出る語頭《ものがたり》も正体は艸掃の悪鬼浴衣の幽霊、珍らしくもなき事ながら態々《わざわざ》の報知《しらせ》に登録する事とはなりぬ。扠《さて》も羽前の

国朝日嶽といへるは同国置賜、村山、田川三郡より越後の国磐船郡に亘れる高山にて、直立《ちよくりつ》殆んど三千尺、山の中腹よりは殆ど人跡を断つ許《ばか》りなり。鳥路《てうろ》熊径《いうけい》昼尚暗し元より狐兎《こと》の栖処《すみか》にて人家のあるべくもあらねど、古《いにし》へ文治の頃平家の落人が拓《ひら》きしとか云ひ伝ふる一村あり、字名《あざな》を清水路村と呼ばる此村を距《さ》る三里にして木塚村といふあり、孰《いづ》れも山懐ろの事ゆゑ左《さ》せる人家も無く最《い》と幽《かそ》けき地《ところ》なるが、同村の農篠原平蔵の娘おいき（十五）といふが近所の娘三四人と共々蕨採《わらびと》りに行きし所ろ、怎《いか》にしけんおいきは連れの子供等に捨てられつ。詮方《せんかた》無く〱逍遥《さまよ》ふ中《うち》、連れの子供等はおいきの見えぬに打驚ろき直様《すぐさま》村へ馳せ帰へりて、斯《か》くと告ぐるに打驚ろき這《こ》は必定《ひつぜう》猛獣に攫《つか》み去られしならんと村中寄りて大騒ぎとなりしが、同村の猟師山谷文太夫といへるは兼ねて強力《がうりき》の聞えある男にて五人力ありとかいふが、此事を聞くよりも大いに怒り今より三日の間には屹度《きつと》尋ね出して呉れんずと、覚《おぼ》えの猟銃肩に掛け腰弁当を用意して山又山へと分け入り、兼ねて心当りやありけん数十丈の深谷《しんこく》へ下り立ちつ。滝を隔てし巌穴《いはあな》へ窺ひ寄り息を殺して潜み居たり、穴の奥には女の泣声《なきごゑ》、扠《さて》こそと心に首肯《うなづ》き玉《たま》込《こめ》なして待折《まつをり》から一箇《ひとつ》の怪物の顕はれたり、只見る面色《めんしよく》は朱を盛る盆の如く頭髪は銀針《ぎんしん》を植ゑたる如し、人あるぞとも知らざるにや、洞《ほら》を立出で馳せ去るを是れ幸ひと火蓋《ひぶた》を切れば日頃の修練《しゆれん》覗《ねら》ひは違《たが》はず件《くだん》の怪物が咽喉《のんど》をば裏欠《うらか》く迄に打貫《うちぬ》いたり。流石《さすが》の猛獣も究処《きうしよ》の痛創《いたで》其儘其処《そこ》へ倒れしを斯くと見るより又一箇《ひとつ》が猛然として駈《か》け出し倒れし物を引担《ひつかつ》ぎ飛ぶが如くに走《は》せ去《さ》りたり。

（以下次号）

●「奥羽日日新聞」明治一八年三月七日……●

◎（前々号の続き）斯くて文太夫は二頭の怪物を追ひ走らし件の洞《ほら》を覗き見しに、おいきは恐さに堪《た》え兼ねけん其儘其処に倒《たふ》れ伏《ふ》し物も言ひ得ぬ有様ゆゑ文太夫は打驚《うちおど》ろき、用意の定心丹《きつけ》を含ましつ種々手当を尽せしにぞ纔《やう》やくにして蘇生《よみがへ》り文太夫に手を引れ肩に携りて喘《あへ》ぎ〱清水路迄たどり付きぬ、此事早くも木塚村へ聞えしかば両親の喜びは比へん物無く直ぐ様文太夫許《が》り駈け来り夫婦右より左りより其顛末《てんまつ》を尋《たづ》ねれば、おいきは涙の顔を上《あ》げ当日《そのひ》友達に別れて後思はず道を踏み違ひ次第々々に山奥へ迷《まよ》ひ入り如何はせんと思ふ折から、傍への崖を踏み外《はづ》し数十丈の谷底へ転《まろ》び落ち息も絶え〱なる其所へ、最と恐ろしき獣の来懸りしかば引裂れんかと思ひの外《ほか》件の獣は妾を丁寧に助け起し清水を掬びて飲ますなど最と怪しき迄労《いた》はりつ、其れより洞《ほら》へ連れ行きしが、洞にも一疋の獣ありて是も亦信切に労はるゆゑ恐ろしくも亦怪しくて過ごせしに獣は数多の果実《このみ》をば取り来り更《かは》る〳〵勧《すす》むるゆゑ饑《う》えもせずに居り侍りといふに、文太夫は打驚ろき扨は害心ある獣にもあらざりしか不便《ふびん》の事をしてけりと心窃《こころひそ》かに悔ひたるも、平蔵夫婦は娘の帰りし嬉しさに斯る事には気も付かず厚く礼を述べて帰り去れり。這《こ》は是れ昨年秋の事なるが其後口善悪《くちさが》なき村人は文太夫こそ年古《としふ》る怪物を打ちたれば遠からず殺さるべしなど言ひ合へるに流石《さすが》の文太夫も心快《こころよ》からで山稼ぎさへ怠《をこた》り勝《がち》に過しけるが、毎夜怪しき物音して背戸《せと》を破《やぶ》る如くなれば其度毎に空砲《くうはう》を発したり。扨て年も明けて去月中旬の事とか或夜の夢に件の怪物が己れを食《くら》ふと見たり。其翌日妻おいくの実家より至急の用事ありとて迎への来り文太夫只独り留守居《るすゐ》せし折から、其日の暮方《くれがた》おいくの実家《さと》より使ひの来り今夜丈は一泊するとの事ゆゑ然らば寝《ねむ》らんと戸を鎖《さ》して貧しき家の心安さは手醸《てづく》りの濁酒《どぶろく》に腹を肥《こ》やし納戸へ入りて肘枕《ひぢまくら》其儘快よく眠りしに、十時過と覚しき頃ホト〳〵と戸を敲《たた》く者のあり、這《こ》は訝《いぶ》かしと聴き耳立つれば計らざりき我妻なるにぞ、今夜は泊る筈なるに怪しかる事もあるもの哉《かな》油断はならぬと戸の隙《す》きより窺ひ見れば、這《こ》は怎《いか》に面《かほ》は我妻に似たれども頭は銀針を植ゑしが如く最と恐ろしき怪物ゆゑ、扨《さて》こそ曲者《くせもの》ゴザンなれ己《おの》れ昨年の怪獣め其手を食ふて溜《たま》るべきかと用意の鉄砲押執《おつとり》つ、戸の隙間より覗ひを定《さだ》めズドンと一発放なせしに、流石《さすが》の曲者も不意を打たれ脆くも基処へ斃《たふ》れたり。文太夫は大いに喜こび戸を押開らき炬火照らして打見《うちみ》やるに、這《こ》はそも怎《いか》に這は怎に倒れ居たるは怪物ならで疑ひも無き妻なるが、オドロの頭髪と見えたるは田舎《ゐなか》に用ふる雪帽子《ゆきばうし》夜寒にが凍《こほ》りて輝々《きらきら》と輝《かが》やきし物なれば、文太夫は呆《あき》れ果《は》てて暫時《しばし》途方に暮れたるも、斯くて止むべき事ならずと漸やく心を取り直しヤヲラ負傷者《ておひ》を扶け起して創処《きづしよ》を能《よ》く〳〵検《あらた》めしに、創は少しもあらざれど不意の砲声に驚ろきし体《てい》なるゆゑ又蘇生《よみがへ》りし心地《ここち》にて種々《いろいろ》労《いた》わり喚び活かし事の始末を尋ねんとする折しもあれ、背戸《せと》の方にて怪《あや》しき物音スハ事ありと鉄砲引提《ひつさ》げ駈け付け見れば一頭の大猿にて、片手に山刀《なた》を振りかざし文太夫を見るよりも此方へハッシと投げ付くるをヒラリと外《はづ》して銃を取り延べ放《はな》ちし丸《たま》は覗ひ違はず響きと共に倒《たほ》れたり。文太夫は纔《わず》かに安堵《あんど》し件《くだん》の猿をば執り片付け妻諸共に打見れば最と年古《としふ》りしものと見《み》え実に恐ろしき様なるが、先きに投げ付けたる山刀《なた》を見るに這《こ》は去年の秋怪物《ばけもの》を打ちたる節取落したる品なるにぞ、玆《ここ》に始めて先きの日の怪獣が仇《あだ》を酬《むく》ゐに来りしを知れりといふ。山刀の事は兎《と》も角《かく》も文太夫が心から誠の妻を怪物と思ひ込みしは最《い》と恐ろしき事なりしと聞《きく》がまに〳〵はものしつ。

◉「奥羽日日新聞」明治一八年三月一一日……●

# 墓地の大入道

**【宮城県／栗原郡花山村字窪囲発】化物の正体を暴いてやると、墓地に乗り込んだ力自慢の男。大入道と組討ちを繰り広げるが……**

◎栗原郡花山村字窪囲の墓地《はかち》は夕方より恐ろしき物音がするとて、近村近郷の大評判、夫故《それゆゑ》か日暮れ過ぎには通行人の跡を絶《た》つ程なりしに、村相《むらずま》撲《ふ》の最手役なる草木山の要吉といふが斯くと聞き這《こ》は面白き事にこそ己れ怪物《ばけもの》の生体を見《み》現《あら》はして呉れんじと、内々用意を整ふる中《うち》乾《こ》児《ぶん》の誰れ彼れは早くも聞き付け大哥《あにき》が行くなら己《おの》れも行《い》かうと烏合《うがふ》ながらも加担人の出来しかば、要吉は弥《い》よ〳〵勇み、然《さ》らば来る其夜《それのよ》には必らず出会へと触《ふ》れ示し其日を遅《おそ》しと待《まち》ける中《う》ち早くも当日になりければ、五六日前の事なりき各自獲物を携《たづさ》へて件《くだ》んの墓場へ押し寄せしに這《こ》は麼《そ》も怎《いか》に艸葉《くさば》に巣《す》鳴《な》く虫の音にのみ他に怪しき事も無ければ、要吉始め呆気《あつけ》に取られ此処迄来たる詮も無《な》しと嚅言《つぶや》く折しも、彼方に当り煌《きら》めく物が現はれたり。要吉早くも斯くと見て彼れは如何にも躊《ため》らひしが、弱見を見せじと諸褐《もろはだ》ぬぎ次第に近付き見てあれば暗《やみ》に黒白《あやめ》は分《わ》かねども六尺許りの大入道が大手を拡げて立つたるなり。スワ、曲者《くせもの》よ御参《ござん》なれと勢ほひ込んで飛び懸りムンヅと許《ばか》り組み付きしに、彼《か》の入道は毫《ちつ》とも噪《さは》がず泰然《たいぜん》として敵《あし》らうにぞ、乾児《こぶん》の面々《めん〳〵》之れを見《み》て四方一時に取《と》り付きて曳《えい》や〳〵と押し合ひしも動く気色《けしき》のあらざれば、イデ此上は斫《き》り殺して呉れんむと斧鉞《おのまさかり》を振り翳《かざ》し滅多無性《めつたむせう》に擲《たた》き付くるに、流石《さすが》の怪物《ばけもの》も弱りてや忽《た》ちまち姿は消えにける。アラ不思議やと要吉始め消えたる松火点《たいまつと》もさして其処等隈《そこらくま》なく尋ねしに大入道と思ひしは、最《い》とも年歴《としへ》し枯幹にて手足と見えしは枯枝なり、其眼《まなこ》とも見えたるは空虚《ほら》になりたる所ゆゑ衆人《みなみな》是れはと二度吃驚《びつくり》、思はぬ草臥《くたびれ》を儲《まを》けたりとて、此夜は其儘帰りしが翌朝再たび撿《あらた》めしに、嗚動せしも理《ことわ》りにて其の墓地最寄《もより》に狸穴《たぬきあな》あり数多の児

大入道（「新板おばけづくし」）

狸が吠え狂へし跡と覚しく多くの小さき足痕《あしあと》が残り居しといふ。

◉「奥羽日日新聞」明治一八年八月二三日……●

# 猫神が人妻と通ず

**【宮城県／牡鹿郡田代浜発】なぜか昼間から、化粧をしては寝間に引きこもってしまう妻。なぜかその寝床には灰色の毛がたくさん落ちていた。**

◎是は又茶挽猫《ちやひきねこ》が怪談にもあらねば嵯峨山《さがやま》の古事《ふること》にもあらず、然《さ》はれ事柄の時代に過ぎて保証し能《あた》はざるも其筋にさへ届け出《いで》んとするものから、先《まづ》新聞紙上を以て吹聴《ふいちやう》してよとあるに有無《いうむ》は知らず茲《ここ》に掲ぐる事とはなせり。牡鹿郡田代浜の某（姓名《せいめい》は態《わざ》と略《りやく》す）は夫婦の中に十歳の子供一人ありて一家三人睦《むつ》まじく暮し居しが、去る七月中旬《なかば》より女房《にようぼ》の容躰常ならぬに某も甚《いた》く不審に思ひ、兼《かね》て心を注《と》め居ると何故とも分かねど先化粧をなし衣服を改め午后五時と云へば我寝間《ねま》に引込《ひつこみ》内より戸締りを厳重にし更に出入を許さねば、愈々《いよいよ》不審に思ひ強て寝間へ入見しに何の気もなく女房一人臥居《ふしい》たるに某も判談に困《こう》じ尚容子《やうす》をば窺ふ所に女房は追々《をひをひ》衰弱し農事は素《もと》よりにて縫針《ぬいばり》の業《わざ》もなし得《え》ぬ迄になりしかど、毎日午後二時を相図に髪を結ひ化粧をなし同六時を頭《かしら》に寝間に入子供も出入させぬ故徒事《ただごと》ならずと、親類縁者《しんるゐえんじや》は申《まう》すに及ばず近隣の人を集ひ女房に仔細《しさい》を糺《ただ》すも一向に答へざるより今は詮方《せんかた》なしとて衣類夜具等を改め見るに、長サ三寸許《ばか》りにて其先針の如く灰色《あくいろ》の毛沢山に着居たるに杈《さて》こそとて寝間の隅々を改めしに二尺四方ばかりの穴《あな》あり、夫《それ》より山手に付艸《くさ》が左右に分《わか》れ自から路をなしてあるに人々の驚き只ならず思ふに是《こ》れは猫魔《ねこま》の業《わざ》にやあらん、其故は当浜にはむかしより猫神《ねこがみ》あるを以て犬《いぬ》を飼《か》はずと云ふ、側《そば》から茂平と云ふ男が我二晩此家の裏より光《ひか》り物《もの》の飛び行しを見《み》たるが、然《さ》すれば猫魔の眼にてやありけん、抔咄《などはな》せるに此儘捨置《すておく》時は一命にも関るべし、何《いづ》れ其筋へ届け出変化《へんげ》の退治《たいぢ》に及ばんと評議《へうぎ》一時に決《けつ》せしも、一応新聞に物し世の人にも知らせんと態々《わざわざ》同地方より申し越されし儘になん。

◉「奥羽日日新聞」明治一八年九月八日……●

# 米をムシャムシャ

**【秋田県／楢山登町の近傍発】米びつの米が、最近どうも減りすぎる。不審に思って見張っていたら、深夜、大入道が食っていた。**

◎楢山登町近傍なる何町の或家《あるいへ》にて毎朝飯を炊《たく》きに米櫃の内なる米が多

少減却《げんきやく》して有るので、始めの程は小《こ》供等《どもら》の所為《しはざ》ならんと打捨て置きしが、日を追ふて次第に多く米の減るより這《こ》は只事《ただごと》ならずと怪《あや》しみつつ或る夜、該家の人々が寝たる真似をなして覗《うかが》ひ居たるに、深更に及びて何所《いづこ》よりか来りけん、大入道が顕《あら》はれ米櫃の蓋を明け米をムシヤ〱喰《くろ》ふ姿の恐《おそろ》しなんど云ふ計《ばか》り無き有様なれば、家内の者共は息を殺し夜具引被りて潜居《ひそみゐ》たりと。故に同家の人々は兎《と》も此屋敷《このやしき》には住居の出来難ければ、他に移転せんと謂《い》へ居ると是は定めて狐狸の所為《しはざ》ならん抔《など》との風評《うわさ》あるが、開明の今日に当り何ぞ怪物《くわいぶつ》の有るべきや、信じ難き事共なり。

●「秋田日々新聞」明治一九年七月三日……●

# 巨大な三平二満面《おだふくめん》

**【山形県／南置賜郡米沢上花沢仲町発】**

**数百の提灯が国道線路を照らすなか、道幅いっぱい、四間あまりの大三平二満面が笑いながら追ってくる。**

◎南置賜郡米沢上花沢仲町士族椿亀松（二十五年）は、去る廿日の黄昏《たそがれ》頃《ごろ》居町《きよちやう》より僅か半道許《ばか》り距ちし同郡片子村の親族山崎清記方へ用事あッて赴《おもむ》きしが、彼是《かれこれ》談話《はなし》の末酒肴《さけさかな》を饗応《もてな》され微酔機嫌《ほろよひきげん》にて該夜《そのよ》十二時頃自宅《うち》へ帰る途中字片子坂の辺まで来りしに、国道線路四間幅一ぱい万灯《まんどう》の如く数百の提灯に道を照らし道幅と等しき四間許《ばか》りの大三平二満面《おほおだふくめん》が突然出て微笑々々《にこにこ》笑顔を為《つく》るにぞ、亀松は吃驚《びつくり》して這《こ》は必定《てつきり》狐狸の業《わざ》ならん斬倒して呉《くれ》んずと思ひども刀剣は更なり杖だに持たねば如何《いかん》とも詮《せん》方《かた》無く、急ぎ其傍《かたわ》らなる一軒家に走り寄り人を呼べども深く寝入りしと覚《おぼ》しく更に返答せざれば、是非なく其処《そこ》を立去り後ろを振返《ふりかへ》り見ると、其《そ》の怪物《ばけもの》も亦我走るに随ひ例の笑顔にて追掛け来るゆゑ胆《きも》を冷しひた走りに走りて漸《やうや》く花沢仲町の自家《うち》へ駈《か》け着き、門の戸を敲《たた》きて妻を呼べば何事やらんと戸口に走り出で、良人《おつと》の顔を見るに色真青《いろまつさを》物をも言はず突《つつ》立《た》ち居るにぞ驚きつつも手《て》を採り内へ引き入れしに、腹《はら》が痛むとて其儘打ち臥せしかば、妻は案思《あんじ》て腹部《はら》を押撫《おしなで》種々《いろいろ》介抱なせしに、亀松は非常に大声を揚げ眼を閉づては又開らき終に気絶の体なるを見て、妻は悲しく近所合壁《きんじよとなり》或は親族へ告知《つげし》らせると皆々驚きながら打寄りて必定《てつきり》狐狸に魅入《みい》られしならんと、有繋《さすが》は士族気質《しぞくかたぎ》とて何《いづ》れも携へ来る刀の鯉口《こひぐち》切ッて家屋《いへ》の廻りを見れど、何の怪しき

事も無く、亀松は稍《やや》正気に復せし容《やう》子《す》なれば各々枕辺《まくらもと》に集いて問ひ聞くと、同人は矢張《やは》り狐狸の業に相違あるまいと思ふが妻に腹を撫摩《なでさす》られし際顔を見れば妻にあらずして最初見たる怪物《ばけもの》に摩《さす》らるる如き心地にて終《つひ》に気を失ひしが、各々抜刀にて家屋《いへ》の周囲《まはり》を巡《めぐ》られしゆゑ狐狸も恐れて逃げ去りし為め漸く正気になりたるならんと答ひしとか、爾後《そののち》日増快方に赴くとはいふものの未だ本快に至らず今尚病床に就いて居るよし。開明の世にはチト不似合の一話《はなし》にこそ。

●「出羽新聞」明治一九年一一月二六日……●

# 呪われた石棺

**【宮城県／遠田郡小牛田村字牛飼発】** かつて人が牛と化したことから、「牛飼」なる地名をつけられた村。その遺骸を納めた石棺が掘り出され……

怪現象

◎人牛に化す　是《こ》は捜神《そうじん》記《き》か五雑俎《ざつしよ》の抜書《ぬきがき》の様な話しなるが、遠田郡小牛田村に字牛飼《うしかへ》と云ふ処あり、此の地名に付き村民の口碑《こうひ》に残りたるチト不可思議なる咄《はなし》と云ふは、旧《むかし》此地にて人の生ながら牛に化《くわ》せしことありしを奇妙《きみやう》なることとて或る人が飼ひ居きしに遂に死去せしかば、其屍《しかばね》を石の櫃《ひつ》に入れて埋めたり。其れより此処《このところ》に牛飼の地名を下せしなりと。されば其埋《うづ》めし処に今猶石櫃あり、其角一尺程も土中より顕れ居れり、其石櫃を以て考ふれば幾百年前の事なるか余程古きものにて古来《いにしへ》より村内の若者共は其中を見んとして度《た》び〳〵掘り出し方に着手せしも、其度毎に大風雨《たいふうう》の起り来るか又は負傷者抔《など》出で遂に未《いま》だ其裏《うち》を撿査《あらため》て確証《かくしやう》を見るを得ざる由、同地よりの通信に見ゆ。

●「奥羽日日新聞」明治二〇年二月四日……●

# 林から怪しい声

**【山形県／東置賜郡宮内村発】** うっそうたる林から、夜な夜な怪しい声が。若者たちは怪物を捕らえようと勇躍出かけるが。

怪現象

◎チト受取れぬ噺《はなし》なるが報じ来れる儘を掲ぐるに、東置賜郡宮内村の東方に竹田林《たけだはやし》という林あり。此林市を去ること僅かに五六町に過ぎざれど、東及び北は皆山にして其林中に吉野川といふ川あり。樹木鬱葱《うつそう》頗《すこ》ぶる物淋《ものさ》びしく、昔時《むかし》はこの地の八幡不知《やはたしらず》と唱《とな》へたる程なりしが、近ごろ夜になるとこの林のうちにて最怪《いとあや》しき声のなしけるより語り伝へ言囃《いひはや》してその近村までもこの事を語り伝ふるやふになりしかば、チヤキ〳〵の兄達《あにい》はイデヤその怪物を引捕《ひつとら》え呉れんなど七八人挙《こぞ》つて棒ちぎりで出掛ると、怪物は声も出さざれば偖《さて》こそ我々の威《ゐ》に恐れけるよなど帰らんとすると、始めて怪しき声を為《な》す、ソラ出たぞと怖々ながらも力見《りきみ》返《かへ》ると、怪しき声は止《や》みたり。そふかと思ふと亦《また》ケラ〳〵笑ふ声などして、迚《とて》も居堪《いたたま》らぬより、皆チリ〳〵に逃げ帰りけるにぞ。この評判専ら高く夜分はこの近傍の道は人通りもなき程《ほど》なりとぞ。多分《おほかた》狐狸《こり》の業《わざ》ならんと云へり。

◉「出羽新聞」明治二〇年四月一〇日……●

# 舞台下から美女

**【秋田県／上亀の町蔦座発】** 午後三時。劇場の外で雷鳴と雷光が荒れ狂うなか、火防頭取の男は、緑髪の美女を目撃する。

◎此頃当市上亀の町蔦座《つたざ》方《かた》に於て火防頭取《とうどり》の升屋吉右ヱ衛門なるもの炉辺《ろへん》に依《よ》りて何《なに》か用《よう》を為し居たりしか、同日の午後三時頃に至りしに寒風《かんぷう》吹き荒れ雷鳴轟《らいめいとどろ》き電光閃々《びんびん》窓を通り物凄しきこと言はんかたなき折柄、忽ち舞台の下より十七八の美女丈余《じやうよ》の緑髪《みどりがみ》を被《かむ》り柳眉《りうび》を釣上げ紅《くれない》の唇《くちびる》を回し何ぞ物言はん風情《ふうぜう》なるに、流石《さすが》の頭取も一時はゲツトせしを有合得《ありあう》物を以て打据《うちす》へんと一寸顧みる内早や姿は煙の如くに消失せりと、必定《ひつぜう》狐狸の仕業《しわざ》ならんと云ふ。

◉「秋田魁新報」明治二〇年一一月二〇日……●

# 宴会の最中に幽霊

**【青森県／東津軽郡朝虫村発】** 工夫たちが茶碗酒の酒盛り。ところが十二時ごろ、座中に突如として朦朧と人の姿が現れる。

◎化物《ばけもの》の惣本家《そうほんけ》は東京の四つ谷に名高く幽霊の画《ぐわ》は円山応挙に著名なるも、談話《はなし》に聞き写《うつ》し絵《ゑ》に見たるのみにて誰れも御目に懸りしものなく、開明の今日には神経病と相場の極《きま》りしに爰《ここ》に一奇談といふは、去る四日の夜東津軽郡浅虫村福井重蔵方の二階に寄留《きりふ》せる京野そと（廿八歳）相沢つき（卅三歳）方へ卅名ばかりの工夫《こうふ》が押し懸け、茶碗酒の酒宴《さかもり》最中夜も早や十二時とも思《おぼ》しき頃、怨《うら》めしいとも何とも云はねど、突然座中《ざちう》に朦《もう》朧《ろう》と人の形相《かたち》の顕《あら》はれしより女は勿《もち》論《ろん》工夫一同吃驚仰天《びつくりぎやうてん》して階子《はしご》を転げ落ちるもあり、雨戸を外《はつ》して雪の中

へ飛び降るものあり、中には早《はや》腰を抜かして毛布《けつと》を覆《かむ》り念仏を唱ふるものありて、一時大騒動なりしより、近傍の婦女《おんなこ》小児《ども》は恐れて夜《よ》歩行《あるき》を為さぬ程なり。是れ果して幽霊なるか将《は》た狐狸の悪戯《いたづら》なるか、卅余名が一同見たといへば如何にも不思議のことなりと同地より通信ありたり。

◉「東奥日報」明治二二年二月九日……●

幽霊（『画図百鬼夜行』より）

# 古狸の汽車と正面衝突

**【青森県／桶川発】** 東京上野発の汽車が桶川の手前にさしかかったとき、前方より同じ線路を突進してくる列車が。

獣変

◎此程最も珍らしき噺《はなし》なりとは、東京上野発の汽《き》車《しや》が夜に入りて桶川の手前に差掛る時、前面より汽笛を鳴らして同線路を進み来る列車《れつしや》あり。此方の機関手は驚きて急ぎ運転の速力を緩《ゆる》め、烈《はげ》しく汽笛を鳴らしたるに、先の汽車も同様の事を為し頻《しき》りに汽笛を鳴らしたり。されども目に近《ちかづ》く見ゆる列車は遂に此方に近寄らず猶目を定めて熟《よ》く視《み》れは其車有るが如く無き如く模糊《もこ》朦朧《もうろう》の裏《うち》にある如くなれば、扠《さて》こそと汽力を速めて先の車に衝突《しやうとつ》する如く駛《はし》り掛《かけ》しに、彼の車忽ち烟《けむり》の如く消て迹方《あとかた》もなくなりぬ。然るに其跡にて線路を見るに大さ拘《いぬ》程なる古狸二頭軌道《きだう》に引れて死してあり。忌々《いまいま》しき奴《やつ》かなとて其皮を剝《は》ぎ肉は狸汁《たぬきじる》にシテ遣《や》りたりと。明治の今日に於て此の如きものありとは。

◉「東奥日報」明治二二年五月三日……●

# 見越し入道現る

【山形県／南村山郡堀田村大字成沢発】

ひどく臆病な男が、「見越し入道」が出るというあたりにさしかかる。とたんにスックと立ちふさがるのは。

妖怪

◎怪力乱神《くわいりよくらんしん》を語らずと夫子《ふうし》が云はれたるも気が心を強くと云ふ喩言《たとへ》もあれば万更《まんざら》無き事にもあらざるべきか、南村山郡堀田村大字成沢《なりさは》の山口勘七と云《い》ふは、去る十三日黎明《まだき》に起き出で桑葉《くはば》を背負ひて上《かみ》の山《やま》の桑市《くはいち》へと急ぐ途中、成沢と半郷の間なる熊野神社の前へ差し掛りしに、同社内は鬱蒼《うつさう》たる樹木森々《しんしん》と生ひ茂り、昼尚ほ暗き所なるに況《ま》してや未だ全くに明けやらぬ東雲《しののめ》近き頃なれば四辺《あたり》は暗澹《あんたん》たる真《しん》の暗《やみ》、寂然《ひつそり》として物淋《ものさび》しきに平生《つねづね》臆病なる勘七は不図《ふと》此辺に見越入道《みこしにふだう》が顕はるるとの評判あるを思ひ出し、俄《には》かに恐気《こはげ》立《た》ち足早に行過ぎんとせし向《むか》うに直然《すつく》と立ちたる異形の怪物、身の丈凡そ壱丈余り墨《すみ》染《ぞめ》の衣《ころも》に茶褐色の頭巾《づきん》を被《かむ》り、顔一面に白銀《しろがね》の如き髯《ひげ》を生《は》やし、両眼鏡を併《なら》べし如き大入道、勘七を礑《はた》と睨《にら》

見越（『画図百鬼夜行』より）

みし其有様恐ろしなんども云ふ許《ばか》りなし。同人は一目見るより胆《きも》を潰《つぶ》して桑の葉も何も其辺《そこら》に打ち捨て跡《あと》をも見ずに一目散、元《も》と来し道を息をも附かず直走《ひたはし》りに我家へ漸々《やうやう》辿《たど》り着きてホツと一息《ひといき》オオ恐かつた……古《ふる》狸奴《たぬきめ》。

●「山形新聞」明治二二年六月一六日……●

# 死者のお使い

**【秋田県／南秋田郡下北守村発】夜更けに「トントン」と戸を叩く音。開けてみれば、昨年死んだはずの親戚の男が立っていた。**

◎狐や狸に迷されたる様の話なれど実際を見聞せし者の物語ゆゑマンザラ虚伝《うそ》でもあるまいければ、掲げて以て読者のお笑草に供すべし。南秋田郡下北守村字桜と云へる所に寺山亀治と呼ぶ者ありしが、年齢四十五才にて昨年二月中死去せしに付本月廿五日法事を執行せり。然《しか》るに此の寺山方の縁者に松本喜蔵と云へる者あり、同家に於て法事を執行せし晩の事なりとか、夜も次第に更《ふ》け四隣静なるに及んで突然《とつぜん》松本の戸をトン〳〵と叩《たた》き頻《しき》りに呼起《よびおこ》す者あり。喜蔵は何事ならんと灯《あかし》を点し自ら起て戸口を開けたるに、不思議にも昨年黄泉《あのよ》に往つた亀治なるにぞ是《こ》れはと斗《ばか》りに驚《おどろ》きたり、去《さ》れど喜蔵の思ふには如何ほど御代《みよ》が開《ひら》けたつて、地獄から死人が来る可き筈も無ければ(日本新聞には曾て地獄沙汰賄賂奇譚を載せたるにもせよ)、人違ひか左《さ》も無くば狐や狸の化でもある事ならんと瞳を凝《こ》らして熟視《じゆくし》せしに、見れば見るほど紛《まご》ふ方なき亀治なり。茲《ここ》に於て喜蔵も稍々《やや》疑念を晴らし、先《ま》づ久振《ひさぶり》だの、どうして来たのと言葉を掛けしに、彼方《かなた》も又《ま》た夫々挨拶を述べ了《おは》つて、彼の亀治は喜蔵に向ひ少し頼《たの》みたい事があるゆゑ憚《はばか》りながら己《お》れと一緒に私しの墓所《はかしよ》まで来て呉れまいかと云はれ、喜蔵は薄気味悪いけれど全たくの亀治に相違なきゆゑ、別に怖い事も無る可しと直《すぐ》さま亀治と一緒に墓所へ出掛けたり。其処《そこ》にて此土《このつち》を掘て呉れとの事ゆゑ喜蔵は其通《そのとほ》り掘ると、五寸程に成りしがソレにて宜《よろ》しとの事ゆゑ掘方《ほりかた》を止《や》めたるに、今度は回向《ゑこう》を申して呉れとの事ゆゑ丁寧《ていねい》に回向したり。斯《かく》て亀治はコレにて宜《よろ》しきゆゑ是から己《お》れの家《うち》に来る可しとの事ゆゑ喜蔵は亀治に連れられ彼《か》れが家《うち》に往《い》つたところ、家内の者共は大に怪しむ体ゆゑ喜蔵は此の仔細を語り己《お》れが今ま斯々《こふこふ》次第にて亀治と一緒に来《きた》りしゆゑ早く同人を引入よとの事ゆゑ不思議千万、奇怪《きくわい》至《し》極《ごく》とは思つたれど一緒に来たとの事ゆゑ之れを呼入れんとせしに、亀治の影だに見えずして何の音沙汰《おとさた》も無し。茲に於てか家内の者共は大に怒り、喜蔵を捕《とら》へ是

れは何んでも狐か狸に相違なし明朝に成つたら正体を顕すことならんとて、堅く一ト間に押込め明《あく》る朝《あさ》を待ちにけり。斯《かく》て翌日とは成《な》つたれど全たくの喜蔵には相違なきゆゑ詳《くは》しく聞正《ききただ》せしに、以上の次第ゆゑ初めて狐狸に迷されたる事が分り、且松本方に於ても突然喜蔵の家出せしゆゑ一時は大狼狽にてありしが、先づ無難息災《むなんそくさい》にてありしを喜びたりとは実に以て奇々怪々《ききくわいくわい》。

◉「秋田日々新聞」明治二二年八月二九日……●

# 幽霊が琴を弾く

**【青森県／弘前本行寺発】** 法務の余暇に琴を弾くのが楽しみの僧。琴を枕辺に置いて寝てしまったら、なぜか婦人が琴を弾く。

◎人の魂《たましい》は生死《しやうし》の界にありて或は菩提寺に至りて奇異の現象を表はし、又は親類《みより》及び己《おの》が親しき友垣《ともがき》の家に至るなどの話は、能く年老《としお》ひたる人々が膝下《しつか》の児女に談《かた》り聞かする物語なるが、今此等の人々の能き材料にもと書きをける話は、此頃の事なりとか弘前本行寺日煕僧正は法務の余暇琴を弾くを以て此上なき楽《たのし》みとなし、其居間にあるときは何日も傍らに琴をはなさざりしが、或る夜興に乗じ数曲と弾《だん》し其儘枕辺に据へ置き寝に就きしが、夜更《よふ》けて一婦人あり。右の琴を弾くことといと高らかなりければ僧正之れに夢打《う》ち破《やぶ》り枕をそばだて見かへりたるに、婦人はかき消へしばかりにうせけれど、琴声余音《よをん》あるにぞ不思議なれと怪しみ居たるに、弘前坂本町なる奥田正忠氏の妹ふミ子（十九年）が先つ頃より肺の病に犯《おか》されて病の床に打伏《うちふ》し、たちあたはざる程疲《つか》れ果《は》てけるが、自からも此世の名残《なご》りと知りたるにや一夜病をたすけて好める所の琴を弾き病床の鬱《うつ》を慰《なぐ》めしよしなるが、未だ幾日も経ざる中に果敢《はか》なくもなき人数《ひとかず》に入りたるにぞ悲《かな》しけれ斯くと告げ知せられたる僧正は、さればにや我枕辺に琴を弾《ひ》きたるは正《まさ》しく此の人の末期《まつご》を告げたるならめと物語り合ひしに、琴を弾きしは同じ夜なりければ互にかなしみに打《う》ち沈《しづ》みたりとぞ。今僧正が霊前に手向《てむ》けたる歌なりとて寄せられたれば左に掲げぬ。

音《ね》のみ我《わが》耳に残して琴《こと》の緒《を》を
　絶《た》えにし君ぞかなしかりける

あだし世《よ》の夢さませとや小夜《さよ》更《ふけ》て
　我《わ》か枕辺《まくらべ》に琴弾きてけん

◉「東奥日報」明治二三年一二月二日……●

# 小学校で異変が続出

**【秋田県／旧城地内発】　椅子テーブルが飛び、門が轟々と叩かれる日暮れの学校。怪異の正体を見極めるべく、罠が仕掛けられた。**

◎今回新たに旧城地内に建築せる高等小学校にて、日《ひ》暮《ぐれ》に至れば校内積置きたる椅子テーブルの忽然《こつぜん》として崩《くづ》る る物音及夜半に至りて囂々《ごうごう》門を叩く声あり、宿直の者何事やらんと臥床《ふしど》を出て見れば四辺寂《しゅく》として別に怪《あや》しき物《もの》なく、斯《か》かること屡々なれば必定狐狸の仕業ならんと合点し、昨今頻《しき》りに捕獲の手配を為し居《おる》と云ふ。

●「秋田魁新報」明治二六年一月二〇日……●

◎昨日の紙上に旧城高等小学校内に怪しき事のある由を掲載《けいさい》せし所、同校詰合《つめあい》の人々正《まさ》しく狐狸《こり》の悪戯《わざ》ならんと工夫を凝《こら》し、一昨夜生大豆《なままめ》並に冷水を置き充分《したたか》に喰《くら》はしめ遂に難《なん》なく撃《うち》獲《と》りしに果して年経《としふ》る大古狸《おほたぬき》なりしと。過般《くわはん》長町監獄内にも怪《あやし》の事共多しと聞つるが、矢張此奴《こやつ》の所為《しはざ》ならんと云ふ。小気味《こきみ》の善《よ》きことにこそ。

●「秋田魁新報」明治二六年一月二一日……●

# 鬼の髑髏を見世物

**【青森県／三戸郡八戸町願栄寺発】　大阪から来た男が携えていたのは鬼の髑髏。かつて村を荒らして討ち取られ、首を落とされたものだという。**

◎大阪府の原田伝といへる人鬼の髑髏なりと唱へて一の骨体を携へ来り。去る十一日より三戸郡八戸町願栄寺に於て信徒及び小学校生徒等へ縦覧《じうらん》いたさせ居りしといへるが、右は重量二貫三拾目、面は幅一尺三寸口の横幅一尺二寸、角の長さ二寸七分、歯一枚一寸五分にして、一見世に所謂鬼なるものに類似《るゐじ》し居れる由にて、之れを発見せしは出雲国飯石郡下畑村小川忠七の旧古跡より文久元年八月中仏像蓮台《ぶつぞうれんだい》の板下に於て左の古文書を見出したるに基けれりと。

以手紙申送り、先達て此山麓へ夜々出現して田畑をあらし人々を殺害致す者昨日大原に出現の処、暴悪鬼人と見止し連中者立集りて昨日七ツ時に退治せし。此頭切落して此人を以て差送り是れを村方の人々の安心為致て葬置被下度候以上

天〇七年亥十一月三日

退治連中　銕寅〇〇秀能　房

文 岩友

十七間向私…鬼人念仏…銕寅の云事は…南方にて相来りし…何卒〳〵…るわ…岩谷迄……

右古文書を得たるにより同村古人の言伝などを種々探知《たんち》したるに、同村三瓶山の麓日数谷（小川忠七の所有山）と云へるは巨木森々人猥りに近寄るなく唯一の流れ果てて文字微かに「悪鬼人の墓」と記せし墳墓《ふんぼ》ありしかば、是れ必定不思議原像の遺跡ならんと速かに発掘したるに、一丈計りの下一の土壺の中より右の髑髏を得たるものなりとのことにて、尚ほ右原田伝には八戸に来るまでの間各地方の学校等に一覧せしめ来りしものの由にて、今明日中当地へも来る筈なりと云へるが开《そ》も是れ如何《いか》なるものにや。

◉「東奥日報」明治二六年一一月一八日……●

邪馬渓羅漢寺　実物鬼子（絵はがき）

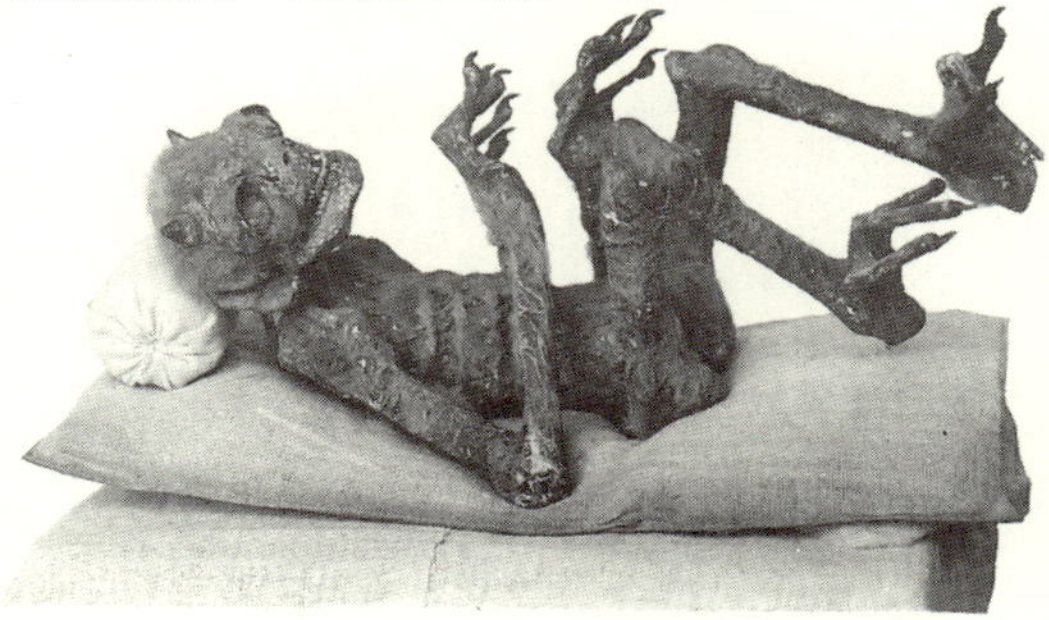

八幡地獄の鬼（絵はがき）

# 行軍を送る狐

**【岩手県／花巻停車場から三マイル余の字藤野発】** 列車に乗り込んだ陸軍中尉以下三五〇名。彼らを送るよう、鉄道の両側に突如として数百のかがり火が出現。

獣変

◎此程岩手県盛岡停車場より石光陸軍中尉には本県及秋田岩手の近衛《このえ》充員予備後備兵三百五十名を引率して乗車し、花巻停車場を三哩余《まいるよ》の字藤野と云ふ所を通行せしに、時恰《ときあたか》も深夜にして四面暗黒なる鉄道の両側へ忽《こつ》如《じょ》として現はれたる数百の篝火《かがりび》道を点して明《あき》らかなること白昼《はくちう》の如《ごと》くなるに兵士等は拍手して其壮観を賞し、必定《ひつぜう》近郷村民等が我々の行軍を送る為め夜を冒して斯《かく》は厚意を表するならんと思ひ居りしに、列車の通過《とうりすぐ》るや狐の声諸所に聞えて勇まし気に鳴立るに人々奇異の思を為したるが、見る間に篝火は自然に消失せて跡は四顧《こ》寂々《せきせき》颯《さ》として夜風の窓を撲つ声のみ残れりと。事怪しきに似たれど実見せし軍人の物語なり。

●「東奥日報」明治二七年一〇月二三日……●

狐火（『画図百鬼夜行』より）

# 寺の妖怪を探見

**【山形県／大瀬村発】妖怪・怪異の寺についての報を知り、医師、教員、僧侶らのチームが山形市から探見に出立した。**

◎妖怪探見談（一）過日の紙上に連載《れんさい》したる山形県大瀬村の妖怪談につき、山形市の医士武藤剛訥、教員森寅三郎、僧侶斎藤禅洞、桜井守富等諸氏其探見を企て、去る十五日山形を出発して同地に赴き探見に着手する通信を一行中より山形自由新聞に寄せたるものあれば左に転載せん。

此の日天気晴朗風なく精神自から爽快を覚えたり。柏倉門伝村に到れる頃東方漸く白み、山上に登り眺望《てうぼう》すれば山野一帯霞靉靆として風景恰かも画の如し。午前七時三十分東村山郡作谷沢村大字細谷に到り同十時妖怪地たる大瀬村に着しぬ。直ちに五十公野吉之助氏を訪ひたりしに氏は在宅なりしかば親しく妖怪の経歴を聞くことを得たり。

抑も此妖怪事件を探究せんには、初め此記事を山形教育雑誌に寄稿せられたる人を知ること尤も肝要なりとす。予が推測に依れば該記事は大瀬村居住の人ならずんば蓋し同村に縁故ある人の投稿に係るものならん乎。之れを五十公野氏に問ひしに、氏は之れを知らざりき。氏が語る所に依れば、同村には此の如き事を起稿し得べきの人なく又他に該事件を詳細《せうさい》知《ち》悉《しつ》したる人を知らず。但し本年春頃元山形県尋常師範学校長たりし松尾氏小学校巡視として来村の際懇話妖怪事件に及び大概其経歴を語りしに、帰校後該事件に就き更に書面を以て報知《はうち》せられ度旨申越されしも遂に返報を発せざりき。

●「東奥日報」明治二九年八月二八日……●

◎妖怪探見談（二）又僧荒谷優健と云へるは該寺住職となりし際嘗て妖《えう》怪変化《くわいへんげ》の顕はるる事を聞き及び就職の日より妖怪の退去せんことを祈禱して日々怠りなかりしが、第六日目の夜三更の頃住職の寝所に一人の婦女入り来り物をも言はずして徐かに側に座せると見るや否や、僧優健は身体《しんたい》萎痺《ゐび》して寸分の自由を得ず殆ど卒倒せんまでに恐怖せしが、婦人の妖怪は苦笑一番して徐に室を出て去りしと。是れより優健は決して寺に宿泊せることなく、日暮に至れば民家を借りて宿し居りしが、其後ち疾に罹りて死亡せりといふ。明治廿一年本村地押調査《ちおしてうさ》の際非常の繁忙を極め傭が十二人該寺に於て夜業に従事せしが、或夜深更に及び玄関より人の来れる足音ありしと思ひし内、椽側を足音強く数回行戻りの後ち本堂一隅の柱を持ち崩《くづ》れんばかりに震動せしめられ一同色を失ひしことは、近年に於ける顕著なる事実の一なりと。又本村五十峯留吉なる人は該寺住職移転の際相談会ありて檀徒《だんと》一同寺に集会せるとき、共に列席し居たりしが、談酣《だんたけなは》なるの頃忽然として身体不動となり眼のみ見開きて毫も自由を得ざるに至り、衆人驚き怖《おそ》れ又如何ともする能《あた》はざるなり。時を経て自ら復帰せるものの如くなりし。此の如く昼間衆人の集会し居るにも拘はらず妖怪に襲はるるの例は、古来屢々之れ有りしとなり。明治廿六年より一年半許の間当寺に住職たりし老僧伊賀人叺某と云ふ者屢々《しばしば》妖怪に苦められ如何ともする能はざる故に、妖怪を「迷心導衆如来《めいしんどうしうにょらい》」と号し朝夕礼拝したりと云ふ。一昨廿七年伊勢国津の人某なる者来村、妖怪の噂を伝聞し昼間寺に到りて委しく殿堂の構造を観察し仏壇に対し独語罵詈甚しく、今日妖怪なる者有らば予は好んで面会せん、汝妖怪果して此寺に在らば来れ今夕我旅宿に、と大《だい》声壮語《せいさうご》、帰りて寝に就きしが、夜半婦人の妖怪果して其旅宿に到り大に悩まされたる事は村民等の之を知らざる者あらんと。

又一説には今を去る数十年前某住職入院に際し檀徒に告げて曰く、一ツの厄介者《やくかいもの》を連れ来れり宜しく頼むと云ひたりしを以て、村民は何者なる乎と思ひ居りしに、数十日を経るも一ツとして来る者なし。然るに或夜寺内に数人談話の声より、村民等不思議に思ひ二三名にて窺ひ見るに、何んぞはからん住職と白狐《びやくこ》との談話《だんわ》なりき。其後ち本堂椽下に狐穴ありしが今は埋んで跡なし。此の如きを以て妖怪は該狐の所作《しよさ》なる乎を察し、堂裏に石洞を建設し稲荷を祭りたり。此他該事件に就きては奇談怪説《きだんくわいせつ》湧くが如しと雖ども今一々之れを記述するの遑あらず。然れども予は此怪事に就き特に述べざる可からざることあり他なし。本村民にして従来屢々妖怪に襲《おそ》はれたる者并に襲はれつつある者を側にて実見したりと云ふ者の深く信ずる所は実《じつ》に左の数件《すうけん》なるにありと。

第一　妖怪に襲はるるは昼夜の別なく、且つ人数の多少に拘はらず、睡気《ねむけ》を催せる時即ち熟睡の度に達せざる夢幻の時にある事。

第二　妖怪に襲はれし時は多くは力量の甚だしき物に抑へらるるが如く感じ、身体を動かし能はざる事。

第三　非常に臆病にて恐怖の情甚だしき者、及び妖怪を見顕はさん又は退治せんと図る者は最も襲はれ易き事。

以上の件々に就き妖怪の何者たるやを考ふれば、之れ有形的妖怪に非ざる事明かなり。然らば一ツの怨霊的妖怪ならんか。

●「東奥日報」明治二九年八月二九日……●

◎妖怪探見談（三）偖《さ》て談話に数刻

を移し是より相共に妖怪の巣窟たる寺院の探見に着手したり。固と大瀬村は民屋《みんをく》僅かに五十余戸山間最上川に沿ひ東北より西南に延長せる一小村にして、此怪寺は村内人家の間に在り、行て門を入れば数間にして左側に古井戸あり、石を以て造らる。深さ数尺青苔石を埋め水腐敗して使用に堪へず。是れ往昔婦人の変死せしと云ふ井戸なり。寺後最上川流れて岸より小笹繁り桑樹鬱葱として昼尚ほ暗し。境内至て狭隘なり殿堂の構造を探見すれば、間口六間奥行五間許の建築にして実に左の如く造られたり。(図は略す)

図中イは牌段にしてロは護摩台なり、ハは戸棚にしてニは孰れも炉《ろ》なり、而して周囲の壁板張又内部建具の種類等は煩雑に渉るを以て之を略す。ホと記せる柱は即ち古来枕返し《まくらかへ》の柱と伝へらる。該寺は真言宗にして清竜山賓蔵坊と号し、正面仏灌には大日如来左に千手観音を安置し其左右には弘法大師の木像を厨子《づし》の儘飾《かざ》りあり。更に一体の弥陀尊像を安置せられたり。仏壇の右方には頗る古びたる軸三幅懸け有りて、燭立造花其地二三の粧飾品あるを見るのみ。又下を披《ひら》けば大なる珠数一連を入れ置きあり、上段の間床の上部には弁大義を書せる横額一面を懸げ、其中央天井には細き麻糸長さ三尺許釣《つ》りあり、への一隅にはウカ神と唱ふる者を祭りたるもの在り、伝来頗る古きものの如く其何なりやを知るに由なし。啻《ただ》小鰐口を前に釣り置けるのみ。屋内の物具は破損せる椅子一脚対立一脚行灯一個幷に大なる太鼓六枚折屏風椀数個等散在し、畳等は悉皆傍に積み置けり。其他台所は柴を椽側《えんがわ》の一端に藁を積み上段の間の天井に径三寸大に丸く焼け抜けたる跡ありしか、是は往年過ちて炉より失火せるものなりと云ふ。村民等は本寺火を失せること両回ありしも能く自ら滅せざるを奇異に思ふものの如し。

此日偶《たまたま》村民等四十余名同寺掃除の為めとて集合し居りしかば、詳かに経歴《けいれき》を聞き図らず便宜を得たり。村民等は深く妖怪を信ずるものの如く、此妖怪の原動力は必ず他に神変不可思議なる物ありて人間を襲ひ苦むものなりとなし、怪談百出時の移るを知らず。彼等は怪談に修飾を加へ頗る奇なるが如く語る有れば、側より其説を駁して自説を陳述《ちんじゅつ》するものある等一時騒然たりき。要するに怪物を信ぜざるものは一人として之れなきのみならず、群集の村民中其半数は現に自ら妖怪に苦められたりと云ふに至ては、之れを奇と云はんか将た怪と云んか、否寧ろ其愚を憐《あわれ》まざる可らず。然りと雖ども今夕の探見果して不可思議力を有する怪物ありて、我等の一行襲はれんか我等も亦村民と同じく愚の列に化し去らんのみ。我等は寺を距る四五軒先の飲食店青木某方に休憩中、我等の一行を奇異に思ひしものか、尚怪談を陳べんものと寄り来れる者数人《すうにん》ありしが、其説く所孰れも大同小異にして敢て記する程の事あらず。我等は夜食を喫したる後該寺に宿するの用意を為し是より先檀徒惣代に面会、今夕該寺を借受くるとの許諾を得たれば、午後八時我等の寺院に到れる時村内の青年輩十数人入り来り、例の如く怪談を陳ぶ。此に於て教員木村氏青年《せいねん》に教育上の談話を為せり。然れども数十年来遺伝性となりたる輩如何に一条の談話を以て其功あらんや、暫時にして皆去れり。時に同行者の内一名は幸に僧侶たるを以て先づ仏間に詣で本尊伽藍善神及び牌前に向ひ如法に読経回向す。畢て一桶の水一個の茶碗及び火取洋灯等を携へ、此殿堂中尤も妖怪《えうくわい》の出づること多しと聞きし上殿の間即ち往年斎藤大八なる者の苦しめられたる所に先づ半数三人就眠し、他は客堂に環《くわん》座《ざ》し居り、是より交々順次就眠を試《こころ》みたるなり。初更二更已に過ぎ刻三更灯は特更に真を沈めて四隅暗澹残月幽かに山に傾き、後ろの最上川には今夕更に音なく、境内《けいだい》の松風亦声を発せず、四隣人定まりて乾坤寂寞只耳に聴ゆる遠近の虫声のみ。三更《かう》已に去りて今は四更に垂《なんなん》とす。流石に多数の虫声も其声を止め寂寞層一層度を増し来り、環座の我等も自ら談話を絶ち蚊を叩くの扇音鼓膜に響く此刻我等が探見の一刹那各々息を殺して窺ひ居たり。嗚呼如何なる怪物の顕れ出づるにや。

●「東奥日報」明治二九年八月三〇日……●

◎妖怪探見談（四）昼間村民は保証せり、曰く我等の一行中就眠する者あらば妖怪の襲《おそ》ひ来ること必然《ひつぜん》なりと。我等も亦襲ひ苦められんことを希望せり。思ひきや通宵《つうせう》の探見眼に些小の奇物を視ず、耳に厘毫の怪音を聞かず、空しく一夜を明さんとは、此種の妖怪を探究《たんきう》せんには其取調の順序左の如くせざる可からず。

第一　妖怪の原因を鬼神狗狸に索めずして之を人に索むべき事。

第二　之を家宅の外にのみ索めずして其内にも索むべき事。

第三　之を男子大人にのみ索めずして女子児童にも索むべき事。

第四　之を形の上にのみ索めずして心にも索むべき事。

右は家宅に起る所妖怪事を探知するに必要なる諸事なりとす。人為的妖怪の原因に就ては前述八種の項を極め、又其顕象《けんせう》に就ては以上四項の方法に依り之を取調ぶれば、蓋し妖怪の真相を探知し得べし。之を知らんには先づ此寺の縁起《ゑんぎ》経歴を明にせざる可からず、本寺檀徒惣代なる人本村に三人あり、五十嵐藤蔵、五十公金次郎、熊坂与惣治なりと云ふ。然れども此等の人々は目今新たに惣代に撰ばれたる人にして経歴を聞くに由なく、又本寺所蔵の諸帳簿は悉皆十王村称石寺住職之を保管し居るとの事なるを以て、急速の間到底経歴を取調ぶるの遑なかりき。唯村民等が談話に拠り果して人為的なるや否やを考ふれば第二項乃至第八項は此事件の原因にあらずと認定《にんてい》したり。若夫れ妖怪顕象の取調に至ては我等一行毫も怪事に接せざるを以て固より取調を要すべきものなく、只如何して我一行に怪事なく而も村民の喋々する妖怪事件に就ては別に其理由なくんばあらざるなり。

予輩は該寺の妖怪事件に就ては必ず種々の原因及び事情あるものと認む。今之を掲ぐれば、

- 妖怪
  - 原因
    - 内因（妖怪に就て有する記憶観念）
    - 外因（妖怪の現象を引起すべき界外の事物）
  - 事情
    - 内情
      - 一疲労、衰弱、恐怖の場合
      - 二予期、専思、熱情の場合
      - 三疾病、発狂、精神諸病の場合
    - 外情
      - 一薄暮夜中の如事物判明せざる時
      - 二妖怪の出ると伝られたる場所
      - 三其他妖怪の連想を有する場所

故に若し今後村民等にして彼妖怪に際会したる時は、必ず虚心平気《きよしんへいき》にて右の原因事情の外に真に妖怪と見認め得べき者有りや否を審定《しんてい》せんことを要す。然るに若此妖怪は此等の原因事情に依りてのみ成立するならば、余は愈々断じて孤狸《こり》の所業にあらずと云はんとす。　（未完）

◉「東奥日報」明治二九年九月一日……●

◎妖怪探見談（五）　以上記する所の原因事情中多数の人は妖怪に就て有する記憶観念《きおくくわんねん》を以て妖怪の出づると伝へられたる室内に至る時は、予期専思に依りて遂に妖怪に逢ふに至る。此専思とは思想の或一点に集りて他の部分は皆其支配を受くるを謂ふものにして、即内因に存する一種の観念主作用の地位に立ちて他観念を統《とう》轄《くわつ》するなり。是れ内界の一点即ち一種の観念の上に心力を会注するときは、自然に思想の専制を起し漸く固着して動かざるに至る。既に思想の固着《こちやく》するに至れば判断推理前後黒白の異動を生ずるを見るより、此専制は又予期意向に関する事情あり。予期意向とは吾心に於て予め此くあるべしと期することにして、即ち意を以て之を迎ふるを謂ふ。若し吾人一心に意を以て迎ふる時は耳目の感覚多少之に従ふに至る。而して意向漸く其度を進め思想の専制を来すに至

れば、感覚全く思想の支配を受くるに至り、種々の幻象妖覚《げんせうえうかく》を現するなり。是れ即ち今回妖怪事件の内情の主なるものにして多くは此理に依て妖怪に際会したりと誤認せるものならん。之を要するに妖怪は決して全く心性《しんせい》を離れて存するものにあらずして全然迷誤なりとす。

　次に此妖怪は就眠《じゆみん》の際襲はるる者多きを以て夢に就き一言せざる可からず。抑も夢なるものは人心の少しく発達するときは直に現はるるものにして、進化学者は動物中犬鳥等にも之ありとなし、而して吾人が日常此現象に親しく接することは何人も熟知する所なり。而して更に学説上より夢の道理を知らんと欲せば、先づ睡眠其物の因て起る所以を究めざる可からざれども、今玆に之を省略し直に夢の何たるを解《と》かんづとす。夢とは睡眠中に現はるる一部分の意識にして、此意識は醒覚の時とは大に其状態を異にし意力の支配を受けざるものなり。換言すれば脳髄系《のうずゐけい》に起りたる思想を其自然の力に任して多少の観念を聯起する状態なり。故に其観念の聯絡は如何に誤謬ありとも吾意力にては之を制裁すること能はざるなり。此夢を生起する原因を述べんに普通の原因と特種の原因との二つに分かる。

　普通の原因は之を略し直に特殊の原因を陳述せんに、此原因にも亦内外の二種ありて、一は感覚上より起す原因にして、一は精神の内部より生ずる原因なりとす。今最も妖怪事件に関係するものは此精神内部より生ずる夢なるを以て、他は之を省き唯此点のみを陳ぶべし。人の精神の状態に於て特殊の事情ある場合には必ず特殊の夢を結ぶものにして、演劇を観て寝ぬれば是に関したることを夢に見、山川に遊びし時は当時観察したるを見、或は父母女児の病気を心頭に掛くれば此等の事を夢中に現じ、旅行中郷里を思ふときは亦然り。此の如く深く苦心し或は意思したる事柄の夢に現はるるは如何と云ふに、前に苦心せる点は自ら此に精神力の聚集せんとする傾を有するが故に、睡眠中脳髄の一部分醒覚せんとするや、精神作用は直に先づ苦心の点に集りて夢を催すべければなり。蓋吾人の甚しく一事を苦慮するときは眠らんとして眠る能はず、又眠に就くも直に此部分に於て意識作用を発動《はつどう》せしむるに至ることは何人も熟知する所なり。此理は已に述べたる探究要件中第一第三の顕象《けんせう》起る所以にして、恐懼《きやうく》の情甚しき者と妖怪を退治せんと企つる者とは妖怪を心頭に懸くること甚しきに由る。

（未完）

●「東奥日報」明治二九年九月三日……●

◎妖怪探見談（六）然るに夢中に苦《く》

悩《のう》を感ずるは原因他に在るが如く考ふる者あれど、是れ学理上魔夢の何たるをも解せざるに起因するものなり。凡そ夢中にありては極て小なる事を極て大に感ずるものにして、其事実の符合せざる所以は、夢中には外界の感覚を断ちて唯脳中一部分の想像が其作用を縦《ほしいまま》にし、他の之を規制するものなきが故なり。されば一滴の冷水《れいすゐ》を皮膚に点ずるも非常の寒冷を生じ、或は胸上に手を載せ極めて微小なる刺撃も著大なる圧迫に逢へる苦夢を結ぶものなり。此の如き苦夢は多く影像《えいぞう》を見るものにして、猛獣怪物等本人の尤も畏るるもの来りて苦悩せしむるものなり。今此等の影像の生ずる所以を考ふるに、是は多少の苦痛なる原因が聯想に依りて喚起する所の結果なり。故に怪物来り責むると夢みれば、苦痛に堪へずして免れんとするも免がるること能はず叫《さけ》ばんとして叫《さけ》ぶ能はず、非常の勢力を以て漸くに絶叫して傍人を驚かしめ、或は悲鳴哀泣、或は苦《く》吟呻声《ぎんしんせい》を発するに至るなり。該寺に於ける妖怪の経歴談中其顕象の十中八九は皆此理に外ならず、予が探究必要件として前に掲げたる第二の項は即ち是なり。然るに妖怪の原因他にのみ索むるものは、決して之れを怪なりと信ぜざるなり。次に枕返《まくらがへ》しの記事は事実相違なるのみならず、今日は心理学上此怪事は明かに眠行睡遊等と同一種の者なることを慥《たし》かめられたれば玆に之れを贅せず。

以上説明し来れる所の理に依りて該寺妖怪事件を勘定すれば、何人と雖も原因の内部にあることを知り得べきのみならず、従来伝はる所の経歴談も亦大概理解する事を得べきなり。然りと雖も我等の観念は決して密なりと云ふを得ざるべく究覈《きうかく》亦決して悉《つく》したりと云ふを得ず。只管《ひたすら》井上文学博士が考定せられたる学説《がくせつ》の一部に依りたるものなるを以て、余輩が説明或は妥当を得ざるもの有るや計り難し。特に日数四五日間を要したらんには或は一層完全なる探究を遂げ得たるやも知るべからずと雖も、繁忙の身長く滞在の余暇を得ざるのみならず急速の場合説の尽さざる所もありと雖ども這《こ》は他日に譲《ゆづ》らんのみ。　（未完）

◉「東奥日報」明治二九年九月四日……●

◎妖怪探見談（七）終りに臨んで予は此大瀬村人民が如何にすれば彼の妖怪の観念を脳髄《のうずゐ》より除去《じよきやく》することを得るかに就ては一言せざる可らず。大瀬村の村民は彼の妖怪の妄想其性質に固着して、家庭の教育は実に妖怪の製造場と化し去るものの如く、児童は妖怪の空気中に其智を養生《やうせい》せられ、其父兄亦精神上に妖怪の遺伝を為せり。故に本村将来此儘に打捨て置かんが、迷誤《めいご》益々迷誤に陥り、到底彼の妖怪を一掃するの期なかるべし。村民の不幸不利豈《あに》に之より大なることあらんや。然らば則ち妖怪事件の探究と共に此観念を除去するの方法を講ずるは、実に本村の急務なりと信ず。是を改良せんには方法数多之れ有るべしと雖も、就中《なかんづく》該寺の住職に名僧を招き従来の妖怪は村民等の迷誤なりしことを説かしめ、親しく該寺に往復することを勉むると。一は本村小学校分教場の教員其人を撰任《せんにん》し、教育上従来遺伝の妖怪を脳髄より除去せんことに勤めしむるにあり。余等は本村有志相計りて一日も早く此挙に出でんことを希望して止まず。即ち分袂に際し四五の村民に対し充分意見を開陳《かいちん》し、着々該方法に進一進せば、啻に妖怪を退去せしむるのみならず、他の侮辱を免れ一村内の幸福決して鮮少《せんせう》にあらざるを説破して帰途に就けり。

以上説く処我等が一行中或は意見を異にする人なきを保せず。若夫れ異なる点に就ては更に各自執筆《しひつ》を請ひ、或は審議の上前説を更正《かうせい》せんのみ。之を要るに我等が探究は決して徒《いたづら》に奇を衒《てら》ふにあらず。之れに依り幾分か該村民の迷夢を覚し今後此妖怪探見を企つる人の参考ともなることを得ば幸甚《かうじん》なるのみ。

序《ついで》に予は山形教育雑誌記者諸君に謝すると共に、各新聞記者諸君に希ふ一事あり。予等の探究は既に其梗《かう》概《がい》を尽したりと思考すれども、世間《せけん》の広き亦此妖怪に就て反対の議論を抱かるる人なしとせず。依て若し予等の説に反対の人もあらば充分に紙上に公開せらるることを乞ふ。予等亦再び前説の足らざるを補ふことあらん。残暑熱《や》くが如き折柄、山形教育記者諸君の紹介に依つて避暑好料の序《ついで》に研究すべき怪物を生し、至る処世間この談ならざるはなし、予等探見の解説幸ひに一郷の惑を解き合せて世間の疑ひを解かば吾人望外の至りなり。　（了）

◉「東奥日報」明治二九年九月五日……●

# 幽霊が巡査を襲撃

**【宮城県／桃生郡某村の駐在所発】**毎夜、駐在所に出る幽霊。不審に思った巡査が調べてみると……

◎桃生《ものふ》郡《こうり》某村駐在所に毎夜丑満《うしみつ》頃になれば遠寺《えんじ》の鐘声陰《せうせいいん》に聞ゆるを合図にどろ／＼と幽霊現はるるに巡査某は剣《けん》に手《て》を掛《か》け何者なるぞと一喝すれば又《また》どろ／＼と見《み》えなくなること不思議に堪《た》えむば如何なるわけかと近隣のものども探《さぐ》りけるに、去月神《きよげつかみ》取山《とりやま》の官林盗伐をなして其《そ》の発覚を怖れ其れを気にして縊《くび》れ死せる土方の林五郎なるものあり、畢竟彼れの魂魄《こんぱく》世に留りしならんとの事にて同

村にて専ら其評判なりと通信あり。小児の幽霊ならばウヤメヂイと紅葉の様な手を出して愛嬌もあり女《おんな》の幽霊なら音羽屋の参考か三日《か》月《つき》耕年《こうねん》画伯の筆にも上るべけれど、土方の幽霊なれば其儀《そのぎ》にも及ばれず股引《ももひき》半天に真黒な顔《かお》を出《だ》しヤイ恨《うら》めしいぞと言つた処ろで土間の方から声が掛りようもなし。

◉「河北新報」明治三〇年六月二〇日……●

# 食べ過ぎの狐

**【宮城県／瑞鳳山の片陰、穴倉明神発】**
**穴倉明神なる社の主の狐。あつく信仰され、捧げ物もたくさんで胸焼けを起こす。医師を呼び止め相談するが。**

◎穴倉明神　昔でさへ怪《くわい》力乱神《りよくらんしん》を語《か》たられた聖人もあるに、況《ま》して今日開化の世の中にお化《ばけ》の有らふ筈はなけれど、其処《そこ》が其《そ》れ理外の理とやらで鳶《とんび》に天麩羅《てんぷら》してやられた例《ためし》も多ければ、妖怪学研究の博士も出で来る訳《わけ》合《あい》なりと敢《あへ》て理《り》屈《くつ》張《ば》るでもないが、爰《ここ》に変妙奇天烈不可思議至極《へんめうきてれつふかしぎしごく》の珍談こそあれ、いそのかみ古《ふり》にしと云ふ程にもあらね瑞鳳山《ずいはうさん》の片陰《かたかげ》に穴倉明《あなぐらめう》神《じん》と尊《あが》め奉る御社《みやしろ》あり。何んか何時頃より祭りけるやも明ならず。本尊は御狐様とぞ聞えし御幣担《ごへいかつ》ぎの亡者連は穴倉明神の御利益稜威なりとて信仰《しんこう》も大方《おほかた》ならず、油揚《あぶらげ》、玉子《たまご》抔《など》日々穴際に供へられて、明神居ながら御馳走の余《あま》りに鱈《たら》ふく召《め》し食《あ》がり玉《たま》へけん、食傷の気味にて腹や痛み胸や苦しく神通を得たる老狐も流石《さすが》に身の病気《いたつき》には弱《よ》はり果て、好物の玉子もつや〳〵咽《のど》を下らず、困り切つたる折しもあれ通り掛つたる一人の医者あり、此医者殿は年老ひて文明ならぬ漢法の苦ひ煎薬を以て郡山辺に住む人なり。四五日前所用ありて仙台に来り全く暮れ果てし頃山道かけて只一人走《ゆ》けば、秋風足下に起り何にとなく冷《ひや》つきて瑞鳳山の杉林なまぐさき匂《にほい》ぞする、軈《やが》て穴倉明神の前にさしかかれば蘭麝《らんじや》の薫《かほり》鼻を穿《う》がちて、表はれ出でし一人の天女濡《ぬれ》羽《は》の鬢《びん》美しう其姿さながらに汀に立てる花菖蒲《はなあやめ》風に揺らるる風情《ふぜい》なり。医者殿は思ひもかけぬことなれば大《おほい》に驚き禿《は》げた頭を掻くより外《ほか》に術《すべ》もなし。美人はしとやかに進み出で妾《わらわ》は此穴倉に住む狐にて候なり。少し病めることのありて薬をば賜《たま》はり度《たく》、先刻《さきほど》より御通を待ちあげしなりと鶯《うぐひす》の初音《はつね》床《ゆか》しき妙音《めうおん》に医者殿狐と聞きて年甲斐もなくブル〳〵もので、大道《だいどう》で診察は罷り成らぬと云ひ放ち其儘後をも見ずに一散走《さんばし》り、家に就くと発熱甚だしく浮言抔《うわごとなど》言ひ居るから家人は心配して種々に手を尽くせど、病人は只弱り行くのみ、是れ神様の御罰なりと、去る隠居が発言に御託宣《ごたくせん》を聞けば穴倉明神の神慮に負《そむ》

きたるものなりとあるに初めて驚き、赤飯と薬を添えて毎日御詫に詣《もう》でしより、五六日して快くなりしが、モー宜いのだらふと供米《くべい》を止《や》めしに又々発熱して遂に命を召しあげられたとは仏家の所謂因縁か、明神様もチト短腹《たんぱら》だテ。

◉「河北新報」明治三〇年九月一六日……●

# 父の幽霊と記念撮影

**【青森県／八戸町字二十三日町発】母子が写真師を招いて撮影してもらった写真には、十二年前にコレラで死んだ父が写っていた。**

◎奥州上北郡三沢村の石橋寅次郎母が其親類なる八戸町字廿三日町の石橋亀吉方に宿し居り。同人の母と共に写真師を招き二人並んで撮影せしに、不思議なるかな二人の間にありく〳〵と現はれ出たる姿あり、何者かと熟視すれば這《こ》は抑《そ》も不思議《ふしぎ》去十九年ごろ虎拉病《これら》に罹り死亡したる寅次郎母の亡夫勝太郎亡者のままの写真なるに一同大いに驚ろき、幽霊が写真に現はれたるは何か仏の告事ならんなどと騒ぎ居る由、何れ円了博士の好材料にこそ。

◉「新愛知」明治三一年一一月二日……●

# 関東の怪

# 狐の出産を手伝う

【茨城県／鹿島郡磯浜寿町発】真夜中、産婆の家に男が訪ねてくる。難産なのでと同道頼まれるが、野原のようなところに連れて行かれ……

◎去る十九日の夜鹿島郡磯浜寿町に住める産婆《とりあげばばあ》の許に午後十二時ごろ一人の男が来《きた》り、只今難産にて困りますから早速《すぐ》お出下され、私しが五《ご》同《どう》道《どう》致し升と云ふので、バアさんも職分《もちまい》の事ゆへ取敢《とりあい》ず同道し出掛た処が、何だか野原の様な処へ連れていかれるので小気味悪くなり、産婦人《さんぷさん》の内は何処《どこ》の方で何といふ人で有りますと聞くに、夫れはこの村の原に紋四郎稲荷といふがあります、五苦労《ごくろう》ながらそこ迄いつて下さいといはれ、頻《しき》りに気味《きみ》が悪くなつたが、今更否《いや》だと云つたら又跡《あと》の事が恐《おそ》ろしいので遂《つ》いそこ迄いつて見ると、其家の主人《あるじ》らしき者が出掛《でかけ》て我等は此稲荷なり、妻狐《きつね》が此通り難産にて困《こま》りますから何卒《どうぞ》お頼み申しますと言われて、バアさんは躰《から》だ一杯に水を浴びるやうになつたが、遁出《にげだ》すも出来ずにおづ〳〵と撫《なで》さすりをして居《ゐる》内とう〳〵狐は死んで仕舞たので、雄狐も仕方がなくバアさんへお礼だといふて饅頭《まんぢゆう》一た包みを出して呉たり、兎角《とかく》して居る内夜も明けそうになりたるゆへ跡《あと》をも見ずして帰宅し、貰いたる包みを明けて見れば饅頭はやつぱりほんの饅頭にて其内に一円の札《さつ》が有《あつ》たゆへ、其儘《そのまま》にも置れまいと警察出張所へ訴《うつた》へでたれば、其許の貰つた品ならば宜《よろ》しいとあつたので、バアさんは大喜び、其後死んだ女狐《きつね》の供養《くよう》だとて処々方々から米や銭を貰い集めて居るといふが、今に五祈《ごき》禱《とう》をするのお鳥居《とりゐ》を立るのと大きくならぬ内に堂《どう》か工風《くふう》も有りそうな物近処《きんじよ》のお方は決して化かされぬ様五《ご》用心《ようじん》なさいよ。

◉「茨城新報」明治一一年三月二八日……●

# 狐除けの名前を木札に

【茨城県／久慈郡下利員村発】狐にとうきびを食われる被害が続出。困った村民は、かつて野狐を殺した男の名を木札に貼って畑に立てる。

◎狐夢《こんむ》な噺《はな》しが有《あり》ました。管下久慈郡下利員村《しもとしかず》の須藤甚五ヱ門と云う人は六十八歳になるが、今より三十年已前に宅地へ玉蜀黍《とうきび》をつくりしところ、熟《ぢく》す頃に為《な》ると何者が盗みとるか度々無くなる故、注意《きをつけ》て居ると、ある日畑の中で怪しき物が動くゆい見ると、一疋の野狐なり。此奴《こいつ》是迄《これまで》度々喰つたるに違なし良《よし》〳〵叩殺《たたきころ》さんと、手頃の棒を提《ひつさ》げ追掛《おつかけ》ると逃だし、川溝の中に潜れたるをぶち殺した事が有り、其後隣家の某方でもれいの玉蜀黍を度々喰《しめ》られる故殺さんとすれども容易に得がたければ、彼の須藤甚五ヱ門と木札に記《かき》、畑に立たる所其後は更に荒されぬと言ふので、当今は此の近村でも狐の喰《かか》る作物には須藤甚五ヱ門と記《かき》たてると。きつねがこんな怖い人はないと一同申合せていたづらをせぬと言《いふ》馬鹿《ばか》りでなく、小児の夜泣其外狐つき「神経病」を忽《たち》まち抜るとさわぎ立、今日は今晩はお願中と絶へず人が来るといふ。こんな噺しは珍らしくもなく皆さんききたくもある舞《まい》が、鋤《すき》が有たら又も鍬《くわ》次郎より切角の投だから。

◉「茨城新報」明治一一年一一月一九日……●

# 幽霊のへそくり

**【栃木県／芳賀郡茂木砂田町発】 女房の死後、後妻をもらった男。着物も女房のものを着せていたが、実はその着物には女房のへそくりが。**

◎新聞社も近日《ちかごろ》原稿《たね》がないと見へて不足取《つまらない》お化《ばけ》の話しを記出《かきだし》たと思召《おぼしめし》がありてはチト早《はや》ですが、石川や浜の真《ま》砂《さご》は尽るとも世に新聞の種《たね》が尽《つき》ませんョ。だがこれは妙なお話しなれば、投書《なげふみ》のままを記して看官諸君《みなさんがた》の高評を乞《こ》ふと論者《ろんしゃ》めかして云《い》ふ程《ほど》でもないが、芳賀郡茂木（よく出るネ）砂田町二百卅六番地料理店《りやうりや》渡世梅川屋勝太郎は先年病気《やまへ》の為めに女房《にようぼ》と失ひ、其後同郡大瀬村の或家よりおさだと云ふ後妻を娶《めと》り日数も追ひ〱立ぬれば烟草《たばこ》の烟《けむ》りジヤなけれども遠くなるほど薄くなり、去《さ》るものよりか今妻《こんさい》は可愛《かわいく》なるは人情《ひとこころ》、一日《あるひ》勝太郎は先妻の袷《あわせ》を持出しこれはお前が召玉《めしたま》へとも云ふまいが、着《き》たらョカンベイと投出《なげだし》たるにぞ、おさだは難有《ありがたく》頂戴し直様表衣《うわぎ》と着直して似合ましたか此方《こち》の人と甘《うま》く巫山戯《ふざけ》て、その晩は枕並べて二ツ夜着、未だ春風の寒ければ此方《こなた》へお寄《より》と抱〆《だきしめ》てトロ〱寝《ねむ》り間《ま》もあらず、キヤツと叫びし一声に亭主も驚き目を覚《さま》せば、お定は慄々《ぶるぶる》慄声、只今妾《わた》しの枕元《まくらべ》へおせつ〔先妻〕の姿は顕れ袷を睨んだ其顔色《かほつき》と、ソコハ女の小胆だけ物も得言ぬ有様に、これでは不吉とその翌日同じ並びの古着商大稲某に売渡せしが、又々大稲もその晩からおせつの姿は顕れるとて相談ずくで返されしを、こは難解《けしからぬ》と家内のものども袷を解《とへ》て改め見るにお化《ばけ》の出るのも尤《もつとも》だか何だか先妻は日頃辛抱して蓄へ置きし金札七円襟の中より顕れ出るに、おさだは元より勝太郎までそれでは先夜《せんや》の幽霊も金札《おかね》のあるの

を知らする為《た》めかと、直様《すぐさま》夫婦でお寺へ行き右七円にのし（とっこい）昆布をつけ、先妻の墓所《はか》を厚く弔ひしとは堂《だう》でゲス。

◉「栃木新聞」明治一四年三月一八日……●

# 狸の腹から宝玉

**【東京都／芝伊皿子町発】 英国人セメーエリンク氏の目にとまった宝玉。その由来は、先祖の勇者の活躍にあった。**

◎狸《たぬき》から獲《え》た名玉《めいぎよく》の話といふと何《どう》やら誑《つま》まれさうなことに思はるれど、目今東京芝伊皿子町七十八番地に住む旧熊本藩士長谷部豊武といふ人が古く所持する一つの奇玉は元来其の出所の希有《けう》なるを以て殊に秘蔵《ひざう》し置きたる処、頃ろ偶《ふ》と取出し見れば淡灰《うすねず》色《み》なりし色の全く紅色《くれなゐ》に変じ其上前に帯びたる銀光《ぎんくわう》の燦然《さんぜん》たる金光となりて眼を射《い》る計りの光彩となり居たるに、長谷部は奇異の思ひをなし、是《これ》ぞ得難《えがた》き名玉《めいぎよく》にて十五城にも代へ難き珍宝《ちんほう》なるべしと親戚知己《しんせきちき》の人にも見せて此道に心得ある人にも鑑定などさしけるを、如何にして聞伝へけん、目下我国に遊歴中なる英国人セメーエリンク氏の耳に入り紹介人を以て一見を乞《こ》ひし上深く賞美の余り高価に譲受《ゆづりう》けたしと所望《しよまう》されしが、長谷部は家の秘宝《ひほう》なればとて其相談を謝絶《ことわ》りて今に大切に秘蔵《ひざう》し居るとかいふ。扨此の奇玉の由来を聞くに此の豊武は旧藩の頃江戸の藩邸に在《ざい》勤《きん》し幼少より武芸百般《ぶげいひやくぱん》に練磨なし天《あつ》晴《ぱれ》一個の勇士なりしが、其頃江戸三田の寺町辺には毎夜妖怪の顕れ出で、往来《ゆきき》の人を悩すよし聞えて、後には宵《よひ》の程より往来も途絶《とだ》え其辺の市人は痛《いた》く迷惑《めいわく》する由の評判隠《ひやうばんかく》れなかりしかば、肥後藩邸にても早や誰《たれ》云《い》ふともなく此噂《このうはさ》ありて長谷部の耳にも入りたるにぞ、日頃武芸に凝りて専ら力業《ちからわざ》を好む長谷部なれば此話を聞て世にも面白き事に思ひ、いで〳〵我今宵は寺町に往きて妖怪《ようくわい》の正体を見顕《みあらは》しあは能《よ》くば手取りにして近所の厄介《やくかい》と攘《はら》ひ得させんと、兼て秘蔵の大刀を腰に帯び、人には知らさで窃《ひそ》かに藩邸を立出でしは夜の二更をや過ぎたりけん。此夜は宵の程より微雨《こさめ》降りて月黒らく風荒れて最《い》と物すごき夜半《よは》なるに、斯る噂ある折柄なれば寺町の辺《あたり》は誰一人行《みちゆ》く者もなくて唯だ樹梢《こずゑ》に嵐《こがらし》の音づるる声のみぞ聞《きこ》えたり。 （以下次号）

◉「伊勢新聞」明治一六年四月一九日……●

◎（前号の続き） 長谷部は固《もと》より大胆なる勇士なれば傘を斜にして横しぶきの雨と防ぎつつ、寺町を此所《こなか》那《かな》所《た》と徘徊せしかども差して怪しき事も無く、変化《へんげ》かと思ふものにも出遇《であ》はざれば扨《さて》は世の取沙汰《とりざた》は虚説《きよせつ》なりけり、可惜《あたら》短夜を道理《わけ》もなき事にかかづらひて更《ふか》したる事の愚《おろ》かさよと、独《ひと》りつぶやきがら再び元の道に取つて返し漸《やうや》く寺町の中央《なかば》まで来りし頃、怪しや一陣の強風颯《さつ》と吹おろすと共に長谷部が翳《かざ》し居たる傘の量目《めかた》の俄《にはか》に重くなりて、宛《さなが》ら大磐石《だいばんじやく》をもて頭《かしら》より圧付けらるるが如く覚《おぼ》えしかば、扨こそ妖怪《ようくわい》ござんなれ汝《なんぢ》いかばかりの力ありて我傘を圧すとも如何で此豊武を苦しめ得ん、雨夜《あまよ》の一興《いつきよう》にいざ汝と我と力量較《ちからくら》べなすべきぞモソツと強く圧して見よと、己《おの》れも総身に力を入れ腕捲《うでまく》りして罵《ののし》れば、復《ま》た元《もと》の如く軽くなりて以前に変りし事もなし左《さ》もこそと冷笑《あざわら》ひて又も五七間も進む折しも今度は其大きさ四斗俵の如き火の玉の忽然《こつぜん》と顕《あらは》れて長谷部の足許《あしもと》へころげ来《きた》れり、己れ又たも出をつたかと云ひざま大刀を抜《ぬ》く手《て》も見《み》せず片手なぐりに切付《きりつ》けし刃《やいば》の下に一声高くキヤツと叫《さけ》びし声のみ残《のこ》りて火の玉は消《き》えてあらずなりぬ。

いまの手対《てごた》へは確《たしか》に妖怪《ようくわい》を仕留《しと》めしならんと懐中より用意の燧《ひうち》を取出し火縄《ひなわ》に移して其辺《あたり》を改め見れば果して道の傍《かたはら》の溝《みぞ》の前に一疋《いつぴき》の古狸《ふるたぬき》が肩先深く切下げられ朱に染みて倒れ居たり。長谷部は莞爾《につこ》と打笑《うちえ》みて軈《やが》て藩邸へ持帰り翌日夜明けて親友を招き寄せ、昨夜の始末を語りて件の狸をば汁にして振舞はんと其料理に懸りしに何やらん狸《たぬき》の腹裡《はら》より一の塊《かたまり》の出でたれば水に洗《あら》ふて能く見るに即ち右の玉にて直径《さしわたし》は六分計り前面鼠色《ねづみいろ》にて銀光《ぎんくわう》を帯《お》びたり。されば当時豊武も奇異《きい》の思ひをなし小箱に納《をさ》めて永く今日まで秘蔵《ひざう》せしものなりなどいひ居るよし。余計な事なれど狸《たぬき》の玉《たま》といへば八畳《はちぢふ》の嚢《ふくろ》ならねと甘《うま》く愚人を押被《おしかぶ》すといふ山子《やまこ》連中《れんちう》の奸策《かんさく》ならずやとの噂と東京より通信。

◉「伊勢新聞」明治一六年四月二〇日……●

# 撃剣家、幽霊と対決

**【栃木県／足利町緑町発】** 渡良瀬川に魚をとりにいった男。怪しい声を聞きつけ、名うての撃剣家として退治を決意するが……

◎二三日前の夜の事とか、足利町緑町辺に住む撃剣家の大沢何某《なにがし》が渡良瀬川《わたらせがは》へ網打ちに行《ゆき》しに平常《つね》よりも獲物《えもの》の多ければ夜の更るをも知らず頻《しきり》に打《やり》行ながら字川久保地先に来りしは頓《やが》て一時頃とも覚しく瀬音《せおと》の外は寂寥《せきれう》として物音もあらざりしに、不図《ふと》近傍《かく》に人声《ひとこえ》のする故捕魚者《うをとり》にてもあるかと近附《ちかづけ》ば人《ひと》もあらず声は次第に遠《とほ》避《ざか》り西に行けば東に聞え東に行けば西に聞ゆるは如何《いか》にも奇怪《あやしい》と考へて見れば此所《ここ》は先頃お千代力太郎等が投身《みなげ》した処《ところ》なりと思ひ附いては常人ならば暫時《ざんじ》も居耐《ゐたたま》れる訳ではないが其処が聞ゆる撃剣家なれば更に恐怖《おそ》

る景色なく、決して投身《みなげ》の者の亡霊の所為にはあらず狐狸《こり》の所為《わざ》に相違なし、正体をも顕はさば引捕へ眼に物見せて呉れんものと、寄洲《よりす》に上り流れ寄りたる竹木を掻き集め火を焼烟草《たきたばこ》を喫《きつ》し窺ひ居ること二時間余なりしが、何の容子もなきのみならず怪しき声さへハタと止《や》みたれば、大沢は独心《ひとり》に思ふやう、怪物も吾が勢ひに恐れ逃去りしならんと、火を打消し今一網と河流《ながれ》に下り立つ直耳《ぢきみみ》辺《ばた》にて、男女三四人の声としてサモ怨めしそうに物語る情況《さま》は如何《いか》にも物凄《ものすご》く身にしみて、流石《さすが》の大沢も気《き》味《み》悪くなり匆々《そうそう》網を止め、足速に家に帰り夫より心地悪るしと二三日も臥《ふ》し居たりとのことより、渡良瀬川に投身の者の幽霊が出ると言ふ評判は市中に高けれども、矢張り狐狸《こり》の所為《わざ》なるべし。

◉「栃木新聞」明治一六年一〇月一一日……●

## 老木に火柱立つ

**【栃木県／芳賀郡上根村発】** 樹齢数百年の老杉。毎夜、六尺もの火柱が立って大騒ぎ。

◎怪力乱神を語らずとはチット開化の先廻り、去れども往々奇怪な咄しは穴勝《あなが》ちなしとも云ふべからず。芳賀郡上根村の地内にて数百年来老朽《おひくち》たる一株の杉の樹ありけるが、近頃毎夜二更にならんとする時分炎々として燃《も》え揚《あが》り六尺許りの火柱立つとて人が奇怪の思ひをなし孰れ狐狸《こり》の所《しよ》為《ゐ》か然らざれば例のポスボルにてもあるか、遠からず究理《きうり》してくれんと奔走中のよしなれば、其うち果して正体を現《あら》はして見れば矢張り何の事だと笑ふ位な物だか堂《どう》だか。

◉「下野新聞」明治一九年一月一二日……●

## 亡母が「恨めしや」

**【栃木県／上都賀郡中粕尾村字弁天淵発】** 家督争いですったもんだの家。母が死ぬ時、それを慮って遺言を残したのだが……

◎皿屋敷　何に幽霊など有るものか夫《そ》れア心経病と云つて最早や子供でも承知のことだ。処ろが有るから可笑《をかし》い。上都賀郡の中粕尾村字弁天淵に住む金子良作は七八年以前に実父の庄造と家督争を生じ磨《すつ》た揉《もん》だの末が遂に大審院まで持出すことになり今の当主良作が相続せしものの内輪が日々動揺して兎角に治まらぬより、隠居庄造は別戸することとなると間もなく庄造の妻が病死して臨死《いまわ》の際に一家内を枕辺《まくらもと》へ集めて「嫡男《せがれ》との葛藤《ばたばた》は浅間しき修羅道の沙汰なりしが是非もなし、此上は孫幸造へ妾《わたし》の親戚なる下妻茂左ェ門の長女ヨシを

娶《めあ》はせよと遺言せしとか、此時は孫の幸造も未だ幼稚《おさな》かりしが此頃に至り妻を迎ひても恰好《かっこう》なる年配に達せしかば、遺言を忘れて良作の妻が姪《めい》なるお何を嫁になし芽度婚礼さすると、其夜から良作夫婦の寝間の残灯《ともしび》が明滅《くらく》なり何処《どこ》となく物凄《ものすご》く、今迄箪笥と見へしが忽ち環《くわん》が目となり抽《ひき》斗《だし》が顔と化《ば》け蠢《うごめ》きながらに遂に老母の姿となりて夫婦に向へ「アア恨めしや良作めが妾《わたし》の遺言を反古として下妻から新婦《よめ》を迎ひしとは成仏参りの大妨げ早や〱取換へヨヨ「アー畏《こわ》い〱今のは「ヲー妾《わたし》ーも慥かに心からにて同じ夢を見しことか何んにせよ薄気味の悪いことだと其夜は轉輾《おちおち》もせで明かせしが、夫より毎夜〱同様の次第で迚《とて》も心棒が仕切れぬとて、当時は其家を仕舞ひて隠宅へ同居すると、村内の若者どもが聞伝へ、何に明治の時代に幽霊なんぞと不開化な了簡《りょうけん》だ、一番泊り込んで正体を顕はし都合に由ては擒《いけど》つて日本の幽霊を仏国の博覧会へ出品するなども随分面白いと、両三人宛申合せて空家《あきや》へ泊ると、足元からゾク〱として身動きができぬ迄に圧へ付けられ何れも閉口して帰ると云ふとは甚だ不測《ふしぎ》だ。

◉「下野新聞」明治二一年四月一三日……●

# 怪物の食べ残し

**【東京都／南葛飾郡隅田村発】** 近頃、家の食べ物がよく消える。不審に思っていると、その犯人が残していったと思われる魚が……

◎東京府下南葛飾郡隅田村五百七十番地に住む小関復六と云ふ老人は、女房と二人暮にして夫婦共毎日草刈や植木屋の手伝に雇はれ其日々々を気安く送り居たるが、先頃より不在中毎日のやうに食物の紛失するに性の悪い犬が猫が来ての所為《わざ》であらうと別に気にも留めず相変らず留守にして草取りに出で居りしが、此頃では食物計りではなく衣類までも紛失するに、扨《さて》は盗賊《どろぼう》の所為《しょい》かと其後は衣類を近所へ預け食物類は一切置かぬ事にして居りしに、今度は米櫃《こめびつ》に入れ置く飯米が紛失し始めるので、是《これ》は如何《どう》も変だわいと其後米も帰り掛けに買て帰るやうになし居りし処、四五日前の夜、床下に当り怪しき物音のするを老人夫婦は大方犬でも這《は》入込《いりこ》んだのであらうと其儘にして寝入りしが、翌朝見れば鳥の羽や魚の喰さしたるものなど落散り居るを見て、婆《ばあ》さん見なさい犬めが御馳走を残して行つたと喰残《くひのこ》りの肴《さかな》を料理して夫婦して打喰ひ、是で少しは平生《ふだん》の埋合せが付たと口嘗《くちなめ》ずりして職業《しごと》に出て其夜帰りて寝《しん》に就《つ》きし所、夜半に至り又々床下に当り怪しき物音の聞えしより、又来たか夏蠅《うるさ》い追散らして呉れんと台所へ立出し時、何

やらん異形《いぎやう》の物が不意に復六に飛付き左右の脛《はざ》に噛《かみつ》付き尚面部にも喰ひ付きたれば、同人の驚き一方ならず大声をあげて助けを呼びしより、女房は何事と洋灯《らんぷ》を携へ立出来りし。灯光《あかり》を見るより異形の物は逸早く床下へ逃込みし儘行方《ゆくへ》知れずとなりしに、復六も詮方《せんかた》なく早速医師にかかりて治療中なるが、近所の噂にては狐狸《こり》の類が食物を奪はれし仇を報いしなりと云ひ居れど請取《うけと》り難き話しなり。

◉「河北新報」明治三一年三月三一日……●

# 提灯入道が走る

**【千葉県／長生郡東村発】** 山道を歩いていると、一丈もの大きさの大入道が白張りの提灯片手に走ってくる。

◎千葉県長生郡東村と庁南坂との境界に七八丁の山路あり。去十四日の夜更て川戸某なる者通行の際一丈余の大入道手に白張の提灯をさげスタ〱と近より来りたるを見て、平生大胆自慢の某もこれは大変と逃げ走りしといふ。寄席の怪談じみた話。

◉「九州日報」明治三一年一〇月三〇日……●

# 怪しい美人と大入道

**【東京都／麹町区平河町の宿屋発】** 有名な宿屋の二階の八畳間には、夜な夜な怪異が起こるとの評判。そのバリエーションは様々だが、正体は動物電気？

◎当市又は本県下の事にはあらざれどもチト眉唾《まゆつば》種子《たね》ゆゑ綷長《ことなが》けれど左《さ》に掲ぐ。東京麹町区平河町に有名なる旅舍《やどや》の二階八畳の一室《ひとま》には夜毎《よなよな》不思議の事ありとの評判高く、憶《ゆく》りなく其座敷に宿りし者は誰とて怪しき者に魘《おそ》はれて苦しみ悶《もだ》え夜明て後夢の覚たるが如く酔の醒たるが如く、如《い》何《か》なる訳にて誰も彼も斯る怪しき事に遇ふかと、其家に宿れる人々は其座敷には決して臥床《ふしど》を設けしめずなど信実《まこと》しやかに語る者あり。中には世に名を知られたる紳士にて己も不思議に遇ひたりと眉顰《まゆひそ》めつつ語る者あるにより其容子《ようす》を探聞するに、座敷の摸様は此怪しき階上《にかい》の八畳の南に向ひて日当り好き座敷にて、北は廊下に続きて二間四枚の障子あり、東《ひがし》には床の間あり西は壁にして上に窓あり。偖《さて》此部屋の天上の真中に板の少しく滑《ず》れしものにや煤《すす》にもあらず又木の脂《やに》にもあらぬもの黒み滲み、此家の者が雑巾かけて幾度か既に拭ひしが、其二三日は清潔《きれい》なれど何時《いつ》の間《ま》にやら又滲出《にじみい》で、拭ふとも其詮なし。人若し其黒み滲みし天井の下に臥床を設けて眠《ねぶ》りに就《つけ》ば、必らず怪しき者に魘はるるにて、右へか左へか片寄て眠《ねぶ》りし人には決して怪しき事なしとぞ。怪しき者に魘はるるをば如何なる事かと聞くに、此の天井の真下に眠りし人は夢ともつかず現ともつかず怖ろしき大入道の何所《いづく》よりか現はれ来り、馬乗《うまのり》に打跨《うちまた》がりて赤松の根にも似たる腕《かひな》にて有無を言せず力に任せて咽喉《のんど》を締付け、其苦しさが言《いは》ん方《かた》なく人を喚《よば》んにも舌痺《しび》れ跳起んにも身体は利ず独り苦しみ悶《もだ》えつつ夜明《よあけ》に至つて自然《おのづ》と正気づくなりとぞ。但し人によつては大入道ならで廿歳許《はたちばか》りの一美人現はれ来りて凄きまでに打笑ひ、果《はて》は臥床《ねどこ》に入来りて其人を悩ますと。頃日《このごろ》も支那より帰り来れる大陸探撿家某々の両氏が此家に宿合《とまりあは》せて此話を聞き知り、訝《をか》しき事もあるものかな今夜《こよひ》は二人して彼所《かしこ》に寝《い》ね怪物の正体を発見《みあら》はし、臆病者の惑ひを覚してくれんとて、虎をも手搏《てうち》にすべき勇士の二人は布団展《のべ》させ寝《い》ねたり。夜半に至つて彼の怪しき者の滲出でし天井の真下に眠りし一人は頓《やが》て苦しき声を出して呻きたるにぞ、傍《かた》へに臥たる一人は驚き覚めて容子を見れば五尺七八寸の大の男宛《さな》がら亀の腹を返して藻搔《もが》くが如く夜具を蹴退《けの》け虚空を攫《つか》んで額より膏汗《あぶらあせ》を流して唸《うな》る様二目《ふため》とは見られぬ醜態《ざま》なるより、直ちに某《それ》を揺起したるに漸《やう》やくに正気づき、偖《さて》は為《し》てやられたか、怪物は正しく大入道、息の音の止るまで吾が喉《のんど》を締付し其苦しさ言《いは》ん方《かた》なし、不思議の事もあるものかな而《し》て足下《そくか》も怪しき夢は見ざりしやと、疇昔《ゆふべ》の勇気も失去て額の汗を拭ひつつ物語《ものがた》る其笑止《をかし》さ、傍《かた》へに眠りし友人《ともだち》も問れて頭を掻ながら然言《さういは》るれば僕も訝《をか》しき夢を見たり、誠に馬鹿らしくて話にならぬ事ながら、眠りに就《つく》と少《しば》時《らく》して梁の上より大いなる牛肉垂下《ぶらさが》りたるが牛飲馬食の某《それが》しなれば、煮《に》て食《くふ》も炙《やい》て食《くふ》も処分するに難からねど如何なる訳か其処分に太《いた》く心を悩まして種々《さまざま》に工夫を凝し、果《はて》は途方に暮たる折柄足下《そくか》の呻《うめ》く声耳に入り訝《をか》しき夢は覚たるが、是れ此通り僕も満身盗汗《ねあせ》に塗《まみ》れて褐衣《ねまき》も絞る計りなりと語り、夫《それ》より後は其座敷には眠らずとぞ。其の原因は天井裏に年古たる貂《てん》などの棲居《すみゐ》て其動物電気の伝はる為め悪夢に魘はるならんと説く者あり。然《され》ど最初其座敷に眠りし人が憶《ゆく》りなく恐ろしき夢を見語り継《つぎ》言伝へて、其座敷に眠る者は心に一種の恐怖《おそれ》を抱き、吾から吾心に魘はるるものならん、余りに評判頻《しき》りなれば夜長の話草に斯《かく》は記しぬ。

◉「新愛知」明治三一年一一月二九日……●

# 石地蔵が一夜で変身

**【栃木県／那須郡境村大字大沢発】** 高さ三尺に近く、諸人に慕われる石地蔵。ところがある朝、忽然とその姿を変えてしまっていたのだ。

◎那須郡境村大字大沢十八番地々内に安置《あんち》しある一体の石地蔵は、今を去ること千九十三年平城天皇《へいじやうてんのう》の御宇《ぎよう》大《だい》同《どう》二年中の建立《こんりつ》にかかり、右の手に禅杖を携へ、左の手に珠玉《しゆぎよく》を握り厳然たる威容《ゐよう》のうち自から温乎《おんこ》たる風《ふう》采《さい》を示し、大慈大悲の仏徳《ぶつとく》を備へて具足《ぐそく》円満の尊容顕赫《げんかく》たれば、諸人《しよじん》の渇仰《かつがう》大方ならず。中にも同番地なる大森兼吉一家のものは殊に尊信の念篤《あつ》く、常に信心祈禱を怠らざりしが、去る十八日の夜中に最も不思議なる現象を生じたり。开《そ》を如何にといふに、大森一家のものが翌十九日の早朝例の通り祈念を凝さむとして参詣《さんけい》したるに這《こ》は开《そ》もいかに、一体《たい》の地蔵尊は一夜のうちに黒漆《こししつ》を以て塗飾《としよく》したらむかと思ふばかり黒光《くろびかり》に光り、顔容《がんよう》も亦た平常《へいじやう》と大いに相違《さうゐ》する所あるを以て、参詣者《さんけいしや》は大《おほい》に驚き、直ちに馳せ還りて家内のものに急報し、やがて一村の大評判となりたるが、件《くだん》の石地蔵は高さ三尺に近く頗《すこぶ》る重量のものなるを以てこれを他へ運搬し更に変形して再び持ち来らむは容易ならざるべく、如何にして右のごとき始末に及びたるやは何人も訝かり居る所なりと云。

◉「下野新聞」明治三二年五月二七日……●

# 幽霊屋敷の老婆

**【東京都／浅草区駒形町発】** 家賃も割安なのに、どうにも人のいつかない借家。不審に思った家主は留守番を二人送り込むが。

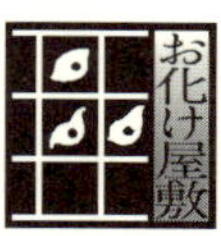


◎東京浅草区駒形町に三間間口の総土蔵作りの借家あり。家賃も割合安きに何れも五日十日位にて他へ引き移り、永きも一ト月とつづけて住居せる者なきに、家主は不審に思ひ心利きたる者二人をして留守番せしめしに、彼二人は足踏み延して思ふ存分熟睡せしに、夜も早や丑満《うしみ》ツ過ぐる頃、二人は夢にでも魘《をか》されしかウン〳〵唸きながらフと目を覚ませば、洋灯《らんぷ》は消へて真闇なるべき室内の何所やら薄明りの見ゆる様《やう》なるを不審しく思ふ枕元《まくらもと》の障子に当りて、スル〳〵と人の歩む気勢あり。二人は持主が見廻りにでも来りしにかと頭を擡《もた》げ見ればコハ如何に、髪をオドロ

に振乱《ふりみた》したる老婆がさも恨めしげに二人を見てニヤリと笑ひしままパッと姿が消へ失せ、之れより二人は神経に異状を来ししが、こは前住人実母が悴の失敗を苦にして前年死亡せしといへば其の怨念ならむなど当推《あてすゐ》量《れう》するものありとぞ。

◉「愛媛新報」明治三二年七月二日……●

## 井戸へ怪獣落ちる

**【茨城県／筑波郡上郷村発】** 家の井戸へ落雷。翌朝、これを調べてみると怪獣の死体が発見された。雷獣ではないかと見物人がおしかける。

◎茨城県筑波郡上郷村村野某方《ぼうかた》へ落雷《らくらい》し、翌朝之を見しに躰量一貫八百目余にして面及び背部の毛は赤黒色、腹部は黄金色、四肢長く瓜は猫に似て最も鋭利、尾は末のみ金色にして長さ一尺五寸、眼は窪み牙は銀の如き怪獣の死躰を発見す。識者は之れ雷獣なりと称《とな》へ、見物人堵の如し。

竹生島の雷獣（江戸時代の肉筆画）

◉「愛媛新報」明治三二年八月二三日……●

## 床下からポンポン

**【東京都／本郷区根津宮永町発】** 家族一同で夕食をとっていると、突如床下からポンポンの音。巡査も探険したけれど、正体不明。

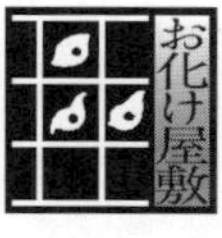


◎東京本郷区根津宮永町林勝次郎方にて去る頃の午後六時半頃、家内一同夕餐の膳について居る折しも忽《たちま》ち床下でポン〳〵の鼓を打つが如き音の聞ゑしかば、勝次郎は不思議に思ひ洋灯《らんぷ》を把《と》つて窺いて見ると何物も居《ゐ》ず、ハテ変だと座敷に上ると間もなく又ポン〳〵が始まつて、漸々烈《ようようはげ》しくなるに、今度は床板を剝《はぐ》つて見たるも、怪しき影さへ無きにぞ勝次郎は薄気味悪き事に思ひて、宮永町の派出所へ斯《か》くと訴へ出でしに付き、巡査が出張して家屋の内を隈なく検

めしも何の手懸さへなければ、不思議に思つて引揚しか。同夜の十一時頃に至りて漸く其の音が止みたり。然るに翌晩も八時三十分頃より又ポン〳〵と音のするより再び派出所に届け出しかば、両巡査が今夜こそ怪物の正体を見届《みとど》けくれん手具脛曳《ひ》いて馳向《はせむか》ひ、種々に趣向《しこう》をして探撿《たんけん》したれど、矢張何物か解らず手持無沙汰に帰署したる由なるが、同家は二三年前何処よりか小石が降り鉄瓶の蓋が天井へ跳上りしなどの奇怪もありたれば、多分狐狸の所業《しわざ》ならんと専ら評判せり。

●「愛媛新報」明治三三年二月一日……●

## 岐路に立つ妖怪展……夏の風物詩はどこへ行く

夏になると怪談や妖怪の話題は毎年のように登場するが、この十数年来、博物館や美術館での妖怪展がしばしば開催されて人気を集めている。平成一二年にも新聞社の巡回展として各地の博物館やデパートをまわり多くの観客を動員した。

二一世紀最初の夏も千葉県佐倉の国立歴史民俗博物館で「異界万華鏡」なる展覧会が開かれ、妖怪資料もたくさん展示される。この展覧会はその後も各地に巡回を予定しており、妖怪展の人気は衰えていないようである。

今までに開催されたそれぞれの展覧会では切口を変えたり、新しく発見された資料なども展示してマンネリ化しないような工夫がなされてきているが、それでも現在までに確認されている妖怪関係資料は限られており、各展覧会に同じ資料がたびたび展示されることが多い。

今後、一層の充実した妖怪展を目指すためにも更なる新資料の発見とそれをいかに位置づけるかといった作業が不可欠だろう。妖怪展にも新たな展開が求められているのである。

# 中部の怪

# 死んだ隣人が追う

**【長野県／水内郡平出村発】** 用事があって近村に出向いた婦人。その帰り道、墓地で死んだはずの隣人に会って追いかけられる。

◎狐に化されぬやうに眉毛に唾を塗れといふが、其眉毛に唾を塗て聞けといふ報知《はうち》がありました顚末《しだい》本県下水内郡平出村に寄留する婦髪結《おんなかみゆひ》のおハツは平素《つねづね》正直な性質《うまれつき》なるが、去る八月十八日に浅野村へ用事があつて趣きしが種々《いろいろ》の用向に隙取れ黄昏《たそがれ》になりしにぞ急《いそぎ》で帰宅せんと同村高山寺の墓所《はかしよ》の辺へ通り掛ると、去月死去して葬りし同村某の妻《さい》おタカといふが新墓《しんばか》の際《きは》にノロン〳〵と出て、最《いと》かなしく哀れに糸のやうなる声を出しておハツさん〳〵と呼留《よびとめ》るゆゑおハツはふり返ツて見ると、髪を四方に乱し白き衣裳を著《き》て掌を合せ顔色青ざめ左《さ》もうらめしさうに立て居たるは正《まさ》しくおタカでありければ、おハツはこは〳〵ながら立留り、ヤアおまへはいまだ迷ふて五座るかといひければ、カノ幽霊は何か言ひたきやうすなればコリヤたまらぬと思ひ、おハツは私は急用《きうよう》があるからと言棄《いひすて》て後《あと》をも見ずに駆出《かけだ》しければノホ〳〵うらめしや待《まつ》てたべ、是をおまへに遣るからと後《あと》より追掛《おひかけ》て来るからおハツは一生懸命夢中になつてやう〳〵我家へ駆着《かけつ》けると其儘気絶せしにぞ、家内の者は大きに驚き如何《いか》なる訳《わけ》もしらぬゆゑ薬りよ水よと騒ぎたて介抱《かいはう》せしにぞ、暫らくあつて息を吐《ふ》きありし次第を物語り自分の手を見れば珠数が一連ありしと。余り奇談だからある究理家《きうりか》に聞《きき》ましたら夫は神経病だといはれました。和《お》尚《しやう》さんに聞いたら中有《ちうう》の迷ひだと、また漢学先生は狐狸の所為《しはざ》だと、孰《いづ》れが確説《ほんとう》やらしれぬから、新聞に記載して博学の諸君に教示《おしへ》を受たべと北第廿五大区一小区の若槻さんより書送られました。

◉「長野新聞」明治九年一〇月四日……●

# 古井戸から幽霊

**【愛知県／知多郡横須賀村横須賀町札の辻発】** 引っ越し先の屋敷には古井戸があった。女房が夜、その井戸から青い炎が燃え上がり、白衣の男が現れるのを目撃。

◎ヒウドロ〳〵と毎夜幽霊がでるといふは、知多郡横須賀村横須賀町札《ふだ》ノ辻《つじ》竹内惣吉は旧《もと》同村某《なに》町に住居せしが、昨年の八月頃此の札ノ辻へ転宅《ひきこし》せしなり。然《しか》るに爰《ここ》に不思議なるは或夜女房が雪隠《せつゐん》へ行きたるに、裏にある古井戸の中より青き色の火ボヤ〳〵と燃へ上り暫《しばら》く過ぎると顔色青ざめ髪振り乱し白き衣《きもの》を着たる怪物《ばけもの》痩《や》せたる両手をブラツと垂《さ》げ、我は

此の家の主《あるじ》清兵衛なり、恨《うら》めしや迷《まよ》ふたと。其れを見るより女房は忽地《たちまち》ヒイと気絶したれば、惣吉其声に驚き手燭《てしよく》を照《てら》し裏へ行き見るに、女房は生体《せうたい》なく打ち伏し居れば早速手水《てうず》鉢《ばち》の水を吹きかけ口を耳につけ其名を呼びければ、漸やく蘇生《よみがへ》りたり。如何《いかが》の次第と尋ぬる女房は顔青ざめ云々《しかじか》なりと話すを惣吉は冷笑《わらひ》、世に幽霊《おばけ》などあるべきものにあらずといひしが、或夜惣吉雪隠《せつゐん》へ行きけるに、ハテ怪しや、女房の云し如く青き火と怪物《ばけもの》出たれば大ひに驚《おどろ》き、翌日同郡加木屋村如意庵《によいあん》を招き祈祷を頼み、井戸へ蓋《ふた》をなしたる。祈祷の利益もなく毎夜《まいや》〳〵井戸蓋の透間《すきま》より青火燼出《もえいづ》る故大に当惑し、去廿七日より三日の間近村の僧を招き大施餓鬼《せがき》を修行なされたり。扨《さて》此の旧家主《もといへぬし》八百屋清兵衛は十七年前酒を醸造《つく》り大に損をなしたるより身《み》を此の井戸へ投《とう》じて死たる故斯く迷ひ出るなりとの風評なれど、自身が損をして死んだのを人に恨む馬鹿幽霊はありますまい。

◉「愛知新聞」明治一一年五月三日……●

# 大いなる怪物

**【山梨県／八代郡二ノ宮村の常楽寺発】**

**山道で赤子が鳴く声に「狐狸のしわざか」と逆に驚かしてやる。ところがそいつに反撃され……**

◎「一に花鳥《はなとり》二に小《を》山三に辛《つ》らいは常楽寺《ぜうらくぢ》」と昔の俚謡《うた》とて土地の口碑《こうひ》に伝へる如く、八代郡二ノ宮村の常楽寺と云ふ所は往昔《むかし》穴山信永とかが某との戦ひ利あらず再三の連敗に遂ひ此の寺に落《お》ち来りて屠腹《とふく》したとか云ふ処にて、念期が来ると祟りが有るの雨がふると妖物《おばけ》が出るのと里人の云ひなす土地《とち》なるが、去る十日の夜のこと同村の何勇蔵とか云ふ者が隣村の親類へ仏事に招かれ馳走に成つての帰りしな一盃機嫌《いつぱいきげん》の気の強みに夕刻よりの微雨《びう》にも搆《かま》わず嶮岨《けんそ》の山路をボツ〳〵行《や》つて来て同所に通り掛ると、指《さ》したる傘の突然《だしぬけ》に重く成り持ち耐《こら》へられぬ程故妙なことも有るもの哉と暫し其の場に立ち止まり傘をば凋《すぼ》めて其所此所《そここゝ》改め見るに、何とて変りしことも無ければ斯《これ》また狐狸《きつねたぬき》の仇業《あだわざ》ならんと漸く一町程も行き過ると、傍《かた》への小深き篠叢《しのむら》の中に頻りに孩児《あかご》の啼《な》く声の聞ゆるにぞ、勇蔵も最初は大きに驚ろきて斯る往《ゆき》来《き》も稀《ま》れなる所に棄児《すてご》を為たる無情な親の有るもの歟と思ひ哀《あは》れを感《かん》じ出けるが、待《ま》て暫し今し方傘の重くなりし事と云ひ殊に斯よふな山路に棄児と云ふは覚束《おぼつか》なし、是れぞ必然狸の所作吾れを魅《おど》かす悪《にツ》くき仕打ち、可《よ》し〳〵奴《やつ》めに蟲《ばか》さる所か此地《こち》から一番意思《いし》返ひし吃驚《びツくり》させて呉《く》れんずと、日頃勝気の勇蔵が頓智《とんち》携さへ待《も》

ちたる傘さに手構ひなして窃《ひ》そかに棄児の側まで行き突然《だしぬけ》に傘を開き放ちければ策略《そくりやく》的切《てツき》り行はれ彼の棄児《すてご》的《てき》は果タと声を止めるや否、物音さして藪深く駆け入りけるは正さしく狸狐《こり》にて有りければ気味《きみ》こそ好《よ》けれ、と独り嘲笑ひつつ道を回《まが》りて捷径《はやみち》の林に入り行かんとすると思はざりき、颯《さツ》と吹き颪《おろ》す風諸共に上なる松の梢より怒爪《どそう》鋭どき手を出して矢庭《やには》に勇蔵が襟髪摑んで引き揚げらるる恐《おそ》ろしさ、身の毛も弾立《よだ》つ斗りなりしも斯《か》くては叶《かの》はじ耐《たま》らじと、持ちたる傘を取り直す間もなく空《くう》を目掛けて滅太《めつた》打ち、打つて放せば屹《きつ》と手応《てごたい》して髪をば放しさま其の怪物はハタと下べに飛び落ちけるにぞ又もや返《かへ》して其の傘に力を極めて殴ち付けるに、猶誤《あやま》たず急所に中《あた》りけん叫《ぐう》の音《ね》も出さず斃《たを》れけるにぞ、勇蔵はホツと一息き安心なし汗を拭ふた其の手拭に、彼の怪物の四つ足拘《くく》り傘に引き掛け漸《よ》ふ〳〵に家まで担《にな》ひ返つて見れば、思ひも違《たが》わぬ大の狸にて有りければ得《ゑ》も謀《はか》らざる獲物ぞと、翌朝早々料理して植付《うえつ》け上げのお祝ひの代《しろ》と近隣近処に配分《はいぶん》したと云ふのは、中〳〵の手柄《てがら》なりしと同地よりの奇報。

◉「甲府日々新聞」明治一一年六月二〇日……●

# 逃亡者の遺言

**【新潟県／大野町発】 紙幣の偽造などで手配の凶悪犯が逃亡先で病死。ところが遺言に背いて粗末に埋葬されて逆恨み。**

◎一昨七日の新聞に出したる本港本町通り五番町北村某の宅《うち》に出る雌《め》幽霊《いうれい》は、無言《むごん》ゆゑ何の怨恨《うらみ》のあることにや分《わか》らざれども、了見違《れうけんちが》ひのうらみをいふ雄幽霊《をいうれい》の怪談は、第十九大区十一小区塩俵村の権次郎といふものが贋金《がんきん》とか贋札《がんさつ》とかを偽造せし罪科《とが》にて七八年前死刑《しけい》に処《しよ》せられ断頭《だんとう》場《ぢやう》に引居《ひきすゑ》られし時、大野町の徳右衛門も同類のよし口走りたれば早速召捕りの者を差向けられしに、いかにして遁《のが》れたりけん北海道に身を隠し一両年以来は折々窃《ひそか》に忍び来りて自宅にひそみ居たりしが、去月中より病気に付下旬ごろ臨終の際《きは》に望み、我若し捕縛《ほばく》せられなば権次郎同様頭《かうべ》を刎《はね》らるべきに今迄生延《いきのび》たる上布《ふ》団《とん》の上で終るこそ思ひもよらぬ仕合なれ、此上の願ひには先祖代々の旦《だん》那《な》寺《でら》へ葬りくれよと遺言《ゆひごん》せしにぞ、家内のものが或人に遺言の次第を咄《はな》しいかがせんと相談せしに、厳禁《げんきん》を犯せし日蔭《ひかげ》者を公然と葬らるべきものにあらずと教訓《けうくん》せられ、竹藪だか荊藪《ばらやぶ》だかの中へ人知れず埋葬《まいそふ》せしに、サア頃日になるとどうして我が遺言に背き旦那寺に葬らぬぞ、此妄執《もうしふ》が晴《は》れずしては極楽往生《ごくらくわうじやう》なりがたし、あら恨《うら》めしやと毎夜のように出ては小言を吐散《はきち》らすといふ巷談《こふせつ》は、真偽

の程は暫らく聞しままを録す。

◉「新潟新聞」明治一一年一一月九日……●

# 雨の日は火の玉

**【愛知県／加茂郡打越村発】　周囲が二、三尺もある火がキラキラと空中を飛び回る。雨の降る夜に必ず出るという。**

◎奇《き》〳〵怪《くわい》〳〵なことは三河国加茂郡打越村辺にて当夏頃ろより雨の降る夜には必ず周囲《まわり》二三尺もある火が燐《きら》〳〵と空中《そら》を飛びあるき、人家近く飛び来ることたび〳〵にて、若し人々が見認《みと》めんと近かよれば忽ち遠く飛び去ること甚だ速かなり。俚俗《ぞくに》人魂狐火と云ふはこれならずや。貴社新聞紙上の余白を借《か》りて江湖の理《り》学家《がくか》に明教《めいきやう》を乞はんと多田満作さんよりお投書でしたが、これこそは物理化学家の称する腐敗物より生《で》きる燐素《りんそ》とか云ふものでしよう、記者《きしや》も確《たし》かには。

◉「愛知新聞」明治一一年一一月一五日……●

# 泣き叫ぶ人形

**【長野県／埴科郡東船山村発】　子どもが生まれない夫婦が、江戸人形を実の子のように可愛がる。だが、その人形が動き出し……**

◎奇《き》妙《めう》奇《き》体《て》烈《れつ》妙《めう》不《ふ》思議《しぎ》といふのは心の迷ひですが、県下埴科郡東船山村にて料理営業の白川某は妻を娶《めと》りしより七ケ年の星霜《せいそう》を経《ふ》れども未《いま》だ一子だにあらざるを憂《うれ》へ、先頃長一尺五寸ばかりの江戸人形を購求《もとめ》て衣服に美を尽し、其妻某は実児《じつし》の如く朝夕摩《ま》頭《たう》し寝《ね》るときは常に必らず己れの枕辺に蒲団をしき之れに伏さしめたりしに、怪なる哉、或る夜の午前四時とも覚しきころ彼の人形が大なる小児《こども》と化し、妻某の臥したる上に乗り切《しき》りに泣叫ぶと夢見て供に歎声《たんせい》を発してわめくに、夫某が不計《ふと》目を覚し大に驚き揺り起して某の子細を問へば右の次第を物語りしゆゑ、夫某も不審《いぶかし》みて居たりしに、翌夜もまた時間違はず前夜の如くの景状《ありさま》なれば物《もの》寥《さび》しくて寝もやられねば、火を起し茶などを吃《きつ》し夜の明るを待て其の業を励むうち、日もはや西に傾ぶき余り不思議のことなりと其の夜は枕辺に置ざれど矢張《やつぱり》例の如くなるにぞ、夫婦はます〳〵奇異《きゐ》の思ひを為し、夫より隣家の者二名を頼み四方八面《よもやも》の話しなどし夜の明るを待ツて親類《しんるゐ》の者を呼集《よびあつ》め之までの話説《はなし》を為し、人形を箱に納め暫時《しばらく》のあひだ親戚の者へ預《あづ》け、五六夜ばかり彼《か》の二名《ににん》の者を頼み宿《とま》ツて貰ひしが、夫より何の子細も無かりし由是れ即ち一心の迷ひより起ることなるべしと某方より報知《しらせ》のまま。

◉「長野新聞」明治一二年三月二四日……●

# 役場に女幽霊

**【長野県／東筑摩郡坂北村発】** お化けも開化して、「ウラメシヤー」から「ウレシヤナー」に変わったらしい。

◎寺や堂や古い墓場などへ幽霊やお化の出るといふ咄しは聞て居ましたが、維新以来《ゐしんこのかた》は決してソンナお化などはないものと決心《をもふ》て居たるに、県下東筑摩郡坂北村の扱所だとか事務所だとかへおり〳〵お化が出るといふが其お化の形姿《すがた》は年の頃三十許《ばか》りの女幽霊にて、大福小蝶のお泊りにはかならず出るといふが昔は幽霊のことばはウラメシヤーと言ツたさうだが、方今はお化も開化してウレシヤナーといふさうですが、只の所へ出るのでさい困《こま》るに一村の事務を管理する所へコンナお化に出られては迷惑するから新聞屋に祈禱をして呉よと、同村の七ツ松とかいふ所に栖《すめ》る某氏より投書が来ましたがナンダカ。

◉「長野新聞」明治一二年四月一八日……●

# お守りは白沢図

**【石川県／金沢区小立野新坂町発】** 悪魔や妖気、コレラをよせつけず、狐狸の憑依まで祓ってくれるありがたい画像。

◎左の画像は白沢とか云て昔し唐の白楽天が此白沢に賛して曰く、寝ニ其皮一辟レ瘟。図ニ其形一辟レ邪。今謂ニ之白沢一。とあり。記者は素より其功能の有や否ば知らざれとも、此白沢を所持する者の言に、此画図を家に蔵すれば悪魔妖気及疫癘虎列刺等の其家に入ることなし、又狐狸《きつねたぬき》抔に憑依《つかれ》せらるる病人は、此御像の前に於て呪文を唱れば、霊験立どころに顕れて其病の愈《ゆい》ざることなしと。右の画像は金沢区小立野新坂町一番地温浴所森方作にて所持せらるる由なるが、

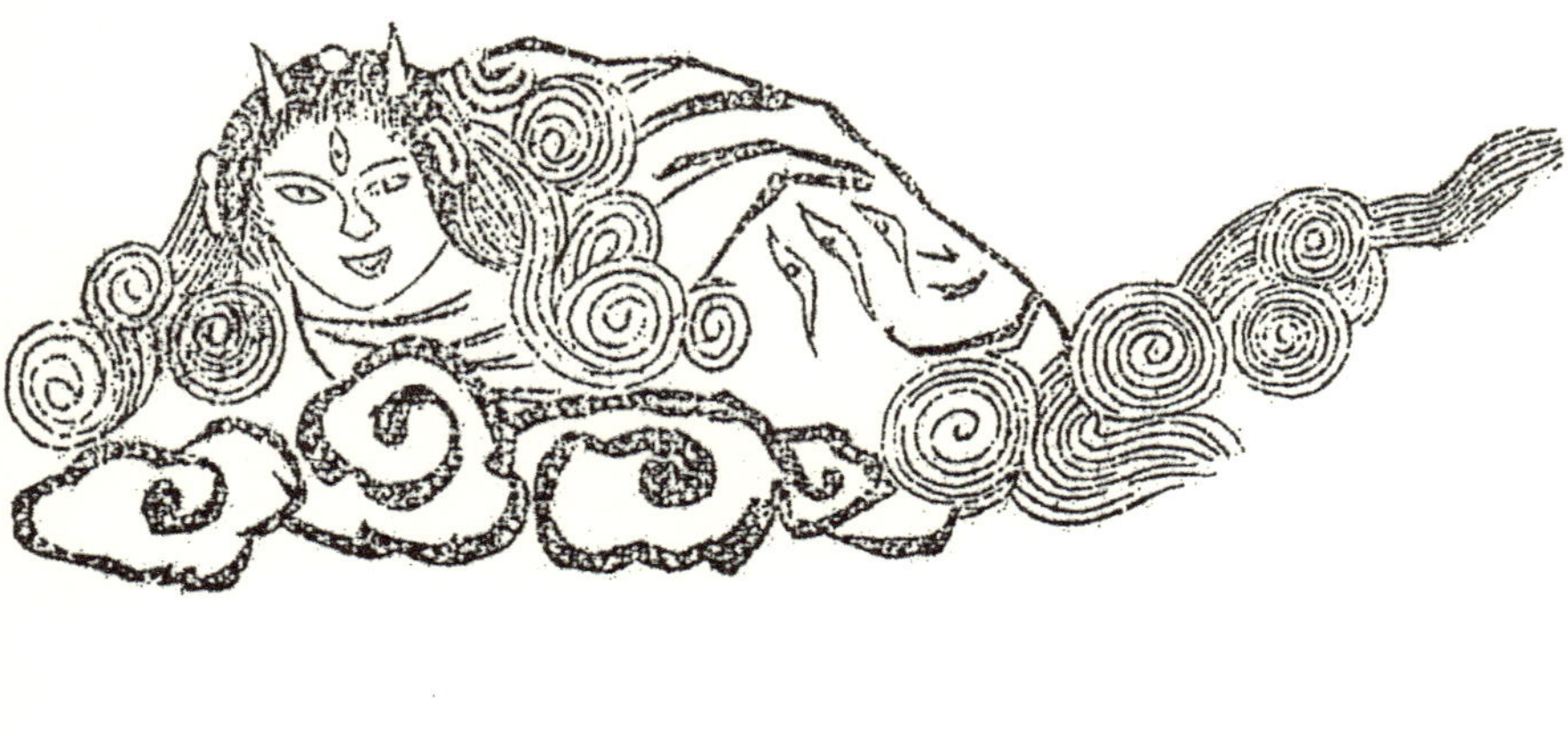

鬼神《きしん》を信ずるよふな者は定て此図を貰いに往きましょうよ。

◉「北陸日報」明治一三年七月二四日……●

## 牙もつ海の怪を京都へ

**【福井県／小浜沖発】　網にかかったのは四足の怪。何物なるかを知るべく、漁師たちはそれを京都へ送る。**

◎若州小浜の漁夫佐平治《りやうし》を始め十三名の者が小浜沖へ漁船を漕出《こぎだ》し、網をおろし漸々に陸《くが》の方へ引掲《ひきあぐ》るに海面何となく騒がしければ最不審《いとふしん》に思ひ各々《おのおの》力らを究《きは》め、曳々《ゑいゑい》声を倶《とも》に磯辺《いそべ》間近く引寄しに忽地《たちまち》海中より一の異獣が跳《おど》り出《いで》、陸《くが》へ向ふて駈上るを、漁夫どもが手に〳〵漁鎗《やす》もて突止《つきとめ》つつその死体をつら〳〵見るに、長さ八九尺計りにて四足の如き水搔《みづかき》あり。凡そ二尺計《ばか》りにして恰《あた》かも絹の如し。爪は鷲に似て面貌《つらがまへ》は貂《てん》の如く、牙は白刃に似て頭《かしら》に長き髪毛を生じ全身には濃き鼠色の毛を生じたれば、寄集まりて漁師共はその何物たるを知《し》らずと。依《より》てこれを都会の地へ出し普《あま》ねく博識者の鑑定を乞はんと漁夫の親族が京都へ該獣を送り越したる由。

◉「伊勢新聞」明治一五年五月二四日……●

## 鬼女が追ってくる

**【新潟県／蒲原郡福井村発】　若者たちが、評判の鬼女を退治してくれようと集まる。だが、現れた鬼女は恐ろしい存在だった。**

◎越後国蒲原郡福井村辺に先頃より夜な〳〵鬼女《きじょ》が顕れ出で往来の人を悩ますと云ふ評判最とも高かかりしかば、遂ひ此頃は往来は絶へ村人どもは黄昏《たそがれ》過ぐれば何れも門戸を固く鎖して隣り歩きも為ぬ程なりしが、或る日若者等が打ち集ひて鬼なればとて女なれば又何程の事やあるべき出で七八人心を協《あわ》し今宵は必ず生捕りて一高名をせんものと相談頓みに整ひしかば、其夜各々支度を整のへ其処ら此処らとあさり歩くに、丑満過る頃なるらん、一天俄《にわ》かに搔き曇り咫尺も知れぬ暗夜となりしに雨さへいたく降り敷り最《い》と物凄《すご》き折こそあれ現れ出し鬼女の姿は忽ち見へて忽ちかくれ変幻実に不測なりしに、若者どもは持て余まし困じ果てたる時こそあれ、四面俄かに鳴動して百千の雷一時に落ち百発の大砲一斉に響き海湧き山崩るるが如き音せしと見へしが、鬼女が形は影だに見へず雨さへ晴れてもとの如く月も隈なく冱へ渡りしに、若者どもは只呆れて暫しが程は人心もなく茫然として有りたりしが、稍人付きさて能々見れば無残や連れだちし其中にて二人の者はいつの時にや一人は肩先を喰ひかかれ一人は咽笛を食ひきられて地上に仆れて有たりとか。見て来たように云ふ者あれば、受取がたくは思とも聞しがまま爰にしるす。

◉「信濃毎日新聞」明治一五年七月二九日……●

# 鉈が巡査を襲う

**【新潟県／中蒲原郡丸潟新田発】　近くを通行する人すらいなくなった評判の怪物屋敷。訪ねた巡査に、柴切鉈が飛び上がって襲いかかる。**

◎先頃の紙上へ記載せし中蒲原郡丸潟新田某家の怪物《ばけもの》の評判日に増高く、昨今は近辺を通行する者もなきとの事にて、沼垂警察分署より巡査出《しゅっ》張有《てうあり》該家の入口に行れし折閾際《しきいぎは》の土《ど》間《ま》に柴切鉈《しばきりなた》の投出し有《あり》しが、今査公が入んとするや否鉈《なた》は忽《たちま》ち舞上り庭前の大木へバラリヅンと振込だる勢ほいはさながら大力無双《だいりきむさう》の者が切込しに異ならず。余りの事に了得《さすが》の査公も暫時《しばし》呆《あき》れて居られしが、軈《やが》て家《や》内《うち》を調べられしが、今に何者の所為《しょい》なるを知らず。願《ねが》はくば江湖《こうこ》の諸君其原因を告《つげ》られん事をと同地よりの依頼。

◉「新潟新聞」明治一五年九月一六日……●

# 自殺者が睨み立つ

**【新潟県／中蒲原郡早通村発】　コレラ病にかかり、投身自殺した男。その門前をよぎると、濡れそぼった姿でこちらを睨んでいた。**

◎続いて怪《あやし》きお話しは同郡早通村熊倉彦四郎（五十六年）は流行の虎列刺《これら》病《びやう》に罹《かか》り迚《とて》も全治致がたきと覚悟し、溝堀《みぞほり》へ投身して死去せしは客月廿六日の事なりき。然《しか》るに本月六日の夜村内の佐々木正作と言《いへ》るもの用事有《あり》て亡彦四郎の門前をよぎる折、一陣の怪風《くわいふう》さと吹起りさしも堪《たへ》がたき残暑なるに、総身冷水《れいすい》にひたすが如《ごと》くゾツト立《たっ》たる散毛《ちりけ》元辺《もとあた》り見らるる其途端《とたん》何やら目先に散《ちら》つく物有。怖々ながら能《よく》見るに眼は凹《くぼ》みて頬骨高く濡《ぬれ》しよぼたれて佐々木を白眼《にらみ》スツクと立《たっ》たる恐《おそ》ろしさ、佐々木は思わずキヤツト一声、漸《やう》やくにして程近き清四郎許《がり》へ遁込《にげこみ》一時悶絶《もんぜつ》なしたりしが、医師堀氏の手当にて我に帰りし二三日後、又々同村の小平治と言者《いふもの》も右の如き怪しき物に出逢し由にて、今猶治療中とか聞《きく》。古語《こご》に怪力乱神をかたらずと言《いへ》ば無学の記者には何《なん》だか角《か》だか分りません。

◉「新潟新聞」明治一五年九月一六日……●

# 他言は無用、と猫

【福井県／吉田郡殿下村発】 可愛がられていた九九歳の老三毛猫。夫人に向かって「笠を被って踊ったりするが、くれぐれも他言無用」と語る。

◎誠《まこと》しからぬ話しなれども聞くがまに〲掲載《けいさい》せんに、県下吉田郡殿下村何の門蔵方に飼《か》へる三毛猫は余程の古猫にて本年九十九の高齢なるが、家内中三毛々々と撫《な》でつ摩《さす》りつ可愛《かあい》がりしが、此頃門蔵が息子の某が留《る》主《す》になると俄《にわ》かに姿を替《か》へて、門蔵が妻お何に向ひ必らず他言《たごん》し玉ふなと笠を被りて種々の踊りを為すこと屢々《しばしば》なれど、初めはお何も深く包み誰へも語り聞へざりしが、余り不思議なことなれば密《ひそ》かに門蔵へ語りたるに、門蔵は大ひに驚き斯《かか》る猫を飼ひ置きては如何なる祟りのあらんも知れずと、直ちに当市へ出で来り神明社の境内なる猫又神社に幣《にぎて》を奉げ、再び三毛の帰らぬ様お取斗《とりはか》らひ玉はれかしと、一心不乱《ふらん》に祈誓《きせい》を掛けしは去る十七日の事なりしが、猫又神社も感応《かんおう》しけん家に帰ると三毛の姿の見へざるより、さては願ひの叶ふたりと喜ぶうちに、妻のお何は俄然《がぜん》として顔色変《かは》り宛然《さながら》狂気の如く座敷中に暴《あば》れ廻《まわ》り、取り留《と》めなきことのみ口奔《くちばし》り、今に平癒《へいゆ》せざるより、近《きん》隣《じょ》にては是《こ》れ全く畜生《ちくせう》とは云へ斯る古猫の頼《たの》みを他言せしゆへ、多分《たぶん》その祟りならんなど噂さするとぞ。

◉「福井新聞」明治一六年二月二七日……●

# 人魚を買い取る

【新潟県／刈羽郡荒浜村発】 網にかかった人魚の評判を聞きつけた男は、早速それを買い取る。一儲けしようというのだ。

◎刈羽郡荒浜村の海辺《うみべ》へ頃日人魚の遊泳し居るを見出し、同村の品田喜三治が直《ただ》ちに網を以て之を捕《とら》へり。魚の長二尺余にして重量《めかた》は十六貫目余あり、珍しき物ゆえ見し人之を伝へ聞く者また相伝へて近傍より出来《いできた》る老幼男女は一時ひきもきらざりし。然《しか》るに柏崎町の某は之を伝聞《つたへき》きて早速品田方へ到り若干金にて之を購《あがな》ひ取《と》り来六月廿日同所閻魔市へ持出《もちいだ》して一赢《ひともふけ》せんと待居《まちゐ》る趣きなるが、太《はなは》だ信じ難き通信なり。一体人魚といふは一名を鮻魚と呼び魚の身、人の面なり。昔し謝仲玉なる者あり婦人の水中に出没するを見る腰《こし》より已下《いか》皆《み》な魚なり。又査道といふ者あり高

人　魚（『和漢三才図会』より）

麗に奉使《ほうし》して海沙中に一婦人を見る、肘後《ちうご》に紅鬛《かうれう》あり抔《など》と本綱に見ゆ。又本邦推古帝二十七年摂州堀江に物あり、罟《あみ》に入《い》る其形《そのかたち》、児《じ》の如《ごと》し。非レ魚非レ人不レ知レ所レ名云々とあり。西海大洋中に間之《まま》あり、頭は婦人に似て以下は魚の身《み》麤《あら》き鱗《うろこ》にて浅黒色殆んど鯉《こひ》の如し、尾に岐《また》あり、両の鰭《ひれ》に蹼《みづかき》あり、手に似て脚なし、暴風雨の将に至らんとする時見る抔と言伝《いひつた》ふれど、編者は未だ其魚を見ざれば明言《めいげん》し難し、況《ま》してや荒浜の喜三治が獲し人魚といふは果《はた》して此類《このるい》なるや否《いな》やすら知《しる》に由《よし》なし。姑《しば》らく記憶の儘を記載して他日之を見る人の参観に供すといふ。

◉「新潟新聞」明治一六年五月三一日……●

# 一七貫目の人魚

【新潟県／刈羽郡荒浜村発】　浮きつ沈みつしていた人魚を捕獲。上野公園内博物館に出品予定とか。

人魚

◎去月二十日の事とか越後国刈羽郡荒浜村海辺に人魚一頭浮つ沈みつ漂《ただよ》ひ居たるを同村品田喜三治なる者が見《み》認《と》め、網《あみ》を以《もつ》て捕猟《ほれふ》したるに毛色抔《など》は全く人間に異ならず、目方十七貫目余もありて、近頃珍らしき者なれば、今度上野公園内博物館に出品せんと当時手続中のよし。

◉「奥羽日日新聞」明治一六年六月九日……●

# 越後の七不思議

【新潟県発】　燃える土からカマイタチまで。越後の国の奇事をここで整理。

怪現象

◎土俗口碑《かうひ》に伝ふる越後七不思議は今日に到り往々混乱し且実学社会にて更に奇事《きじ》ならざれども、今長岡旧藩主牧野家記録中出雲崎代官所より取調の節七奇の確実《かくじつ》なり難《がた》きより、十二ケ所を以て稲葉又兵衛なる者より答《こた》へし者なりとて左の一条を録《ろく》せりとて態々送り越したれば爰《ここ》に掲《かか》ぐ。尤該書は宝暦二申年とありて今より百三十年前の事なりし。

燃土　三島郡竹の森村辺にあり、土に油の気ありて土民日用薪の代りに用ふ。

燃水　蒲原郡草生津村に井壺あり、其外所々にあり。水に交る其色は清潔なり、シコてふものを其中へ入置けば油は是に染むに此を取上て又水と油とを沙汰す。土俗臭水と云ふ臭味甚しき故ならん。

白兎　いづ地にもあり、頸城、魚沼、古志、の山々には別して多し。雪消より降雨までは其色悉く灰毛にて、雪降るより消るまでは色純白なり。

海鳴　蒲原郡新潟の海上にあり、半夏頃より鳴初て秋の半まで鳴る、日として鳴らざるはなし。近きに聞へず遠在にて聞ゆ、土俗此鳴音よりて日和のよしあしを知る、北に鳴ば天気よし、南に鳴ば天気あししといふ。

胴鳴　蒲原郡鎧潟にあり、四季いづれともなく期を定めず、近傍にては聞へず、数十里の外にては恰かも雷の轟くが如し、土俗此胴鳴のする日は必ず日和よしとす。

火井　同郡妙法寺村の農家にあり、火の色は白みて見ゆ、火勢は弱きに非ず。

十月雷　六陰六陽の月に雷鳴あるは当国而已。

鎌鼬　是は何方と云所を定めず又昼夜を分たず、或は物陰又は四ツ込、古井の辺りなどにて手足等へ覚へず深疵をうくるを三四寸又は七八寸深さ浅深あり。土俗医に便らず古き伊勢暦を焼き細末にて胡麻の油にて練り疵疵につけ敢て痛苦をせず不日に治す。

七ツ坊主八ツ滝　魚沼郡妻有郷田代村の地内にあり、日光の経過に随ひ異形の影を見る。

土用清水　古志郡中沢村と谷内村の間にあり、常には石原にて水少しもこれ無く夏の土用の入口より清浄の冷水涌出す、土用明きの日より止て少しの水出ず。

矢の根石　三島郡本与板の山中古志郡太田村の八幡社頭辺にあり、其形矢の根の如し。

宝塔　蒲原郡河内谷村陽善寺と云る境内に小池あり、此寺の住職一代に一基づつ押上る、此塔上る時は住職三ケ年中に必ず没すると忌嫌ひ、退寺すれば死すことなしと。当寺大小の宝塔数十あり。

◉「新潟新聞」明治一六年六月一三日……●

# 赤頭の海坊主

**【新潟県／古町通六番町の空き地発】夜の三時ごろ、ザワザワと話すような音を立てて空き地を徘徊する怪しい影。頭が赤い海坊主のようだ。**

◎曲亭翁が筆の丑満鐘《うしみつのかね》に有りそうな事ながら、古町通六番町の空地へ頃日《このごろ》夜の三時ごろになると腥《なまぐ》さき風啾々《しうしう》と吹起り（はしないが）、頭が赤く

下の方は水浅黄色《みづあさぎいろ》をして画《ゑ》にある海坊主《うみぼうず》のやうな者が二ツ何かザワ〳〵と話すやうな音をして空地の中を徘徊するを見る者があるので、是は昔井戸の有しとき坐頭《ざとう》が身を投て死し、其怨霊《おんれう》ならんと、お利口《りこう》の人が解《かい》繹《しやく》を付けて大評判の由なるが、干物の影を入道と見違《みちがへ》て驚愕《びつくり》する臆病者《おくびやうもの》の類にはあらざるか。

◉「新潟新聞」明治一六年一一月六日……●

# 少女が雲で飛行

**【静岡県／岡安西の何丁目か発】** 店で子守をしていた少女が、お使いに行ったまま行方不明に。ひょっこり帰ってきて驚くべき体験を語った。

◎往昔《むかし》は知らず方今《いま》開明の世には最《い》と受け難き話しなれど、確乎《たしか》なりとの報知《しらせ》によりて記載《かきのす》る一奇話は、当岡安西にて何丁目かは知らねど藤本某《それ》の三女がお千代といふは本年《ことし》十四歳にて、去年より呉服町壱丁目の某店《それみせ》へ児守《こもり》に傭《やと》われ少児《せうに》を背負《せを》ては毎日开首此《そここ》頭遊び行歩《あるき》居《ゐ》しが、去る三日一個《ひとり》使ひに出したる所其まま帰り来ざるに主人方にては不審を起し、若や我家へでも往たるかと傭人《ひと》を走せて聞糺《ききただ》すと、此方《こちら》へは来ぬといふに、弥々不審《いぶかし》み、夫《それ》より四方《しよほう》を探ねしが更らに行方の知れざるに、お千代の両親《ふたおや》は頻《しき》りと苦慮《しんぱい》し旦夕《あさゆう》に歎き居ると、五六日過ぎてお千代は主人方へ茫乎《ぼんやり》還《かへ》り来しに衆皆《ひとびと》驚き今まで何れへ往居《ゆきをり》しと問糺《とひただ》すと、誰とは知れず白髪の老人が面白い土地《ところ》を観するゆゑ一緒に来いといふゆゑ、开人《そのひと》に同《つ》伴《れ》られ往《ゆき》しに、且《ま》づ横浜より東京《とうけい》、夫より日光函館北海道を残る隈《くま》なく見せられ、是にて一旦《ひとまづ》帰宅《かへ》るべし、再び京坂中国九州と頃日《このごろ》に巡覧さすべしと云《いひ》つつ、此門辺《かどべ》まで送り来しが、其後何れへ邁《ゆき》たるにやその人は在《あ》らずといふ。余りの不思議さに开《その》模様《もよう》等を听《き》くに、答へる所判然たれば愈々奇異の念《おも》ひをなせど再び連れに来られん事を怕《をそ》れて実家へ帰したるに両親は夢ではないかと喜びに又薄気味《うすきみ》も歹《わる》ければ注意《こころづけ》てそのまま家に措くとふ、本朝虞初新誌といふに是《これ》に似たる話しを記載《かきのせ》あるが甚だ真実《まこと》とは念《おも》はれざる奇談にこそ。

◉「静岡大務新聞」明治一七年五月一八日……●

# 海の怪を捕獲

**【新潟県／梯崎猟師町発】** 漁夫が見つけたのは、異形のものが遊ぶ姿。なんとか生捕ってやろうと近づき、成功する。

◎本年五月中旬のことゝか新潟県下越後国梯崎猟師町の漁夫清吉といへるが、常例《いつも》のごとく同所の近海より佐渡地方へ乗り出し漁猟を為し居たりしに、不図《ふと》浜辺の方に当り身の丈二

尺五六寸もあらむと思はるる異形《ゐぎやう》の動物《もの》が遊び居るにぞ、息を殺し瞳子《ひとみ》を定めて熟視すれば世俗にいひ伝へたる河童《かはつぱ》の状《さま》のごとくまた古絵にしるせる鬼の姿のごとく実に奇怪《あやし》の者ゆゑ、何とかして生《いき》ながら捕《とら》へんものと徐々《そろそろ》と船を浜辺へ漕《こ》ぎ寄せ間近くなるとき隙《すき》を窺ひ不意《ふい》に背後《うしろ》より捕獲《ほかく》なして能々見るに頭髪長く垂れ下り面部より総身は真黒にして、額に二寸余の肉角《にくかく》二本突起し、口は広く裂け、牙は二本長さ一寸ばかり外へ顕はれ手足の指は各々四本づつにて指の股には水掻《みづかき》ありて何とも名《めい》状《じやう》すべからざる怪物《くわいぶつ》なるにぞ、そのまま船縁《ふなべり》に繋《つな》ぎ置きて帰村なしこの事を人々へ話しければ、同町に住む坂谷某といふものが白米二俵にて交換したしとのことゆゑ早速《さつそく》同人へ譲り渡したが、惜《をし》いかな三四日を経て斃《たほ》れたり。これを聞き伝へて近郷近村より見物の男女日々山を成す内、例の香具師連《かうぐしれん》が高価にて購《あがな》はむといひ込みしも、坂谷はこれを肯《うけが》はず、右の死尸《しかばね》は乾物《ひもの》となし東京へ持ち行き、その筋の鑑定《かんてい》を受けて後博物館に献納して、汎《ひろ》く衆人の縦覧《じうらん》に供せむと尽力中なるよし。

◉「鎮西日報」明治一七年七月一六日……●

# 妖怪博士登場

【新潟県／西蒲原郡発】　西蒲原郡に逗留しているのは、かの妖怪博士井上円了。

◎怪物取調　此程の紙上に越後国三島郡浦村の井上円了なる人が加藤大学総理へ怪物の理取調方を依頼せしよしを記せしが、右は少々誤聞にて右井上氏は東本願寺派の僧にして東京大学の哲学第四年級の学生なるが、嘗て心理学等研究の為め世間に謂《いはゆ》る怪物等を実撿《じつけん》せんと心掛け、加藤氏へも其事を談じ此夏季休暇を幸ひ其郷里越後は不思議の多き処に付、追々に之を実撿せんと故《ことさ》らに帰省せしにて、頃日は同地に名高き早取の怪物を見んと西蒲原郡に滞留中の由なり。

◉「日本立憲政党新聞」明治一七年八月一七日……●

# 美女三名が竈壊す

【新潟県／刈羽郡小国谷千谷沢村地内字寺山発】　山猫が住み、いろいろと化けて山稼ぎの者を脅す地。炭焼き竈に、立派に着飾った三人の美女が来て……

◎越後国刈羽郡小国谷千谷沢村地内字寺山は同村樋口和作氏の所有にて、数十年来伐採せし事なければ雑木生ひ茂りて昼猶《なほ》暗く、往来するにも薄気味悪きほどなるが、兼てより山猫が住みて種々に化け山稼ぎの者を威《おど》すことありと咄《はな》しは有れど、未だ親しく見た者も無りしが、和作氏は該山にて炭を焚《た》かせんと此ほど四五名の職人を雇ひて竈を築《きず》かせ、五七日前より炭を焼き初めしが三四日前の夜《よ》半《なか》ごろ立派に着飾りたる三名の美人が小屋近間へ来るにぞ、夫《そり》やこそ妖怪ござんなれと人夫は傍《かたへ》に有りし鍬《くわ》鶴嘴《つるはし》等を投げつけるに、三人は莞爾《にこにこ》してます／＼近付ければ一生懸命焚きかけた竈を打ち毀《こは》して土塊《つちくれ》や石塊《いしくれ》を投付たるが、竈中よりパツと立たる焔《ほのお》に驚き、掻《か》き消す如く立去りしを和作が聞き付け炭焚は一時中止せしとぞ。山猫だけに別嬪《べつぴん》とは思ひ付た化かた。

●「佐賀新聞」明治一七年九月一三日……●

# 早く去れ去れ

**【福井県／敦賀郡西浦発】　薪をとっていた男の背後から「早く去れ去れ」の声。振り返ると鼻も高らかで赤面の大入道が睨んでいた。**

◎敦賀郡の西浦《にしうら》なる縄間《なはま》浦《うら》十六番地山本岩吉（三十七年）の女房タカ（三十三年）は過《すぐ》る頃より病気にてうち臥《ふ》し居るより、之れではならぬと敦賀港神楽町住居《すまゐ》の医師谷沢辰碩《たにざわしんせき》の治療をうけたるに、間《ま》も無く全快したれば同人の喜び大方ならず去る二十一日は家を女房に任せ早朝未明《あさまだき》より岩吉は地続きの山へ登り一心に薪を採り居し後より突然高声《たかごゑ》に早く去れ／＼と二声三声呼《よば》はる者あるにより何事ならんと振りかへり見れば其異形《すがた》山伏に似て山伏ならず如何《どう》やら鼻も高らかに赤面《あかつら》なる大入道の立ちて居るより、岩吉は驚然仰天《びつくりぎようてん》只今帰りますと云《い》ひつつ薪を束《つら》ね背負《せお》はんとするに手間取《てまどり》しかその儘本気《ほんき》を失ひ山を下りたるも、更に自から知らず我浦《うら》近くに胡論々々《うろうろ》して居るを浦人《びと》が見付け連れ帰りたるに、右の眼《め》際《ぎは》に爪跡《つめあと》あるのみならず腰と太股とに三ケ所ばかり爪疵《つまきづ》ありて右半身は紫色に変じてあれば、如何《いか》なる訳《わ》けやと尋ぬるも只和尚様《おしやうさま》が来たと云ふのみ恰《あたか》も狂人《きちがひ》の姿なるに、早速先きに女房が治療を受けて全快せし彼の谷沢氏へ使《つかひ》を飛ばせ急病なりと報ぜしかば、同氏も使の者と連れ立ち出張のうへ一応岩吉の容体《ようたい》を伺ひリントウに石炭酸《せきたんさん》を加へ紫色に変ぜし半身を洗ひ外《ほか》に気附《きつけ》の薬を呑《のま》せなどされしも、初めのうちはその功能《しるし》も見えざりしに漸々《ようよう》医薬の回りたるが、岩吉は半身が痛い／＼と云ひ出せしより、偖《さ》て薬の功能も現われたりと猶ほ治療に手を尽さるるに、追々正《おひおひしやう》気《き》にかへり初めて先きの事実を語り、大入道に出合しまでは覚えあるもそ

の後は何《なん》とも角《か》とも知らざれども、薪を背負んとする際顔と腰とを摑んで投げられたる様に思えりと云ひしとか。昨今に至りては追々快気《くわいき》に趣《おもむ》き、一命《いのち》に別条は無いと云へりと敦賀通信に見へたるが、どうやら筆把《ふでと》る記者も摘《つま》まれた様におもわる。

◉「福井新聞」明治一八年七月二六日……●

# 河童捕獲に失敗

【福井県／足羽川にかかる幸橋発】二歳の子どものように見える怪しいものが川から這い上がる。「河童じゃ逃すな」と大騒ぎ。

◎うち続く炎晴天《ゑんせいてん》の暑さにも堪へ兼ね、夕刻《ひぐれ》より月見をかね納涼《のうりやう》の客は引《ひ》きも切《き》らず、九十九《つくも》橋や新橋の上は殊更雑沓《ざつとう》するなかにも、佐佳杖《さかゑ》の神社は足羽川《あしはがわ》に架《か》する幸橋《さひわひばし》即ち新橋を望み夜遊《よあそび》の客の絶へざれば、此所《ここ》に巣を張り否席を開きうかれぶしをと思ひ立つ芸人は同社内の木蔭に床《ゆか》を設け、うかれぶし以て客を呼びしになかなか調子が面白いと粋客連《すいきやくれん》や娘子供が寄り集りし折こそあれ、河の中より月影《つきかげ》にすかし見るに二歳の小児《こども》とも覚しき怪しの者が這《は》ひあがるを見るより、ソリヤ河童《かはつぱ》じや逃がすなと追《お》つとり巻き、既に捕へんとする際、花表《とうり》の辺《ほとり》に人の居らざる暇《ひま》を伺ひ、矢を射る如く一目散《もくさん》、陸には芸無き河童も命数《めいすう》未だ尽きざりけん、橋の上よりサンブと一声飛び込む音を聞くよりも、何処《いづら》までもと四五人は衣類《きもの》を脱ぐより同じく川に飛び入りて彼方《あつち》へ失せたイヤ此方《こつち》で音がと六雀《むちう》になつて騒ぎし様は如何《どふ》も本気の沙汰《さた》では有るまい、狼狽者《うろたえもの》と笑へる人もありしと云へり。

◉「福井新聞」明治一八年七月三一日……●

川太郎（『和漢三才図会』より）

# 不実な男に当然の報い

【長野県／南長野町新田発】家族を捨てて、妻と娘を餓死同然で死なせた男。愛人にも去られた後、枕辺に女房の幽霊が。

◎怪物《ばけもの》は箱根から此方《こつち》にはゐないものと相場が定まり、幽霊は神経病人の脳髄に住《すま》ゐすると話しがついた上は、幽霊なんぞと云ふ標題《みだし》はモウ置けないが、探訪者が折角《せつかく》聞て来て真面目になつて話すのをうツちやつて仕舞ふも気の毒ゆゑ真《ほむ》とうと偽《うそ》の論はまづ姑《しば》らく舎《お》いて、其辺で専ら評判をするから其ままを書立てませう。南

長野町新田に大森濁五郎と云ふ者あり、女房おきヨとの間に女子一人を設け、家内三人暮しにて最初《はじめ》のうちは小金《こがね》の少しづつも貸して相応に生《く》活《ら》してゐたが、濁五郎は生得懈怠者《なまけもの》なれば、漸々《だんだん》に不手廻《ふてまは》りになり、今では日々の生活《くらし》にも差閊《さしつか》へる時誼《しぎ》となりたれども、これを恢復しやうと云ふ計画《しがく》もせず、相替らず浮羅《ぶら》里々々《りぶらり》と為ることもなく日を送るゆゑ、碌《ろく》なことは仕出来《しでか》さず去年十月ごろの事《こと》とか、もとは山中の方で曖昧《あいまい》な稼業《かせぎ》をしてゐた女で新田の或る家に寄留する上田者のおナニに馴《な》染《じ》み、其方へばかり定詰《でうづめ》にしてゐて自家《わがうち》へは滅多に帰らぬゆゑ、女房は憂慮《しむばい》してやきもき思へども、子供を抱へし女の身にて何《なに》を稼《せ》ぐこともならず気《き》ばかり悶《も》みしが原因《もと》にて血の道が発《おこ》つたやらドツと床《とこ》に就《つ》きしかば、忽地《たちまち》飢餓《きが》に迫《せま》れども、濁五郎は見もかへらず加之《それのみならず》かのおナニを終《つひ》に己れの妾《めかけ》となし店を持たせて自己《おのれ》も共に其方へ入りびたり我家《わがや》をば少しも構はず。夫《それ》ゆゑ女房のおキヨのみか女の子まで病着て食物にすら差閊《さしつか》ゆれば有合《ありあ》ふ物を沽却《うりしろ》なし、又は典《しち》に入れなどして辛《から》く露命《ろめい》を維《つな》ぐものから、多くもあらぬ家財なれば今は被《き》て寝《ね》る蒲団《ふとん》もなく売るべき物もなくなりしかば、薬を買ふどころでなく空胃《ひもじい》と寒いので愈々《いよいよ》病が重つて来て、病ゆゑか凍餓《とうが》の故か母子《おやこ》共に終《つひ》に墓《はか》なくなりしとぞ。妾《めかけ》のおナニはこれを聞て何やら怖いやうでもあり且つは濁五郎の不人情《ふにんじやう》に愛想《あいそ》が尽きたところから、少しの路銀を貰ひ受けて在処《ざいしよ》へ帰らうと濁五郎に其事《そのこと》と言ひ出すと、濁五郎以《もつて》の外《ほか》怒りだし物をも言《い》はずおナニをば縛り付け打《たた》き伏せそれは〳〵苛《ひど》い目《め》に遭《あ》はせたゆゑ、おナニも益々濁五郎を怨み、斯ンな処にまごついてゐると末には如何《どむ》な目に遭ふかも知れぬ今の内に帰るがましと、路銀は一銭も持たねども転げてなりとも行く気にて、とう〳〵在処《ざいしよ》へ帰りしかば、さしも不人情の濁五郎も之れらの為めに神経病を発《おこ》したか、近ごろは女房の位牌が自然《ひとりで》にガタ〳〵動き出したり嬰児《あかご》を抱きたる女房の幽霊が出て来たりして濁五郎の臥せし枕下《まくらもと》にて萎れて泣くゆゑ其の位牌を川へ流すとまだ帰らぬ先に位牌が仏壇へチヤンと戻《もど》つてをるに、流石《さすが》の濁五郎も怖くなり夜は隣へ泊りにゆきしが、此節では白昼《ひる》も幽霊が出るとて寺へいつて施餓鬼《せがき》をしたり角大師《つのだいし》の札《ふだ》を張《は》れども毫《すこ》しも験《しるし》なく、濁五郎は真ツ青になつてゐると云ふが何《どう》だか怪しい。

●「信濃毎日新聞」明治一九年二月四日……●

# 稲荷はこう降ろせ

【福井県／大野寺町の某寺発】 娼妓たちにも大評判の稲荷おろし。そのやり方をここに公開する。

◎大野寺町の日蓮宗某寺の大黒《だいこく》おナニが兼《か》ねてより稲荷おろしをなす事《こと》は聞き及び居《ゐ》しが、近来は芸妓などが大《おほひ》に之れを信仰し、箸《はし》の転《ころ》んだ程の事にても見て貰ひに行くよしにて、其稲荷おろしの方法を聞くに、まづ自分の思ふ事を紙に記し、之れを大黒に渡すと其を稲荷殿の前に置き、夜の二時頃に至りて祈禱をなす内、自然眠りを催《もよ》ふし暫《しば》らくして眠り覚むれば、右の紙の末尾《すへ》に稲荷殿が返《かへ》り言《こと》を記し置くよしなりと云ふが、開明《かいめい》の今日猶ほ此の妖怪者流《ようくわいしやりう》の為めに惑はさるる者あるは実に嘆《なげ》かわしき限りなり。

◉「福井新聞」明治一九年三月二一日……●

# 化け物と混浴しませんか

【長野県／松代紺屋町発】 二階の隅に二頭八足の怪物が唸りながらうごめく。

◎四五日前の午後十一時ごろ何某《なにがし》と云へるが松代紺屋町の或る洗湯《せむとう》へ入浴に行くと、計《はか》らず二階の隅とやらに二頭《とう》八足《そく》の怪物ありて千鳴《ちなり》ながら動めき居たるに、何某は大いに驚き俄《にわ》かに気色《きしよく》を悪《あし》くし入浴をもせず帰りしと。聞く所によれば同家には時々《をりをり》斯《かか》る怪物が現はるるとか。

◉「信濃毎日新聞」明治一九年五月二一日……●

# 天狗と組討ちして血まみれ

【福井県／足羽山発】 山遊びの帰り道、仲間のひとりが消えてしまう。心配して待っていると、なぜか血まみれになって帰ってきた。

◎去る十七日の夜の事とか当市橋南元氏田原町の壮年輩《わかいもの》が二四人連れにて一瓢《ぴやう》を携ゑ足羽山《あしはやま》へ夜山遊びに出掛け、程よき場所にて一盃飲み初めしが、頓《や》がて瓢《ふくべ》の酒も尽きたればイザこれより麓へ下りんと孰《いづ》れも跟蹌《らうそう》として鼻歌なんど唄《うた》ひつつ程半腹《ややなかば》まで下り来りしに、其の内の壱人六松《ろくまつ》と云へるがフツと姿を隠《か》くせしにぞ、個《こ》は怪《け》しからぬと此処《ここ》彼処《かしこ》捜せど皆《かい》暮《く》れ知れざるより、殊《こと》によりなば唯一人玉井新地へ下りしやも知れずいつ迄捜して居らんより夜の更《ふ》けぬさき帰宅《かいら》んと、一同は早々に山を下りて帰宅《かへり》しが、六松の事が何となく気

に懸るより同人方へ往《ゆ》き、帰りしかまだ帰らぬかと問ひ合するに、家内《かない》のものは戻つて来ぬと云ひけるにぞ一同は更《さら》に不審晴れず何所に遊んで居るのだらふ最《もう》戻つて来れば宜《いい》にと云ひ居る処へ、十二時過ぎに至り面《めん》部《ぶ》をはじめ手足にまで数ケ所の傷受け血塗《ちみどろ》になつてヨロボイ〳〵六松が戻り来しかば、一同は此《こ》の体《てい》見るより打ち驚き喧嘩《けんくわ》にでもなしたるか又今までいづこに居しぞと問《と》はれて、六松震《ふる》へながらイヤハヤ飛《と》んだ目《め》に逢ふた、和主等《おぬしら》と連れ立つて稍半腹《ややなかば》まで下りし時いづこよりか七八人の最《い》と丈高き坊主が出て来て、矢庭《やには》に此の身を引捕《ひつとら》へズツと麓の明神堂《めうじんどう》へ取つて投げしゆゑ起き上りて逃げんとする其処《そこ》へ又も以前の坊主顕はれ出て滅多無性《めつたむしやう》に打擲《てうちやく》するにぞナニ暗《や》す〳〵打《う》たれうかと己《お》れは一生懸命《いつしやうけんめい》に飛び付き刎《は》ね除《よ》け争ふ内一人の坊主が後ろより襟首《えりがみ》摑《つか》んでヤと一《ひ》ト声《こゑ》掛け声なして此の身をば虚空《こくう》を指して投げ上げたり、暫らくすると竹藪《たけやぶ》へ幻《うつつ》ともなく夢《ゆめ》ともなく船に乗りたる心地してズドンと落ちしが、此の時はじめて本性《ほんしやう》に立ち返り能《よ》く〳〵傍《あた》りを見廻すに元山《もとやま》の奥の辻岡某の竹藪なるにぞ、若し此処にまご付き居ては泥棒《どろぼう》なんどと疑はれんも計《はか》り難《がた》しと早々に藪掻き分けて山に登り、唯今よう〳〵帰りしなり面部《かほ》や手足の此の傷は明神堂にて組打ちせし時負ひし処の傷なりと大息《といき》吐《つ》き〴〵語るを聞《き》き、家内は勿論《もちろん》一同は开《そ》はまさしく天狗《てんぐ》の所為《しよゐ》に相違あるまじ、左《さ》りとては性命《いのち》に別条なかりしことまづ〳〵仕合《しあわせ》にてありしと云ひ居る由との事なるが、妖怪極まる話しと云ふべし。

◉「福井新聞」明治一九年五月二一日……●

# 士族が鬼火に遭遇!?

**【福井県／元小道具町発】** 昔より鬼火が出ると伝えられる名所に、士族二人が通りあわせる。

◎当市元《もと》小道具町旧の市村と下山との邸境へは昔時《むかし》より鬼火《ひとだま》の出ると云ひ伝へしも、誰れ迚確《はき》と見認めしものも無く、且つ当時は儼乎として長屋を搆へ瓦葺屋根白壁の侍塀《さむらひべ》が建並《たてつら》なり居たる事なれば、噂の方が実際よりは勝ちたるが桑田碧海《さうでんへきかい》今は茫々たる草原と桑畑麦圃と為り人家はいと稀《まば》らなりしより、夜分なんどは物凄く噂よりは実際の方が勝たんとするも道理なり。雨降り世間静かなる夜は陰々として鬼火の顕はれ風にしたがひ飄々《ひやうひやう》として往来するさまあり〳〵として目に入れり。四五日前の夜もその辺に住める士族二人通

り合わせ、こは珍らし噂には聞いたるも見るが初てなりドリヤ後学の為め行て見様とその側へ近づきしに、しばしは避ける様なりしも真際《まぎわ》にてパツタリ消へ遠ざかれば再たびポツと点りて運動を始め幾辺の試撿もみな斯の如くありしとの事、近傍は東光寺地内にして乱塔《らんとふ》の累積《るいせき》すれどもこの所とは随分の距離あり、ポスポルの気ともおもわれず地下果して燃《ねん》質《しつ》を含める地層のあるにや理化その筋の人は一度撿験ありてはいかにとのはなしなり。

◉「福井新報」明治二二年一〇月九日……●

# 幽霊酒屋が繁盛

**【愛知県／洲崎の酒屋発】「私は本当の幽霊でござい」と怪しいものが毎夜ドロリと現れる酒屋。ところが、かえって酒を買いにくる客が増えたという。**

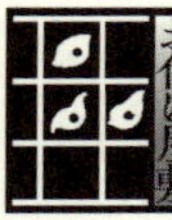


◎往々文明の度が進むに従ひ、神経病の連中も漸々《だんだん》減少すると思《おも》ひの外《ほか》、爰《ここ》に現はれ出でたるは当区洲崎町而《しか》も酒屋の奥二階にて私は真実《ほんと》の幽霊で御坐ひと大声小声合併にてドロリと毎夜現はれ出づるより、監獄署《かんごくしょ》の官吏某《それ》も一夜其家の夜番して其《その》鳴き声を聞き、何んども云はず幽霊なりとて引取りしより、今度は名僧知識数名を招き読経《どくけう》を請ひし最中、如何《いか》なる調子にてか導師の前へニュート人間の顔にて現れ出でたるより、昨今にては天井より椽の下迄幽霊の調査を為し居るとの事なるが、此の酒屋方へは却《かへっ》て強《こわ》い者見しにて引続く程一二合づつの酒を買ひに来る者ありとの事なるが、熱田円通寺の火箸が大松に掛りしと一般、幽霊で酒《さか》つりではないかと近所近傍にての大騒《おほさわ》ぎなるよし。

◉「新愛知」明治二一年一二月九日……●

# 神社から火の玉

**【愛知県／旧日置七面横町の日置神社発】境内から、ピカリピカリ、ポカリポカリと火の玉が飛ぶ。なぜか南のほうへ向かって消えていくというのだが。**

◎旧日置七面横町に在る式内の日置神社境内より不思議にも両三日以前より火の玉が飛《と》び出《だ》してピカリ〳〵ポカリ〳〵と南の方に向て消へて行くとの事なるが、果して然る乎と一昨夜も好事家《ものずき》の探訪《たねとり》が耳を澄まして(デハナイ)眼を皿の様にして見て居ると、十一時頃になるとその社の

森の中からポカリピカリと遣り出したが、その光りは甚《はなは》だ明かにて地上を照らすこと昼の如くなりしと、余程集湿したる燐《ボスホルス》気と見へる。

◉「新愛知」明治二二年六月一九日……●

# 旅館の天狗

**【福井県／紺屋町のある旅館発】** 旅館に泊まった紳士。トイレに入ると、鼻の高い顔の赤い大男にうなじをつかまれる。

◎吉田郡とのみにてどこの村やら何と云ふ人やらさつぱり分からず、この四五日前福井へ来りその愛妾《あいせう》お何女《じょ》将軍《しょうぐん》（福井の人）と紺屋町の或る旅館へ投ぜしところ折悪しく来客の集ひ居しを以て祝町の或る旅館へ泊《とま》り込み、水風呂に終日の垢《あか》をおとしお定《さだま》りのお膳の外に卵に鶏肉位にてあつさり一杯、旦那も女将軍も共に盛《いけ》る口なればとう／＼玉山頽れて奥の離室《はなれ》に一寝《ひとね》入《いり》、不図《ふと》旦那は用事〔尿《にょう》〕がしたくなり厠《かはや》へゆきて手を裏の小川へ洗はんと庭へ出でし途端《とたん》、鼻の高い顔の赤い大漢《おほおとこ》が頂《うなじ》を摑んで虚空へ上りしとおもふ間も無くバッタリ下へ取りおとせり。隣家《となり》の土蔵の裏にておハ……ドッコイお何《なに》々と呼ぶは旦那の声と女将軍は目を覚まし馳せ行き見れば旦那は腰を抜かして花の様に紅《くれな》いの疵《きず》諸処に在り、一体全体どうしたものと尋ねて見れば右の始末に人々大に驚きしとなん、

天狗（『画図百鬼夜行』より）

ハテ面様《めんやう》なア。

◉「福井新報」明治二二年七月二四日……●

## 氏神が難癖つける

**【愛知県／碧海郡棚尾村字堀切発】　貧乏人がもらった瓜を食べていると、白衣を着て銀造りの太刀を佩いた氏神が出現。「盗んだな」とからむ。**

◎県下碧海郡棚尾村字堀切の貧乏人某《それ》が瓜を喰ひ居たる処へ、白衣《びやくえ》を着て銀造りの大刀《たち》を佩《はい》た武者立顕れ、コリヤ〳〵其方は瓜《うり》を何《いづ》れで盗《ぬすん》で参つたサア尋常に白状せよ、ナニ去る慈《じ》善家《ぜんか》で貰つたと虚言《うそ》をいへ盗で来ながら太い奴だ、我は氏神の眷属《けんぞく》村内を保護する巡神《じゆんじん》なり、と云《いふ》より早く腰の辺りより麻縄を取出《とりだ》して、某を縛らうとする処へ折よく先刻瓜を恵んでくれた某が通り懸り、イヤ其瓜は私が此者に確かに恵んで遣りましたとの明らかな答へに、彼巡神は手《て》持不沙汰《もちぶさた》、鳩が豆鉄砲《まめでつぽう》を食つた様に四辺《あたり》キヨロ〳〵見廻《みまは》しドロンと消えてなくなつた……。某曰《それいは》く彼《あれ》は何《なん》だらう……ハテナ夢かしらん。

◉「新愛知」明治二二年八月三〇日……●

## 大入道に顔墨塗り

**【静岡県／君沢郡西浦村の大瀬神社発】　祈願のため、神社に参った若者。水を飲みたくなって近くの池に行くと、突然大入道が現れ気を失う。**

◎豆州君沢郡西浦村の西端に突出する岬を大瀬岬と唱へ、同所は西浦内浦両村の郷社大瀬神社のあるところなるが、古より此の社に参籠《さんろう》して絶食の上種々の祈願《きがん》をなすもの頗る多しとのことなるが、此の程の事とか西浦村久料の真野某（十八年）が何にか祈願のため同社に参籠中、或る夜頻《しき》りに水を欲しくなりしにぞ。神社の近傍《きんばう》にある池に行きて飲まんものをと同社を行で行く途《みち》に、雲突《くもつ》くばかりの大の男がヌツクと立ち居るに某は吃驚仰天《びつくりげうてん》し其儘其処《そこ》に仆《たほ》れ前後不覚《ふかく》となりしも、夜明《よあ》けて漸く心付き何の気もなく顔を撫でしところ、手に黒々と墨の付きしに驚ろき、水《みづ》鏡《かがみ》に写し見れば真黒に墨を塗り付けありしと云ふが、同所は妄りに他人の行くべき所にあらず殊に遠く人里を離れたる所なれば誰とて態々悪戯《わざわざいたづら》に行く筈もなし何にしろ不思議の次第なりと同地より通信の儘を掲ぐ。

◉「静岡大務新聞」明治二二年一二月一二日……●

# 亡き母が子に別れ

**【静岡県／鷹匠町発】** 東京の陸軍の学校に息子を送り出していた母が危篤に。急ぎ帰郷したがその前に母は亡くなってしまう。

◎幽霊が真実《まこと》この世にありとは昔しよりの言ひ伝へなれど、究理《きうり》の道能《よ》く進んで今日に当つて只だ言ひ伝へのみにて確とした証拠のなき以上は人も我れも之れを信ぜず。左ればにや幽霊の真実《まこと》この世にありと伝ふるは天保時代《てんぽうじだい》の道理に暗らき旧弊連《きうへいれん》にやあらん、吾れこそは現に幽霊を視たりと言ひ張るは神経の作用にて我れと我が心に幽霊を描がき出すものにやあらんと非難《ひなん》するは、今日一般の状態《ありさま》なり。茲に書記るす一条《ひとくだり》の話も思ふに或好事家《ものずき》が構造説《つくりごと》にあらずんば神経の作用にて我れと我が心に幽霊を描がき出したる類《たぐい》にてもあらんか、処は当市鷹匠町にて家名は定かならねど身分は慥《たしか》に士族と受け取らるる一家あり。別段《べつだん》富むといふにはあらざれど、左りとて其の日を送るに事を欠かず。まづは気楽《きらく》なる消光《すごし》方《かた》といふて差支なかるべし。この家の主人《あるじ》は過《すぐ》る年世を去り其後は妻のお何が本夫との間に出産《でき》たる四人の小供を相手に寄《よ》る年浪も知らず楽しげに其日を送り居たるが、長男の某といふは今年二十五六歳にて両三年前に母の許るしを得て東京に出で、間もなく陸軍の或る学校に入学し天《あつ》晴《ぱれ》卒業の上は母をも引き取りていと安楽《あんらく》に老後を楽しましめんとこの両三年間は折々手紙で母の安否を尋ぬるのみにて只だの一度も帰省《きせう》せず、一心不乱に勉学したる効顕れてメッキリ学業も進み、早や卒業も間近となりたるにぞ。先般母の許へ其趣きを知らし越せしに母の悦び一と方ならず朝暮《あけくれ》其出世を待ち居たる甲斐《かひ》もなく、母親は先頃よりフト病に罹りしが年老たる身の悲《かな》しさには医薬の効《ききめ》も渉々しからず日々に重《お》もり行き、今は頼《たの》み少なくなり行きしにぞ。病ひに重き枕を上げ三人の小供と看護に来て居る親類の誰れ彼れを傍近《そばちか》く招ねき寄せ、苦しき息の下より皆さんの厚き介抱《かいほう》も其の効見えず兎ても今度は助かるまゐと自から諦らめ居るゆへ、責めてものことに一目なりとも東京に居る悴に面会《あわ》して下さゐと涙ながらに頼みしに、親戚の人々も如何さま尤もと真様《すぐ》書状にて其趣きを東京に居る某の許《もと》へ申し送りしに、某は之れを見て驚ろき悲しみ如何にもして帰省なさんと校長に請願せしも、厳重の規則ある学校のこととて容易《ようい》に許可されず、彼是するうち再度母の病気危篤《きとく》に付き帰省すべき旨電報にて知らせありしにぞ、某は愈よ堪《たま》り兼ね校長へ切《せつ》に迫まりて漸《ようや》く帰省の許可を得しかば取るもの

も取《と》り敢ず帰省して見れば、アラ情けなや母は既に其の前日瞑目《めいもく》し亡《な》き人の数に入りたる後なりしにぞ、心狂ふばかりに嘆き悲しみしが、扠てあるべきにあらざれば親戚の人々に励まされて形の如く葬式を行ひ、七日七日の仏事をも営みしが、或る夜仏事を終りて後ち某の親戚の人々と将来のことども相談なし居たる際、不思議にも彼方の座敷に釣り置きし蚊幮《かや》の中へ亡き母の姿がアリ〳〵と写りしを早くも某が認めて、アレ母《はは》様《さま》がと云ひつつ駆け寄ると跡の小供も均しく之れを認めて駆け寄り、四人一同に手を合せ母様何卒《どうぞ》成仏《ぜうぶつ》し給南無阿弥陀仏と合唱するや否や、母は莞爾《にこ》と笑ひ其の儘姿は消え失せしが、隣室に居たる親戚の人々の目には少しも見えざりし由。左れど四人の小供が四人までも見たる以上はヨモ神経《しんけい》の作用とのみ言はれまじ、茲に全く母が臨終《いまわ》の際に長男の某に一目逢ひたし〳〵と云《いひ》つづけて死亡《なく》なられたれば其亡霊《なきたま》が浮び兼ねてこの世に迷《まよ》ひ出でしものならんとて、親戚の人々も頗《すこ》ぶる奇異の思ひをなせしとは真か偽《ぎ》か暫らく聞くが儘を書くの如し。

◉「静岡大務新聞」明治二三年八月二三日……●

# 幽霊が「金返せ」

**【静岡県／豊田郡赤佐村発】 多額の金を借してもらっていた弟が他界。悲しみにくれる兄に、弟が借金返せと枕辺に立つ。**

◎之れも定めし神経の作用であらうと冒頭《まくら》を置ゐて書き出す怪談話、処は遠州豊田郡赤佐村にて随分《かなり》人に知られし津木喜蔵と云ふは去月中脳充血《のうじうけつ》にてフト死亡したるが、茲に同人の実兄にて当時麁玉郡麁玉村に住む都筑喜七と云ふが喜蔵の存生中に夥多の金円を借り入れしが、親身の兄弟のこととて別段書類の取り交せをなさざりしを幸ひとし度々の督促を受けても彼是《かれこれ》と事に結托《かこつけ》て返済せざるのみか果ては不義理なことを仕向けしが、其の后フト喜蔵が死去せしにぞ流石《さすが》兄弟のこととて其の死を悲しむに付け先きの不義理を悔ひ居たるに、此の頃に至り兎《と》角《かく》家内に病人が多ゐので若しや死んだ弟の喜蔵が此の身の不義理を恨んで祟《たた》りをするのではあるまゐかと考へ出して見ると、益《ます》す《ま》我れと我が良心が頻《しき》りに其の不義理を責め立て、居ても起つても居られぬところから夫れや是れやの心配にて遂に喜七も此の程より病の床に臥したるが、追ひ〳〵身体疲労し行くに連れ神経は種々の妄想を描き出し、昨今は毎夜の様に草木も眠むる真夜中になると最も恐ろしき喜蔵の亡霊が喜七の枕辺に現れ出で、頻りに借金の催促をするとか云ふて

喜七は苦しき息の下より悲しゐ声を放つて救を求むること屢々《しばしば》なるにぞ、近所のものも之れを聞き伝へて身慄《みぶる》ひなし居るとは真か偽か。

◉「静岡大務新聞」明治二三年九月二五日……●

# 織子の霊が夜なべ

**【福井県／毛矢町の機屋発】勤勉だった織子が死んだ。あまりの仕事熱心さに、死んでも機場に現れて機械を動かしている。**

◎毛矢町とかの機屋に織子たりしおナニと云へる女は深く機業に出精《しゅっせい》なして寝た間も忘れず只管《ひたすら》他に負けじと励み居たるが、月に叢雲《むらくも》花には嵐、先頃不図《はからず》インフルエンザに取附かれたるまま次第〳〵と重りゆきて、終に果敢《はか》なく無常の風にと吹かれたるは遠からぬことにてありき。然《しか》るに不思議なるかよおナニはあまり機《はた》に執心深かりしまま死したる後も魂魄《たましひ》此世に残りて時々機場に現るるとのこと、誰れ云ふとなく人の口に上るに至りたるが、此頃に至りては深夜人静まりて草木も眠れる丑三頃《うしみつころ》ゾツと吹き来る寒風《かんかぜ》とともに幻《おぼろ》におナニの姿が機場に現れ、最《い》と苦しき様にて機に上り常の如《ごと》くにチヤン〳〵の音して機を動かし、翌朝調ぶると五寸又は一尺ばかりも織《を》りある由、此頃専ら風評真偽は素《もと》より保証いたさず。

◉「福井新聞」明治二四年二月四日……●

# 妖怪屋敷

**【愛知県／西魚町一丁目発】丑満時になると、ものすごい叫び声がし、青色の燐火が燃える屋敷。家を騙し取られた男が恨みをはらそうというのか。**

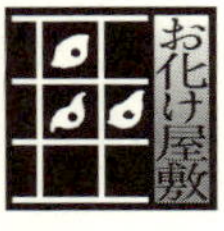


◎声に応じて何処《いづこ》より出るともなく桶《をけ》や土瓶《どびん》や七輪《りん》や盆栽《ぼんさい》が出《い》で来たり、はては何処より出で来りけん骸骨《がいこつ》が現れ出《い》でて活惚《くわつぽれ》を踊り出す抔《など》は、余程洒落た妖怪屋敷にて之れは千歳座《ちとせざ》に演ずる天一のモルモツトなるが、夫れにも劣らぬ妖怪屋敷当市西魚町一丁目辺とかに若様と呼ばれし家ありけるが、不思議なるかな近頃夜陰人静まり艸《くさ》も眠るといふ丑満《うしみつ》の頃に至ると、物凄き叫び声してドロ〳〵と青色の燐火燃へ上り、燃へ上りしかと思へば消滅し、消滅せしかと思へば又叫び声して燃へ上る等、如何にも妖しきより此家の主《あるじ》なる若様と呼ぶ八十余の老人が一千二百円の価値ある家屋を或る奸者《かんじや》の為め僅《わづ》かに三百円に取られし後は、辛苦《しんく》の上憐《あはれ》な最期《さいご》を遂げしより其怨霊《えんれい》にやあらんと、近所の人々は青く為つて噂とり〴〵。

◉「新愛知」明治二五年九月二日……●

# 三階に住みつく幽霊

**【愛知県／豊橋の席貸し茶屋発】**「怖ろし屋」の異名をとる席貸茶屋。なぜなら三階に寝ると、誰でも幽霊にうなされるのだという。

◎南無阿弥陀《なむあみだ》ン仏《ぶつ》スツカラカンのカンと撞木《しゆもく》を持つて叩く屋といふは、三州豊橋の席貸茶屋一名を怖ろし屋と言つて家体骨は素敵《すてき》に大きく三階までもニユツと建てゐるが、同家の三階には何故だか幽霊が出るといふ大評判で、其三階に寝ると誰でも彼れでも魘《うな》されるので、同家の娼妓《しやうぎ》などは怖がつて寝る者なきより、此程より同家では三階で客を遊ばせぬことにしたのはイケ馬鹿々々しい話でござる。

◉「新愛知」明治二六年一月二七日……●

# 釜鳴りは吉兆なり

**【岐阜県／土岐郡鶴里村字柿野発】** 竈にかけておいたふた無しの釜が突然鳴り出す。大騒ぎになるが、これは吉兆だとの話に祝宴に。

◎藤原鎌足《ふぢはらかまたり》の末孫《ばつそん》でも何でもない濃州土岐郡鶴里村字柿野の旅舎《やどや》兼《けん》鍛冶《かぢ》職《しよく》の井野久治方にて曩頃《さきごろ》竈《へつつい》に掛けありし蓋無しの釜が突然鳴出しに、渾家《かない》の者大いに驚き慌《あは》て釜に蓋をしたれど、依然《やはり》囂々《がうがう》と音を発し恰かも汽車の発する際《とき》の如く其音一町四面に響き聞えしと云ふに、主人は尚ほ驚き、若し不時の変事でもと愁《うれ》ひしを、或る老人が否々《いやいや》釜の鳴る事決して不思議でなく往昔《むかし》より往往《まま》ある事にて、釜突然鳴出せば該家栄ふる吉《きつ》兆《てう》なりと諭ししに、主人左様な事がと莞爾《につこり》笑みて、憂ひ忽ち喜びとなり、直ちに餅を搗《つ》き神前に供へ祝宴を開きしとか、釜鳴今夜はお楽しみなどと云つた者があるかどうだか。

◉「新愛知」明治二七年六月八日……●

# 布袋像が呼吸

**【富山県／梅沢町発】** 家の床の間に置かれた陶器の布袋像。これが呼吸をはじめたから「不吉の兆しか」と大騒ぎ。

◎当市梅沢町内井利助方にては此のほどより同家の床置《とこお》きになしある陶器の布袋《ほてい》が呼吸《いき》をなすより、家内の人々は最《い》と不思議なりとて或る買卜《ばいぼく》家《か》に之れを占はせたるに、予て悴某が応召出征なし居るに付、何か不吉の兆なり抔云ひ、同家にては布袋を我が子の如く蒲団を敷かすやら襟巻を拵《こし》らへるやら、極めて大切になし居るよしなれば、近辺は勿論其他各町より続々見物に出掛る者ありとの噂なるが、チト信じ難き話なれど聞

くが儘。

◉「富山日報」明治二八年二月二三日……●

# 深夜の怪声

【静岡県／田方郡三島町字宮発】一八歳になる娘のはなを狙ってのことか。夜中の二時前後になると、怪しい声が聞こえはじめる。

怪現象

◎静岡県田方郡三島町字宮園田文左衛門の家の棟《むね》に先月初旬より夜中二時前後とおもふとき何物とも知れず怪《あや》しの声の聞え始め、次第〳〵に烈《はげ》しく鳴り出し了ひには家鳴震動おそろしく障子ふすまもはた〳〵と外《はづ》れる騒《さわ》ぎに一家の迷惑一かたならず。同町の青年夜学会の若者連中三十余人申合せ此の鳴動の原因を探らんとて夜中十二時に押掛けて行き、今や〳〵と俟《まつ》たれどもその時は甲斐もなく朝の六時頃に至り果して堂々《だうだう》と鳴ること甚はだしく何れも奇異の想ひをしたれど、その原因を探り得ず空しく帰へりたるが、同家の娘はな（十八）に魔物がついて想ひを遂ぬを恨のあまり斯やうにして悩ますなりと云ひ、又は狐か狸などの所為《しわざ》ならんと云ひ、今は怪談最中なりと。

◉「松江日報」明治三一年四月一四日……●

# 美女の正体は大狸

【新潟県／川茂村大字川茂発】吉野家という菓子屋を訪れた年頃二十一、二の美しい女。ところが犬が女の足に噛み付いて……

獣変

◎文福茶釜《ぶんぷくちゃがま》の化け狸はお伽話しに有名なるが、文明開化の現今《こんにち》チト受取《うけとり》かぬる事なれば、読者も眉《まゆ》に唾《つば》をつけて御覧《ごらん》あれ。川茂村大字川茂の吉《よし》野屋《のや》といふ菓子屋へ去る九日の夕刻年頃廿一二ばかりの美《うつく》しき女が買物に来りし。主人と話して居るうち表より一匹の犬がワン〳〵吠《ほ》えたて来つて其女の足へ噛みつきしに、件《くだん》の女はキャツと叫びて倒るる途端正《しやう》体《たい》を現はし大狸《おほたぬき》と変ぜしより、寄つてたかつて引捕《ひつとら》ひ今尚ほ同家に飼ひ置くよし。嘘《うそ》か真実《まこと》か知らねど随分珍談ならずや。

◉「佐渡新聞」明治三一年四月一八日……●

# 天狗に殺される

【新潟県／岩船郡上海府村大字早川発】樹木を伐採する者がことごとく奇怪なる変死をとげる山。蛮勇をふるって山に入った男にも罰が。

天狗

◎岩船郡上海府村大字早川と云ふ処は居村《きよそん》人民の共有山にして、欅其他の大木鬱然繁茂し、古来誰云ふとなく該山中には天狗の住ゐ居ると言囃し、偶々樹木を買入れて伐採したる者なきに非らざるも是等は前後都《すべ》て奇怪なる変死を遂げたりしかば、愈々天狗の神慮に触れたるものとなし、村民孰れも恐れ怖《おのの》き、爾来人跡と斧斤《ふきん》とは絶へて入らざりし。斯る場所柄なれば其樹木は格外の廉価なるより、宝の山に入りて手を空しくするは愚《こ》蒙《け》の至りと、茲に同村の長谷部久蔵（三十一）なる者先般該山の樹木を買入れ五人の樵夫《きこり》を引率《ひきつ》れ四里先きの山奥に入り小屋を搆へて荐《しき》りに伐採中、一日晩景《ゆふけい》に至るも久蔵のみは待てど暮せど来らざるにぞ、一同不審を抱き常事《ただごと》ならずとて翌日それ〳〵手分《てわけ》を為し捜索せしに、憫《あは》れや久蔵は藤蔓《ふぢづる》を伝ひて漸く通行し得る程の断崖絶壁《だんがいぜつぺき》の下数仞《すうじん》の渓底《たにそこ》に墜落し頭蓋骨を粉砕して変死を遂げ居たるを発見し、規則《かた》の如く撿視の手続を了して引取りたるより、同地方にては又も天狗《てんぐ》の為めに投付けられたるものなりとて戦慄《ふる》い居る由。

◉「東北日報」明治三一年六月三〇日……●

# 養子に怒り釜鳴る

【岐阜県発】　なかなか子宝に恵まれない夫婦。ついに養子をもらい、その祝宴をしようとするが、赤飯を蒸す釜が鳴る。

◎岐阜県の明石吉助は女房との間に一人の子のなきを憂へ、如何にもして儲《もう》けんものとは思へども兎《と》ても人間業にては及ぶまじと、在《あ》らゆる神や仏に祈願を籠《こ》むるも更に其効験なきより、この上はとて他家より子供を貰ひ其祝宴をなすに当り赤飯を蒸す大釜劇しく鳴動し、其声恰も悲しむが如きより、夫婦は神慮に這はざるものなりとて即時養子を帰したりといふ。

◉「愛媛新報」明治三二年五月一六日……●

# 二度の神隠し

【愛知県／沢井町発】　実直な下駄職人が、表を掃除している間に消えた。心配していると、夜になってひょっこり帰ってきた。

◎天狗の所為《しわざ》かと其近辺にて噂《うは》さとり〳〵なる怪《あや》しの話柄《はなし》、当市沢井町の下《げ》駄《た》職《しょく》加藤虎次郎方雇人《やといにん》にて広井百五十四番戸の水野きやう二男《せがれ》竹七（十七）は至って実直に勤め居ると、去月《あとげつ》十七日午前十時ごろ外方《おもて》掃除中姿の見えなくなりしに、若や逃走したのかと実家へも人を馳て諸方探すも知れず。心配して居ると同夜十時ごろ茫然《ぼんやり》帰宅したるに先づ歓《よろこ》びて取調べると、掃除中白衣を着たる老人が来たので随ひ参り、伝馬《てんま》町の三井銀行支店前まで送られ漸く帰宅致しましたと語るに、人々不審を生じしに其後竹七は身体疲労《つかれ》漸く六七日前全快したるに又又去廿九日の朝拾銭

持つて買物に出でしまま帰宅せざるに、日外《いつぞや》の伝かと心配中同夜九時ごろ帰宅して外堀町まで其の老人に送られしが、其時此回《こんど》は雇主《しゆじん》に暇を乞ひて来るべしと言《いは》れしなりと語りたるが、如何《いか》にも不審なる事往昔《むかし》から云ふ天狗の所為《しわざ》かと人々は眉《まゆ》に唾《つば》。

◉「新愛知」明治三二年六月二日……●

# 飯釜が唸る

**【岐阜県／岐阜市金津廓大門通りの貸し座敷発】　飯を炊くときに唸るのならわかるが、飯を炊かずに唸る釜。遊び女たちも怖がって……。**

◎釜の唸《うな》る時の吉凶《きつけふ》は往昔《むかし》の大雑書《おほざつしよ》と云ふ三世《せ》相《さう》から九星夢判断《せいゆめはんだん》等の書《かい》てある本に悉《くは》しく出て居るが、飯釜《めしがま》が飯を炊際《たくとき》に蒸気の矩合《ぐあひ》にてウン〳〵と音を発するのはよくあるが、飯も炊ぬ時に唸ると云ふは岐阜市金津廓大門通の貸座敷松泉楼の飯釜にて半ケ月程前より夜となく昼となくウン〳〵唸出し始めの程は女の湯具を冠らせると鳴《なり》が止るとか云ふ、湯具を冠らせて見たが却々《なかなか》鳴は止らず、夜間お茶碾遊《ちやひきあそ》び女等《めたち》は此釜の唸音を聞て恐ろしがつて居るさうだが、或は誰かの悪戯《いたづら》で妙《めう》な音をさせて釜が唸ると云触らすのかも知れず。

◉「新愛知」明治三二年六月一八日……●

# 人魚の輸出

**【愛知県発】　日本より英国に人造人魚を輸出!?　当初は評判になったが、現在は価格下落という。**

◎近ごろ日本よりして英国へ人造人魚の輸出多く、始《はじめ》は珍奇なりとて好事家に持囃されしも追々有触《ありふれ》るに従ひ価格も下落し、只今にては骨董店《こつとうてん》に空しく晒置《さらしおか》るるものも多きが、其製造は実に巧妙にして、猿の頭を乾固めて或る大なる干魚《ほしうを》の胴に格合好《かつかうよく》継合せ素人目には却々《なかなか》其継目が分明《わからず》と。

◉「新愛知」明治三二年八月九日……●

# 火柱と火の玉

**【愛知県／鶯谷町ほか発】　旅行しようと早起きした男が見たのは、某家の棟に立つ火柱。さらには火の玉目撃情報も。**

◎土用明けなば少しく冷しくなるならんとの予想全く外《はづ》れて、日々残暑熾くが如く日中には天より火柱摧《くじ》け火の玉降る程の暑さなれど、是は真《ほん》の火柱が立ち火の玉が転り出したとの話《はな》し、当市鶯谷町の某が四五日前旅行せんとて朝疾《あさはや》く起き出でしに、某家の家の棟に火柱《ひばしら》あり〳〵と立《た》ち、暫《しば》らくして西北の方に倒れたりと言《い》ひ触《ふ》らせしより、近所の好事家又は御幣担《ごへいかつ》ぎ党《たう》は夫《そ》れこそ神《かみ》の御告《おつ》げな

れ秋葉三尺坊の神慮を慰め奉らねば如何なる祟《たた》りがあらんも知れずと、実は暑《あつ》さ凌《しの》ぎの納涼旁々《かたがた》お日待《ひまち》を催し秋葉社前に大般若《だいはんにゃ》を転読し、不時のお祭りをやつて退《の》けしが、次なる火の玉の出現は蒲焼町筋の伊勢町《いせまち》と大津町《おほつまち》との間《あひだ》にて二三日前の夜半十二時頃何処の家ともなく軒下より火の玉現はれ、大空指して消え去るを認めし者ありとて騒ぎ出し、同町附近の物数寄連《ものずきれん》は宵の口より夜の更くる迄其辺を徘徊し、我こそ其正体を見届呉れんと待構へ居るよし。暑い時節に御苦労千万の次第なるが、未《いま》だに斯《かか》る御幣党《ごへいたう》や旧弊連《きうへいれん》の跡を絶たざるは歎《なげか》はしき事なり。然《しか》し兎に角旱天《かんてん》打続ける事なれば一朝火を失《しつ》せば、如何なる大惨事を現出せんも知るべからざれば、火の用心に注意するは頗る可なり。只妖言を信じて騒立てる事は追々廃《や》められて然《しか》るべし。

◉「中京新報」明治三三年八月一七日……●

# 奇々怪々、狐狸の事件簿

**【愛知県／中島郡祖父江町字居中発】夜中に大入道に出会って四〇日寝込んだ男。目の前に突然の大河を生じた老母……**

◎アア狐狸々々《こりこり》したの駄《だ》酒落《じやれ》も出まいが曩頃《さきごろ》より尾州中島郡祖父江町字居中の円徳寺と字中屋敷の永張寺前と神明社境内近辺《あたり》に毎夜狐や狸が出て往来《ゆきき》の者を魅《ばか》すとの風説《うはさ》高く、既に町役場常小使渡辺甚右衛門は永張寺と神明社の間にて夜中大入道に出会て大いに驚き顛へ逃帰りしより病ひに罹《かか》り凡《およ》そ四十日間も同役場へ出勤せざりしと。又た字新町の饂飩屋《うどんや》山内嘉兵衛の老母が午前四時ごろ円徳寺へ参詣せんとて同寺より一町程手前まで行くと、山内の裏に方《あた》り突然一流の大河を生じ舟ならざれば渡る事能はざるに如何《いかに》せんと両眼を閉《と》ぢ一心《しん》不《ふ》乱《らん》に念仏《ねんぶつ》を唱へ鶏明《よあけ》を待居たるに、何時《いつ》の間にか該川《そのかは》が消失たりと。新町の大平新助も同様大河を見て立帰るや病ひに罹りしなどの風説《うはさ》専らにて、二三日前も隣村なる青年《わかもの》等《ら》が午前三時ごろ神明社境内に到ると、一人《ひとり》の老婆が拝殿と華表《とりゐ》との間に徘徊《はいくわい》し居るを見るや必定風説《うはさ》高き狐ならんと突然老婆を引捉へて殴打《おうだ》せしに、老婆は痛さに耐《たま》らず涙ながら卑妾《わたくし》は決して狐や狸にあらず、此《この》裏《うら》に住《す》む加藤たけと云ふ者にて、境内の落葉を掻集《かきあつ》めに来りしなりと答へしかば、偖《さて》は狐でも狸でも無《なか》つたかと青年等《わかものら》は初めて夢の覚たる如く太《いた》く後悔し、只管《ひたすら》其の粗暴《そばう》を謝して立帰りしと云《い》ふが、何だか総てが眉睡々々《まゆつばまゆつば》。

◉「新愛知」明治三三年一二月一六日……●

# 妖火がたぶらかす

**【愛知県／大高町発】田に一団の陰火。エセ強がりの男は、赤子を連れてその正体を見極めてやろうとする。その結末とは……**

◎此程の夜より愛知県大高町の町外《まちはづ》れ明忠寺の辺《ほとり》なる田圃《たんぼ》中に夜々《よなよな》一団の陰火《ゐんくわ》燃えさかり青き焔《ほのほ》は曇れる夜は殊さらもの凄《すご》く闇《やみ》に流れて何さま妖《よう》怪《くわい》の所為《しわざ》とおぼゆるに人の往来《ゆきき》も夜は全たく途《みち》絶て誰見究めんとする者もあらざりしに、茲に同町の隣町鳴海町字前の輪の坂野次郎吉（二十七）といふ者似《え》而《せ》非《せ》剛《つよ》がりの怖い物見たさに、其正体を見届けくれんと去る四日の夜九時頃生れしばかりなる嬰児《あかご》を懐《ふところ》に抱き家を立出し月なき夜空の星影淋《さ》びしく凩《こがらし》に吹飛ぶ枯葉《かれは》の足元にさら〳〵と音立《おとたつ》るにも怖気《おぢけ》立《だち》しが、漸《やうや》くにして付元気《つけげんき》に妖火の出るといふ明忠寺の辺《ほとり》を一めぐり廻《めぐ》りても何の目に障《さわ》る者もなく見ゆる物はもの黒き稲塚の影ばかりなるにぞ、さては妖怪はわが勇気に避易《へきえき》して今宵《こよい》は出ずとおぼえたりと得意になりて立帰《たちかへ》る途に、大高町の銭湯《せんとう》に浴《よく》し同町停車場際の饅頭屋《まんぢうや》安藤鉄次郎方に立寄り何つもりか饅頭を注文なし置きて我家に帰り着き寝《しん》に就《つ》きしとまでは記憶《きおく》せしが、隙間漏る風としもなき寒風の頸元《えりもと》よりゾツと身に染むに思はず目を覚して見るとこはいかに、我家《わがや》と想ひしは稲塚の蔭《かげ》、布団とおもひしは藁《わら》の束、枕にせしは哀《あわ》れや我子《わがこ》、見渡す方は田圃にて彼の明忠寺の大榎《おほえのき》に暁《あけ》の明星《めうぜう》消え残る夜明の光景《ありさま》に、呆《あき》れ果《はて》周章《あはて》て起き上り、枕にしたる我子を抱起《だきおこ》せば、無残や一夜を霜に晒《さら》されたる上重き頭に圧付《おしつけ》たる事とてはや縡《こと》切れて身体は冷たくなり居るにぞ。次郎吉は二度吃驚《びつくり》泣々《なくなく》立帰りて女房にありし次第を語りしに、近所の者も聞伝へて集ひ来り、さては的切妖怪変化《てつきりようくわいへんげ》の祟《たた》りなりと震《ふる》ひ怖《おそ》れ、其旨《そのむね》鳴海《なるみ》署へ届出しに係官出張して嬰児《あかご》の死体を撿視せしが、普通の死状《しにざま》とは事変《ことかは》り怪しむべき点あるにぞ、念入《ねんいれ》て取調べ殆ど一日かかりて晩程に撿視を終り窒息との診断にて死体は下渡《さげわた》され六日に夢のやうな葬儀を出したりといふ。

◉「北海朝日新聞」明治三四年一二月一三日……●

# 近畿の怪

# 親狐が子の復讐はかる

**【兵庫県／伊丹の小家口村発】** 子どもにいじめ殺された狐。その親狐が、子どもの親に憑いて復讐をはかる。

◎是《これ》は狐《きつね》つきのはなし、兵庫県下伊丹の小家口村といふ所にて十一二の子供が四五人で遊戯《たわふれ》に狐の児を二疋捕《とら》へ前足を縛り尾と尾を繋《つな》ひで跡から追巡《おひまは》しなどしてトウ〳〵二疋ともイジメ殺して仕舞つた処が、其狐の親が是を残念に思ひ同じに遊んだ一人の子供の親に憑依《たのみ》、夫から油揚を喰やら魚を懇願《のぞむ》やら其上我児《わがこ》を活《いか》して返せと難題を仕懸《しかけ》、加持祈禱《かじきたう》も毎日仕たれど少しも験《しる》しなく持余して医者も親類も匕《さじ》を投げて困つて居ると云ふことを聞て、近所の狩人《りやうし》が夫は己《おれ》が落せば急度《きつと》離れるからと云ふにつき、何にしろ仕《や》らせて見るが能《よ》いと連《つ》れて往《ゆ》けば、狩人の云には油揚を成《なる》たけ塩からく煮上げ魚の塩漬に仕たものを十分に喰せ寝る時病人の枕元へ湯水を置ぬやうにして雨戸を引ずに置《をけ》といふから其通りにして、皆んなが寝静まる頃狩人は鉄炮《てつぱう》を搆へて次の間に扣《ひか》へ只《ただ》狐付《つき》の寝息を伺ふうち、夜が更るに随ひ近隣も寝寥《しづ》まるころ奥の間の時計の二時を打て暫くすると、椽先《ゑんさき》の手水鉢《てうづばち》にてビシヤ〳〵ビシヤ〳〵と水を飲む音を聴て障子越しにドサリと撃ツた一発に大きな狐の胴腹を打貫たれば、其時病人はワツト驚きたるが其儘スヤ〳〵と眠り夫より本性《ほんしよう》が付て此程は平癒したりと、池田の水口さんよりの報知。

◉「長野新聞」明治九年七月二四日……●

# 鉄瓶踊り銭消える

**【京都府／三条白川橋辺の堀池町発】** 怪異が始まったのは、家の主が病に倒れたころ。鉄瓶が踊りだし、銅銭が消える。

◎上州館林茂林寺の文福《ぶんぶく》茶釜《ちやまが》と三州岡崎の猫姿《ねこばば》アが合併して始めた訳《わけ》でも有りませんが、三条白川橋辺で堀池町といふ処にヲヲ怖《こはごは》〳〵の怪物屋舗《やしき》が有と評判区々《まちまち》なれば小生《わたくし》は大宅太郎光国気取でおツ取刀で（はなく）ヲツ立耳《たてみみ》で同所へ参り偵《さがし》ますと小さな川いらしい宅《うち》だとみつみつ探り当《あて》、様子を聞に家長《あるじ》は長の病煩《わづらゐ》なるが此頃其宅に変体乎《へんてこ》が恥魔里《はぢまり》、火鉢に懸てある鉄瓶がヲツ猪狐《ちよこちよこ》〳〵のチヨイと踊り出し、グラ〳〵沸《わい》て有た儘紛《なく》失《なり》、イヤ其所《そこ》にお在《い》た銅銭が五貫文も知れね、これは不思議《ふしぎ》だ〳〵と熊《くま》鷹眼《たかまなこ》で捜すうち、裏の隅から鉄瓶ピ

ヨコリと飛出し、椽《ゑん》の下より五貫が飛で出たよといふ間もなく、鉄チヤンの対物《あいかた》お蓋《ふた》さんが見へぬ、ソレお客の履ものが知れぬと騒ぎ出し、家内中狼狽《うろたへ》探し廻ると、庭の隅よりお蓋さんが出た、天井から雪蹈《せった》が顔出した、ソレ逃すな退《のが》すなといふ様な次第で、下婢《げぢよ》が火鉢に掛て置たる餅も銅網《かなあみ》もぞろ〳〵這出《はいだ》すので、キヤツト叫んで逃るも有は戸棚へ隠れるもあり、下婢が裏口を見れば腹《はら》の白い猫が網を喰へて行《ゆく》ゆへ、この猫めを追駆れど猫も杓子も銅網もニヤンにも知れず詮方なきに、台所へ立戻れば元の処に網は其儘、家内の者も薄気味悪く奥の一間へ引籠り襖締切ガタ〳〵振ひ、鉄瓶の蓋は針金で縊《くく》り猫ぢや狐ぢや狸ぢやと評議決着致さねど、余り不思議の事此等が新聞探訪猫《たんぽうねこ》の所為《わざ》ともいひ升かと、大橋和太郎さんよりお報知なれどほんまなら猫。

◉「西京新聞」明治一〇年三月七日……●

# 光りものが出現

**【京都府／旧土居の藪あたり発】 二階の掛け物の画まではっきりわかるほどの明るさでピカリピカリと大騒ぎ。**

◎ハテ心得ぬ、遥か西南に当り怪《あや》しの光りは如何にも不思議合点ゆかぬと思案の腕組ではチト大層だが去《さ》る八日より十二日まで旧土居《きふどゐ》の藪辺りに盆程の光り物があるとて人々が大騒ぎを致し、是と見認《みとめ》た始めは島原揚屋町福田常次郎の娘おちゑといふ者だそうですが、或ひは二階の軸物《かけもの》の画《ゑ》まで判然訳《はっきりわか》る程ピカリ〳〵と光り輝き、何でも不思議だと騒ぎ散す連中のうちよりお報知《しらせ》薄気味の悪ひ。

◉「西京新聞」明治一〇年五月一七日……●

# 棺桶が動いて大騒ぎ

**【京都府／下京二十三区菱屋町発】 葬式の最中、正面に安置された棺桶がメシリメシリとでんぐり返って大騒ぎ。**

◎今時ではチト流行遅れの幽霊譚《ゆうれいばな》しと看做《みなし》玉はれと冠辞《はじめ》にお断はり申上おき、原説《さてとく》下京廿三区菱屋町人力車夫木村熊吉の前妻おいとは何《どふ》いふ訳やら先年離別されて大坂に住居たりしが、追々薄命《ふしあわ》せうち重なり、何と詮方泣より他に便るべき木の下もなき孀婦《やもめ》ゆゑ、以前産たる熊吉の男子徳次郎（二十四才）を尋ね去月中旬《あとげつなかころ》より同家の厄介となり居たるが、不図《ふと》病著《やまひ》に罹り、去る三日終に黄泉路《かへらぬたび》へ赴《おも》むきしものから、同長屋の宿六お嫁《かか》が聚合《よりあふ》て数珠の苧巻《おだまき》操返す、南無阿弥陀仏も六字すぎ七時八時と十二時頃、各校《しよほう》の報鼓《たいこ》も音さえて蕎麦《そば》屋

の声ももの凄し、百万遍の念仏も次第に細る仏灯《ともしび》の共《もと》に睡眠鼾《いねむりいびき》の交るニヤムアミダ、欠伸《あくび》たら〳〵の折こそあれ正面に備へし棺郭《くわんおけ》がメリ〳〵メシリ頭《づ》転倒《でんとう》でんぐり返れば夜伽《よとぎ》の銘々ソラ社《こそ》幽霊ゴザンなれと、周章顚倒歯の根も合ず南無妙法連陀仏ヲンアボキヤ東寺の稲荷《いなり》さま北野の弘《こう》法遍照《ぼうへんぜう》と、出頬題《でほうだい》にて逃出し片足の木履《げた》を両三人引張合ての大騒ぎ中にも、家長《あるじ》の熊吉は流石《さすが》名前の熊の胆《きも》を出し予《かね》て用意の鳶口《とびぐち》おつとり、化《け》生《せう》か魔粧《ませう》かイデ正体と顕し呉んとギツクリ白眼《にらめ》ど足許はブル〳〵と慄《ふる》ひながら暫時《しばしま》護身《も》れど、其后は何の怪しきことも無《なか》りしゆゑとふ〳〵願以《ぐわんに》此功徳《しくどく》となりました。

●「西京新聞」明治一〇年一一月九日……●

# 子の養育頼む

**【大阪府／大宝寺町東発】 毎夜、枕元に現れるのは子を後に残して死んだ妻。子どもの養育を頼まれる。**

◎幽霊咄《ゆうれいばなし》はチツト新聞屋には不向《ふむき》なれど、余り評判の高きがゆゑに書き出すは、大宝寺町東の町酒屋田村伊兵衛の妻は当春より難病に罹り長々の煩《わづらい》に家を換《かへ》たら気持も違ひよからんと、七月頃親里《をやざと》に帰りあらゆる療治はなしたるが、定業《じょうがう》にや一人の子供を後に残して一万億度へ出立し、伊兵衛は片腕《かたうで》を取られたる如く気落《きをち》したが、止むべきにあらざれば野辺の送も懇《ねんごろ》になし妻の記念《かたみ》と子供を偏《ひとへ》に愛し養育《やういく》惰《をこたら》ざるに毎夜伊兵衛が枕元に妻の姿が顕れ子供の養育を頼むにぞ始の程は気にもせず打捨《うちすて》置きたれど毎夜の事に気味《きみ》わるくなり近所の者を五六人頼み不寝番《ねづばん》をすれど七月より今日まで絶《たへ》ず幽的の出るので一応其筋へ屈出て撿視《けんし》を受んと云ふ者ある由なれど幽霊の撿視は是まで例のなき事ゆゑ此の撿視は官よりは柳の木へ訴へたら間柄だから近道《ちかみち》ならん

●「大阪日報（就将社）」明治一一年一一月一三日……●

# 供養してくれ

**【兵庫県／神戸港再度山の麓の水車場発】 実直な雇い人が毎夜、幽霊に悩まされる。占ってもらうと、その幽霊はお前の祖母だというのだが。**

◎聞く近頃洋人の中に人死して幽霊となる理の有無を窮《きはむ》ることに刻苦《こくく》するものありと。今夫等《それら》の人の参考に供ふべき奇々妙々の一怪談あり、神戸港再度山の麓なる水車場の持主花熊五郎兵衛の雇人に播州生の秀松〔当二十六年〕といふものあり。該水車

場にありて昼夜の差別《わかち》なく働ておりしが、去る八月十九日の夜〔此日は旧暦七月二十一日なり〕の十二時ごろ例《いつも》の通り働てゐる折しも、後の方に人の来りし容子《けわい》ありと思ふと、やがていとうら枯《がれ》たる音声にて秀松よ迷《まよ》ふた〳〵と呼ばる者あり、何心なく振返つて見ると画に書し女の幽霊に其優なるものがスツクリと立ツてゐるにぞ、アナヤとばかり驚き恐れそのまま其処を駈出して朋友のゐる処へ只今此様々々《かようかやう》なことに出会ひたりと震慄《ふる》へながら物語りしが、朋友は冷笑《あざわら》ひて貴様は例も臆病なる故誰か悪戯《わるさ》をしたのか又は狐狸に愚弄《たぶらか》されしものならん、と一向に取合ふものなければ、自身にも心を取直してその翌晩も同じ処へ行て只一人仕事をしてゐると、昨夜の通りの幽霊が同じ刻限《こくげん》に顕れ、秀松よ迷ふた〳〵と言ふにぞ又もや恐気《こはげ》立《だち》て其場にゐたたまれず友達のゐる処へ逃行しが、其翌晩は友達の誰彼が申合せ秀松の仕事場へ詰掛けて今晩こそ幽霊の本《ほん》性《しやう》を見届ケアワ好ば生捕にし呉れんずものと手ぐすね引いて待構《まちかま》へたり。然るに其夜も幽霊は時刻を違へず米俵の積である蔭より顕れいで、お定まりの秀松迷《まよ》ふた〳〵と幾度も叫べども、秀松の目にのみ其姿の見へて余の者共には其音の聞ゆるばかりなれば、捕ふることも成難《なりがた》く手を空しく其夜を明したり。さても夫より秀松は其事にのみ心を悩まし、仕事も思ふやうに出来ざれば遂に五郎兵衛より暇を貰ひ兵庫にゐる叔父某の許に行て食客となりしが、此処へも夜な〳〵みぎの幽霊の顕るにぞ、叔父にも相談して近処にて上手の噂さある某といふ売卜者に就て占ひを乞しに血筋の者の内にて死後問弔《とむら》ひの仕事のなきものありて、夫が迷ツていつるなりとの答へに叔父と共々誰か彼かとその心当のものを互ひに思案してゐると、其夜も亦顕れて秀松わしはそちの祖母《おばば》のくみといふものにて、今年は十七回の念忌《ねんき》に当れども血筋の者の内にて誰一人線香《せんかう》の一本花の一枝も手向《たむけ》てくれる人なきが故にそなたを頼《たの》みに来りしなり。此間より度々顕れてそなたに此を話したく思たれば余りそなたが恐怖《おぢおそれ》て話をするにも便を得ず、然るに今日は幸《さいは》ひそなたも売卜者の言を聞てわしを迎かへる心のあるゆへ頼みの程を尽すなり、明日にもあれ叔父子《おぢこ》と話合相当の追善供養《ついぜんくやう》をしてたもれユメ〳〵疑ふことなかれといふかと思もへば、掻《か》き消すごとく失《うせ》にけり。其翌朝になりて昨夜は云々と叔父にこの事を話し早速旦那寺《だんなでら》へおもむきて施餓鬼《せがき》をいとなみしが、夫《それ》より幽霊はさらに出《いで》ずなりしかば両三日あとより主人五郎兵衛方へ立戻り相変《あひかは》らず再度その水車場に働《はたら》きておるなりと同港の某よりたしかなる報知《しらせ》ありたり。

◉「大阪日報（就将社）」明治一一年一一月二〇日……●

## 父帰り別れの挨拶

【京都府／油小路御池上る発】役場に勤める父が門口より入ってくる。突然、その姿が消えて、翌朝、父が死んだとの報が。

◎幽霊抔《など》といふものは無《ない》ものだと小学生徒でも知ツてゐるが余り不審ゆゑお報知《しらせ》申すといふて来たは宮津懲役場に在勤の大塚長成氏が自宅は油小路御池上る辺で宅《うち》には女房と子供が居り無事に暮してゐると、去《さ》る三十一日の夜大塚氏が門口より入来る形体《すがた》見るより子供は嬉気《うれしげ》に母《はは》さん爺《とと》さんがお帰《かへ》りといふ間も非《あら》ず大塚氏の形体《すがた》は消て何《いづ》れへやら、家内の者は不審晴ず何《どう》した訳と胸塞《ねむふさ》がり何《いづ》れへおいでなされしと彼方此方《あちらこちら》を捜せしも、其夜は遂に知れず仕舞、是には仔細が有ことかと妻子は心も心ならず寝《ね》もやらずして心を惨《いた》めし、翌《あくる》朝《あさ》宮津より大塚氏は鬼籍《なきひと》の編入《かずにい》りしと報知《しらせ》に吃驚《びつくり》親子の歎き偖《さて》は昨夜《いふべ》お帰りなされしお形体《すがた》は私達への、エヱ悲しやなと其愁傷《しうせう》も大方《おほかた》ならずとお報知《しらせ》の儘ですが、是みな迷ひの夢でかな有《あり》ませう何にしても。

◉「西京新聞」明治一二年二月五日……●

## 神隠しから帰る

【兵庫県／飾東郡三田村発】正直一遍の農夫が夜中に姿を消す。一〇年もの時が過ぎ、天より降りてきた玉にはその男が。

◎軽《かろ》く清《すみ》たるものは昇て天となり、重く濁れるものは沈んで地となり国土《くにつち》初めた後明治の今日まで幾千年の久しき、未《いま》だ曾《かつ》て見た事も聞た事もなひ珍《ちん》〳〵の大珍事といふは衣縫ふ播磨の国飾東郡三田村てふ山里に草木を友と一心不乱朝から夕《ばん》まで働らきつめ正直一遍の農夫があつたが何処《どふ》した訳だか夜中《ようち》に不図《ふと》姿が見へなひので是は天狗に誘はれたのだ否神がくしといふものだろふ何鷲にさらはれたのだと、口々に云はやす人の噂も七十五日、何時《いつ》しか鳴《なり》も静まつて十余年の星霜を経たるが去る十日午後三時頃一天俄《にはか》にかきくもり急《きう》風颯《ふうさつ》と落し来て、道路の塵を巻揚げ何となく物すごひ様に成《なつ》て来て、該《その》村《むら》の人々が身振ひをして居ると、空中から音もなく光りもなく円丸《まんまる》な玉が一箇《ひとつ》ぶらり〳〵と舞下り、地上にトンと落たので、是はと驚き有合《ありあう》農夫《ひやくしやう》二三人打寄て恐怖《こはごは》ながら近附《ちかづき》見ると、五十有余の顔容《かほかたち》先年行衛が知れなくなつた正直男に能《よ》く似た人間目をとじて座つて居るから各々驚愕《びつくり》是はしたりと云ふ声聞て、目を

見ひらき水を飲せといふたので、山中利助が宅《うち》に駈入徳利《かけいりとくり》に水を持来り与へたら、微笑《にっこり》わらひ懇ろに礼を述べ、其儘フウイと又空中へ舞あがつたから再び驚ろき何であろふと様々に説をたてたが同村の松山谷五郎は狐狸だと云岩村伝吉は天照皇太神宮《てんせうこうだいじんぐう》と主張《いいは》り山中利助の曰くには是は正《まさ》しく天狗だと皆それ〳〵に云《いい》つのり争そふたが、結局《つまり》山中利介の説に賛成者が多かつたと該地《そのち》から報知の儘偽《うそ》とするか真《まこと》とするか夫は諸君《みなさん》お心まかせ、へエさよふなら此方《こっち》や知らむ。

◉「西京新聞」明治一二年七月一三日……●

# 大坊主が火炎吐く

**【京都府／竹田街道銭取橋発】** 客待ちをしていた人力車夫が、美女を乗せる。ところが、目的地に近づくとにわかに車が軽くなり……

妖怪

◎諸君《みなさん》放心《うつかり》すると欺《だま》されるから注意《きをつけ》てお読なさいよ。去る十二日の彼誰時《ゆふまぐれ》竹田街道銭取橋の近傍《きんぺん》で人力車夫《くるまや》が客待《きやくまち》を為《し》て居ると、向《むか》ふから女が一人ぶら〳〵来て白川橋三条まで往《いつ》てお呉と云からへエ〳〵畏《かしこ》まりましたと何心なく見ると、東京風《とうけいふう》の島田髷絹上布《きぬぜうふ》の単物《ひとへもの》青みがかつた浜縮緬《はまちりめん》の裾除《すそよけ》顔かたちなりふりまで慄《ぞつ》とする程別嬪《べつぴん》であつたから、胸を轟々《どきどき》さしながら転々五《ころころご》免《めん》と曳出《ひきいだ》し、汗たら〴〵走り附け白川橋筋古門前まで来ると、俄《にわか》に車が軽くなり慄《ぞつ》と身の毛がたつたと思へば川の中に茶聞《ちやぶん》と音して生臭ひ風が颯と吹き、川水がく

る〳〵と舞上り其丈一丈有余にして鼠衣《ねずみごろも》に鼠袈裟一蓋《いつがひ》の笠一条の杖を曳《ひい》た大坊主鏡《かが》みの様な目を見開らき口から火炎を吐きながら此方《こつち》を覗《にら》んで亭足《たつ》て居たから驚愕仰天《びつくりぎやうてん》振返り車を見ると、彼の別嬪《べつぴん》は何時《いつ》の間にやら影も形《かた》ちも見へなくなり竹箒《たけはうき》が一本乗せてあるから初《はじ》めて気が付《つき》、是れは狐か狸めが欺《ばか》しおつたナ糞垂《くそたれ》め、よし〳〵夫《そ》んなら此方《こつち》にも積《つも》りがあると捻八巻《ねじはちまき》犢鼻褌《ふんどし》をしめ直し腕を撫《さす》つて立上り向《むか》ふを見れば坊さんも竹箒もなんにも無かつたと。此車夫は狸汁の八公といふ渾名《あだな》を取り何時でも竹田街道で働らひて居るそふだが、中々強気《ごうき》な男《おとこ》だから、是《これ》まで幾度も狸を生取り汁の実にして喰《く》た事があるので狸汁と渾名されたが、此奴《こやつ》も狸の親類で此譚《このはなし》も万一《ひよつ》としたら人を欺したのではあるまいかナ。

●「西京新聞」明治一三年七月二三日……●

# 怪物・牛鬼か

**【奈良県／十津川郷発】 二人の猟師が山に入る。ところが連れていった猟犬が怪物に襲われ、猟師たちも絶体絶命に。**

◎大和国十津川郷といへるは大台山の山脈に続きたる土地《ところ》にして、世に聞えたる僻陬《へきすう》の地なるが、這程《このほど》の事なりとか郷人《がうじん》千葉某外二名が申合せ一匹の猟犬を携へて各鉄砲を肩になし近傍《あたり》の山奥に猟《かり》せんと早朝より家を出て山奥く進み入りしに、忽《たちま》ち先に進みたる猟犬の哀叫《あいけう》して尋常《ただごと》ならず思はれければ、三人の者は貌《かほ》見合せ扨《さて》は誤つて猪穽《ししあな》に陥りしか、何にもせよ急ぎ往《いき》て援ひ上げずばなるまじと、一同足を早めて歩み近づき偶《ふ》と其向前《おくて》を打見やるに、こは如何《いか》に一層高き巌《いは》の下《もと》に猟犬は鮮血淋漓《りんり》気息も奄然《えんぜん》として倒伏せし其傍《かたはら》に怪獣あり。全身は総て髟々《へうへう》たる黒長毛を被《かうむ》り、只だ胸部のみ純白の長毛にて顔面猙獰《たうだう》其形馬に似たるが、左顧右《さこう》眄《べん》して佇《たたず》み居たり。三人は是を見て大に驚き、如何はせんと躊躇《ためらひ》しが、兎ても斯く近付きては遁《にぐ》るとても許すまじ、所詮《しよせん》力の及ぶ限り弾薬《たまぐすり》の続く丈けは三人して発射なし其上にて彼が為に喰殺さるるか打取か互の運命を極むべしと、傍《かたへ》の樹上へ攀登《よぢのぼ》りて斉《ひと》しく狙撃《そげき》なしたりしも怪獣には中《あた》らざるか将《は》た中《あた》りても傷つかぬか少しも動く様子なければ、こは失策《しくじ》りしと三人は気《き》を悶熬《いら》ちて頻《しき》りに打出す。其うちに件《か》の怪獣は一声高く叫ぶよと見えけるが、忽《たちま》ち傍《かたへ》の懸崖《けんがひ》に駈上りて行衛《ゆくゑ》も知れずなりたりけり。三人は漸く蘇生したる思ひをなして、樹上を降り飛が如くに山を下て我家《わがや》〳〵へ遁帰《にげかへ》り、有し次第を語りしが全体同郷人のうちには従前《これまで》にも時々此怪獣を見認《みと》めたる者もあれど、其性肉食をなすものにあらざる

が絶て害と加ふる事なく其足跡の地に印せしを見るに、矢筈《やはず》形の二蹄《にてい》にして他獣の足跡とは異なりとぞ。深《しん》山幽谷《ざんいうこく》の間には牛鬼《ぎうき》といへる怪物あるよし世に伝へ云ふ所なるが、是らも亦た牛鬼の類なるか否か何にもせよ不思議の怪物とこそ云ふべけれ。

●「日本立憲政党新聞」明治一五年四月二七日……●

# 悪嫁に姑が祟る

**【京都府／上京区第二十四組東洞院二条上る発】**舅と通じた悪嫁。姑は心労たたって病で死ぬが、その供養もろくにしてもらえず、たまらず化けて出る。

幽霊

◎上京区第廿四組東洞院二条上る東側の綿商《わたや》藤井清兵衛（廿五）は原該家《もとこのいへ》の雇人《やとひにん》であつたが八年以前養子となり、或方よりとく（廿五）といふ嫁を貰ひ何不足はなけれど何様《どふ》した訳《わけ》だか此清兵衛は人好のせぬ男で近所

隣家《となり》の甲乙《たれかれ》も憎《にく》まぬ者はなひ程《ほど》なれば、女房おとくも否《いや》であつたかして何時《いつ》の間にやら舅《しゆふと》清助（六十八）と訝《おつ》な中になり、姑《しゆうとめ》のおしなに酷《むご》くあたれど、年老た身で彼是《かれこれ》と嫉妬《りんき》らしひ事を云《いふ》のも面目なひと辛抱するうち、本年《ことし》四月病にかかり終に養生叶《かな》はず返らぬ旅に赴ひたが仏事さへろく〳〵せず、目の上の瘤《こぶ》が取れたと嬉《うれ》しがり清助との中はます〳〵深く、良人《おつと》清兵衛も早く死ねといはぬばかり麁末《そまつ》にあしらひ、気《き》随《づひ》気《き》儘《まま》に身を持て居たが、去る十日の夜おとくは独《ひと》り蚊屋の中で舅清助の帰りを待兼ね眠《ね》もやらずまし〳〵して居ると、何だか心細くなりしん〳〵と為《し》て来たので、妙な事があるものと首《かうべ》をもたげ四辺《あたり》を見廻すうち雨戸を打つ風の音常にかはつて物すごく身の毛いよだち慄《ぞつ》として身に染《しむ》やふに覚へ、是はしたりと起上り逃出さんとする後のかたすつくと停足《たたずみ》、おしなの姿白毛《しらが》まじりの髪ふりみだし真青な顔色に血眼《ちまなこ》を見開き彼方を睨んで居たから、キヤツと一声其まま気を取失なふたが、程《ほど》なく吾にかへり再び見れば幽《かす》かなる暗灯《あんどふ》の光りのみ怪しき事もあらざりしと。此時驚愕《びつくり》したのが根になりおとくは今にぶら〳〵煩《わず》ろふて居るとのうはさ。

◉「西京新聞」明治一三年八月一日……●

# 蚊帳の外をまわる

**【京都府／八坂新地発】夜遊びの末、座敷でひとり寝転んでいた男。ふと目がさめると、美女が蚊帳の外をまわっている。**

◎下京区第弐拾組建仁寺町四条辺の野村某《それ》（三十七）は、去る廿日夕暮女房を相手に一盃やつて居る所へ、友《とも》人《だち》が二人来て何所《どつか》へ行かふといふから否《いや》とも言《いは》れず四条河原を彷徨《うろつき》藤屋の床《ゆか》で飲直し夫《それ》から八坂新地富永町切通し東へ入南側の或青楼《をちやや》へ上り、芸妓小秀小歌玉尾の三人を招き十二時頃三盃で雑魚寝《ざこね》をしたが、野村は何か気に障つた事があり次の間で一人転んで居るうちうつ〳〵眠《ね》入《いり》三時頃不図《ふと》目が覚たので四方《あたり》を見ると、廿五六の娘が島田に髪を結《ゆふ》て鳴海《なるみ》の浴衣《ゆかた》に浜縮緬《はまちりめん》の細帯《しごき》を前で結び徐《そろ》り〳〵と蚊帳《かや》の外を廻つて居るゆゑよく〳〵見ると、宵に呼んだ芸妓《げいしや》でもなし此楼《このうち》の嫁さんでもなし是まで会ふた事も見た事もなひ素《す》的滅法界《てきめつぼうかい》な別嬪《べつぴん》だから、思《おも》はず慄《ぞつ》と身の毛が立気味悪くなつたので、一生懸命誰ぞといふたらフツと消て姿は見へず、是はしたり早々反起《はねおき》、諸人《みんな》の寝て居る所へ退《こ》鼠《そ》〳〵はひ込んで夜を明し、朝此事を噺しすると誰が左《そ》様《ん》な洒落《しやれ》を為《し》たのだろふと笑ひになつて仕《し》舞《ま》つたが、此楼《このうち》の細君《かみさん》が窃《そつ》と野村を次の間へ呼出し、実は此家に先年住ん

で居た人が抱への芸妓を気強くしたゆゑ終《つひ》に此間で首を縊り死んだ妓があつて其幽霊が折々出るといふ風説《うはさ》だから、昨夜の娘はそれに相違《ちがひ》なひ、併しそんな怪敷《あやしひ》評判をされては客が落るゆゑ他言は為て呉れなと、詳細《くはしく》はなしを為たといふが、何の馬鹿らしひ左様《そん》な事があるものかといふたら、大方野村さんは額に青すじを立《たて》、ナニ屁鉾《へつぼこ》記者が知るものか自己《おいら》ア確に見たといふだろふ。夫《そ》りやア成る程見たは見たに相違《ちがひ》なかろが夢《ゆめ》を見たのだ。

◉「西京新聞」明治一三年八月三一日……●

# 怪談聞く背後に霊

【京都府／新京極の笑福亭発】　芸妓ふたりが、新京極の笑福亭に怪談を聞きにやってきた。怖くなってうつむいた二人の背後にはなんと……

幽霊

◎鴨涯仙都《ぽんとちやう》の芸妓《げいこ》君勇中《きみゆうなか》路《ぢ》の二人は何れも廿一二の婀娜者《あだもの》なるが能々《よくよく》東西に感ずる事の深い生質《せいしつ》と見へ、過《この》日《あひだ》新京極の笑福亭へ新馬の怪談を聞に行て花道の前に座を占め、一心不乱に舞台を眺めて居ると新馬は一流の人情話に取掛《かか》り。東京根津初音町に三味線の師匠をして居た阿園《おその》といふ婦人は年齢《としごろ》が二十七八で珍らしい別嬪であつたが、新吉といふ勇み風《おう》な情郎《おとこ》を引入、むつまじく日を送るうち斯《かか》る因縁約束にや阿園は偶《ふ》と鼻の上に腫物が出来て、漸々腐敗込《だんだんくさりこみ》、遂々《とうとう》顔が鑠《とろ》けて仕舞《しまつ》たから新吉は五《う》月《る》蠅《さく》おもひ、置去にして飛出た跡で阿園は深く其薄情を恨み狂人《きちがひ》になつて冥途《めいど》の旅立したが、新吉は此事を夢にも知らず兄の宅《うち》へ便り暫らく躲《かく》れて居たれど、尋ねて来ぬゆゑ最《も》う大丈夫と思《おも》ひぶら〳〵遊び歩いて一《ある》夜《よ》無縁坂を通り掛ると、向ふから日来《ひごろ》恋しく思ふて居た阿友《おとも》といふ近《きん》隣《じよ》の娘が来て新さんと声かけた故これは〳〵能所《いいところ》で逢たと思ふ間もなく、一塵《いちじん》の風颯《さつ》と吹て、木の葉を散し砂を巻揚げ今まで明らかな月も忽《たちま》ち雲に隠れて只なんとやら物淋しく幽《かすか》に

聞ゆる鐘の声《おと》。と云つつ前の燭台に手を掛け、灯火《ともしび》を吹消せば席中の洋《らん》灯《ぷ》残らず消《しめ》り最《い》と凄然《ものすご》く覚ゆるまま聴衆《ききて》はおの〳〵息を呑み静まり返つて詞《もの》いはず楽屋に鳴す半鐘《はんしやう》の諸業無《しよげふむ》常《じやう》と響くのみ、新馬は変な声音にて。新吉徐々《そろそろ》歩み寄り阿友《おとも》さん〳〵おまへに疾《とう》から頼《たの》まうと思ひ詰た事があるといへば、阿友は莞爾《につこり》笑み妾《わたし》もおまへに頼みがあれど、此様な顔になつたゆゑ言出されぬといふ顔を見れば忽《たちま》ち阿園の顔。といふ時舞台の中《まん》央《なか》に阿園の幽霊が突然あらはれ彼方《あなた》此方《こなた》を見廻すに君勇と中路の二人は耐《こら》えかねて差俯《さしうつぶ》き、再度《ふたたび》頭を揚《あげ》て見ると、思ひがけなく自分の後へ其幽霊が来て停《たち》足ながら恨《うら》めしさうにして居るゆゑ、中路は驚愕《びつくり》アレーと一声発した儘で打倒れ気を失ふて詞《もの》いはねば、新馬を初め楽屋の人々幽霊までが介抱しながら宝丹《ほうたん》よ霊丹《れいたん》よと騒ぎ立たが、幸ひにして幾程もなく息吹返し人力車《くるま》に乗て返つた後、種々《いろいろ》療養手を尽せど未だ真実《ほんとう》の気持にならず、君勇も癪《しやく》が起り寝て居ると云が、まあ〳〵気の毒な事で誤猿《ござる》。

◉「西京新聞」明治一五年五月一一日……●

# 釜鳴りを恐れる

**【京都府／紀伊郡伏見新町八丁目発】平釜を取り出して湯を沸かそうとすると、たちまち蒸気の湯笛のような音が。水を捨てると鳴り止むという。**

◎釜鳴《かまなり》といふものは間々《まま》有《ある》ものなれど、是《これ》はチト念の入過《いりすぎ》た鳴様《なりやう》なり。紀伊郡伏見新町八丁目に住む木柴炭団《たどん》商の三波平吉の妻おぬいが所天《をつと》の手助けに飴商《あめや》をはじめんと予《かね》て久《ひさ》しく我家の物置に投込《ほりこみ》ありし廻り三尺六七寸の平釜を取出し、去る十八日の朝これに湯を湧《わか》さんと水をはるに忽《たち》地《まち》蒸汽の湯笛《ゆぶへ》の如き音を発したるに、渾家《かなひ》の者はいふに及ばず四隣合壁《あたりきんじよ》の者共が、這《こ》は唯事ならずと大ひに驚き種々《いろいろ》評じ敢《あへ》るより、早々蓋《ふた》を取、水を取捨《とりすて》ると直ぐに鳴り止みしにぞ、翌日また水を注《さし》、蓋《ふた》を覆《おほ》ふと昨日の如く鳴出すゆゑ、その後は家内の者も懼《をそ》れをなし敢《あへ》て釜に近づかぬといふ。

◉「京都新報」明治一五年六月二三日……●

# 人面瘡が飯食らう

**【三重県／南牟婁郡某村発】農夫の腿に、先年から人の面が浮かんできた。食物を与えてみると、一升くらいあっというまに食べてしまう。**

◎人面瘡。同瘡《どうそう》のことは小説本《つくりもの》や演劇《しばゐ》にて見聞《けんもん》せしことはあれども真実世にかかる病のありとも思ざりしに、三重県下南牟婁郡某村の農夫久作と

いへるが先年より稀《き》代《だい》の奇病に罹れり。その病疾《やまひ》といふは股の辺《ほと》りに一《ひと》個《つ》の腫物《はれもの》出来、その状恰《かたちあた》かも人の面の如く、物を云ねど口を開き食物を求むる容子《えうす》なれば、試みに飯《いい》を与へ見るに一升ぐらゐの飯は瞬間《またたくひま》に喰ひ尽し、まだ飽足《あきたら》ぬ有様なりと。

◉「京都滋賀新報」明治一五年八月二五日……●

# 稲荷明神が憑く

**【京都府／上京二十五組堺町竹屋下る発】せがれが狐憑きに。狐にすれば、稲荷山に連れ帰って修行させせたいのだが、父親のお前も不憫だと……**

◎上京廿五組堺町竹屋町下る植木商川崎亀吉の倅《せがれ》辰次郎（二十一年）といへるは元来温和なる性質《うまれ》なるが、十日ばかり以然のこととか台所なる鉢《ひば》火《ち》の傍に煙艸《たばこ》くゆらしゐたりしが、如何なしけん総身が俄《にわか》にガタ〳〵振ひ出し、何か頻りに空言《そらこと》いひて幻《うつつ》の如き有様に、父亀吉は大ひに驚き水よ薬と騒ぎたて種々介抱なせしにぞ。軈《やが》て辰次郎は起上り眼《まなこ》開きて気色《けしき》を直し、俄《にわか》に声をあらげて、此方《このはう》は伏見稲荷《いなり》の其明神《それめうじん》なるぞ、今其方に頼みたきことのありて態々《わざわざ》此所《ここ》まで来りしなり。其《そ》は外《ほか》ならず汝《なんじ》が倅此辰次郎をば借受けて稲荷山へ連帰り修行をさせたくおもへども、汝が最早年寄りたれば一人置かんも覚束《おぼつか》なし、依て当分此家に置きて商売繁昌病気の祈禱其他縁組何事にても諸人《しょにん》の祈請《きせい》を叶へて取らせん、此旨《このむね》承知あるべし、といふ声聞きて亀吉は最《いと》かしこまり平伏し、正しく明神の我倅辰次郎に乗移らせたまひしならんと、夫《それ》より辰次郎を敬ひて日夜手篤く待遇《あしら》ふにぞ、辰次郎は毎日毎夜白衣を穿ち沐浴《もくよく》なして、諸人の祈禱を引受けつ嗚呼《おこ》がましくも搆《かま》へてをるより、愚《ぐ》なる者等は惑はされ、追々信者の殖《ふ》えるよし、馬鹿らしくも亦あさましきことにこそ人々必ず欺《だま》されたまふな。

◉「京都滋賀新報」明治一五年八月二七日……●

# 谷間から大石飛ぶ

**【滋賀県／鷹ケ峯の奥発】松茸を買い取ろうと山中の村に向かった男。ところが、谷間から大石が投げ落とされてくる。**

◎世《よ》には奇々妙々な事もあるものにて上京区第七組南辻町八百屋業宮本岩次郎雇入吉田松之助〔三十六〕は、此程より松茸《まったけ》を買取《かいと》らんと籠《かご》を荷《にな》ひて鷹《たか》ケ峯《みね》の奥に千束と謂《いう》所より中川村へ行山道を三町程も行たと思ふ頃、四方《よも》の高木に風の音高く松も杉も颯々《さっさつ》と吹来る様の何となく物不思議に思わるれば、何て茲斗《ここばか》りの風の吹やらと窃言《つぶやき》ながら二足三《ふたあしみ》足行内《あしいくうち》に、

山の手高き谷の間より太さ壱尺四五寸も有らんかと思ふ程の大石を、松之助目掛て投落《なげおと》され逃《にげ》んと為《す》る間《ま》に早右の手に二ケ所《しょ》の手疵《てきず》を負たれば石投た者は何奴《なにやつ》なるかと一声高く怒《ど》鳴《なる》や否や又たも前同様の大石が天から降りでも為《す》る事か木の葉の様に軽々と落来る故に此は不思議と、又も大声振挙《ふりあげ》て何奴《なにやつ》なれば狼藉千万《ろうぜきせんばん》名乗《のれ》々と（謂たかどうだか）声掛れば、又も猶大きな石を打付られ、今度は右の足へ当り指三本に打切られ、此は抑如何《そもいか》にと周章《あはて》ながらも誰か有《ある》と見回せども、人影所か夫れと謂物影さへも有ざれば、松之助も恐くなり、果《はて》は籠も弁当も其所《そこ》へ其儘投捨て一生懸命生命《いのち》から〳〵手足の痛みも打忘れ、漸々《やうやう》の事に千束村の茶店まで逃戻《にげもど》り右の次第を物語れば、村の者も不思議に思ゐ命《いの》ち惜まぬ若者共が直様《すぐさま》二三人走り付け所々方々と尋ねて見れど夫れと思ふ影だに有《あら》ず籠も弁当も其儘にて賊の所為《しよゐ》とも思《おも》われず、成程石は大石にて一人二人《ひとりふたり》の人間《にんげん》では上下《あげさげ》する様《やう》の物《もの》にも有《あら》ねば此は何でも天狗の悪戯《ふざけ》に違ゐは無ゐと籠と弁当を持戻りたと謂《いふ》同村の風説にて松之助は今以て療養中で居るそうだが、丸で犬に噛《かま》れた様な天《てん》狗《ぐ》の噺《はな》し。

◉「西京新聞」明治一五年一〇月一一日……●

# 巨大蝦蟇の毒

**【滋賀県／比叡山発】万年青やらなにやら金目のものを探そうと比叡山に入った男たち。岩だと思っていたものが動き出す。**

獣変

◎近来万年青《をもと》や蘭《らん》や石斛《せきこく》などと空価《くうか》の草が流行して人々浮利《ふり》を射《いら》んと欲《ほっ》し、我産業を打捨て東奔西走狂《きち》がひの如く、遂には家産を失なう人其幾《いく》ばくなると知《しら》ざるのみならず、為《ため》に貴重の生命《いのち》まで損《おと》すと云《いふ》は嘆いても猶《な》ほ余りある事なるが、茲《ここ》に府下愛宕郡鞍馬口村に住ひする小山善兵衛〔四十一〕東野茂七〔三十九〕沢井忠兵衛〔四十〕矢川利平〔四十五〕の四人の者は、比叡山に登つたなら必ず高価の石斛か万年青が在《ある》に相違《ちがゐ》なし、

一度出掛て何なりと無代価《ただ》鳥山《とりやま》の郭公《ほととぎす》鳴ずは人にも知られわせん、一奮発して行て見んと、去廿三日の未明《まだき》より同所上御霊《ごりやう》 神社の神輿の縄は長くもあれば此縄を借《かり》受《うけ》て四人連立、比叡山の満土混論《まんどころ》の辻と云は贈太政大臣菅原道実公の登天《とうてん》石《せき》や法性房尊意僧正抔《など》昔《いにしへ》よりもいわれのある旧跡にして此辺の谷は総てが深く人の将来《ねぎこう》べき所にも非ざれば茲には必らずえものやあらぬと、兼て聞つる幽谷なれば此所にて四人が示し合せ、小山善兵衛の腰の辺《ほと》りに件《くだん》の縄を確《しか》と括りて東野茂七は谷の中央《なかはて》より縄を静かに繰下すにぞ、善兵衛も慾とは云腰《いへ》に括りし縄一筋を命《いの》ちの種《たね》と手便《てだよ》りに千尋の深谷《みたに》へズル〳〵と繰降されて、最《もう》此辺で宜《よか》ろうと下より善兵衛が声かくるにぞ茂七も応《おう》と答《いら》へつつ持たる縄を何処《いづこ》へか括り付んと足下見れば程能《ほどよき》赤き巌あるにぞ、是《これ》屈強のものなりと其巌に縄打回して括り付んとする間も無く、不思議や今迄赤巌なりと思ひし石は勃々《むくむく》と動き出して膨脹《ふくれ》出すにぞ、是《これ》はと見る間に四足《しそく》を伸し怒れる背中は愈《いよいよ》高く、フウーと一声大息付く口は恰《さな》がら大蛇の如く活《くわつ》と見開き睨付《ねめつく》る眼《まなこ》は百錬の鏡にひとしく、其冷《すさ》ましさ云《いわ》ん方なく、茂七如何でか驚愕《おどろか》ざらん、ワツと斗《ばか》りに面色変り其儘其所へ気絶せしは、巌にはあらで此山に年久《としひさ》しくも棲老《すみおひ》たる世《よ》にも稀なる巨蟇《おほがま》にし

て、目下の寒気に身を蟄《ちぢ》めて最少《いと》体になり居る故、恰《あたか》も赤巌の如くに見へしと云《いふ》。偖《さて》も縄一筋を命ちの種に千尋の深谷に降り居る善兵衛、斯《かく》とも知らばこそ味々《まんまん》と石斛を抜取ぬと縄を力に引抜折柄《ひきぬくをりから》右の騒動で持《もつ》たる縄も其儘絶《たへ》たに何かは堪《たま》らん可愛《かあい》や善兵衛思ひも寄ず数百尺の谷底へ撥《はつ》たと落て、数ケ所の重傷《おもきず》に、是も其儘気絶せしにぞ。残る二人の忠兵衛利平は斯《かく》と見るより倶《とも》に驚ろき、大ひに胆を潰したが、暫時《しばし》は呆《あき》れて言《もの》をもいはず在りつるが、斯《かく》てあるべき事ならねば共《とも》に心を励まして、又も一人が縄を便りに谷底に在る善兵衛を漸々《やうやう》の事に引揚て種々様々と介抱して二人を駕《かご》に打乗て返り来りし其翌日、茂七は巨蟇《おほがま》の毒気にあてられ遂に黄泉《よみぢ》の人となり、善兵衛は何《どう》やら斯《かう》やら命に別条はなけれども、今猶愛宕郡の鹿ケ谷村の骨接《ほねつぎ》医者の許にて療養の最中とは、慾には命ちも惜しく無いか。

◉「西京新聞」明治一五年一一月二九日……●

# 怪しい夢が男殺す

**【京都府／京町裁判所芝門前の宿屋発】同僚が寝る宿屋の隣部屋からうめき声が。心配して薬を飲ませると、病気ではなく、おかしな夢を見たという。**

怪現象

◎去十七日の夜京町裁判所の門前なる宿屋業門田景春方止宿《ししく》の代書人福岡県下筑後久留米本町二丁目居住井上某が頓死《とんし》したる其顛末《てんまつ》を聞に同夜十一時頃該家の二階に三四人合宿したりしに、隣座敷なる井上某が頻《しき》りに呻《うめ》く声の聞えければ、同じ代書人の某が井上さん〳〵と言ひしに何の答もなく愈々苦痛の容子《ようす》に、孰《いづ》れも起き揚り同間に至り揺り動し、君は物に魘《おそは》れはせぬかと云様面を見ると、其色宛《さ》ながら土の如く目は上眩《うはまぶた》に釣《つり》つけ、昏睡の有様なれば、某は驚愕《びつくり》し懐中《くわいちう》より宝丹を取出し沢山口中に含ませ水を濺《そそ》ぎ入れ口に少し息きを吹出しければ種々介抱し漸く正気に復したり。而して便所にまで行き、怪しからぬ御厄介に預りしと挨拶せしに、貴方には如何して此の病気は発生せしにやと尋ねし処、イヤ更に病気を発せしにあらず怪敷《あやしき》夢を見たりしなり、其は今夜常の如く打臥したるに処は何くと定かならねど、一人の友達と吟行《さまよ》ひしにとある山陰に大なる楠の木の下に一の孔穴《あな》あるを見出し、頭《かしら》を傾けて差覗き其裡面《うち》を見廻したるに、一箇の金櫃《かねひつ》のありしかば大に悦び友達と共に這《は》ひ入り差《さし》向《むか》ひにこれを抱へ揚げんとせし折しも、忽ちメリ〳〵と云ふ音して彼の大楠の根張がおし下がり両人ながら圧死さるると思ひしか幽《かす》かに我名を呼ぶ声するより、不斗目を見開きしに各々方の推寄《おしよせ》て介抱《かいほう》さるる処にてありしなり。実に飛だ夢を見ましたと常に替ず答へければマア〳〵是で安心しましたと各臥床《ふしど》に帰しが、暫《しばらく》ありて再び呻《うめ》く声して、初よりも甚しければ皆々駈来りて前の如く薬水を施したれど、此度は余程激烈なる容躰にて一向に利目《ききめ》なければ、近辺なる医師を招き又病院よりは医員の出張を乞ひ受け、手を尽して療養を加へしかど、其効験《しるし》なく遂に幽《よみ》冥《ぢ》の客《ひと》となりたれば、早速其趣きを届出し故其筋よりも出張になり屍《し》躰《たい》検査《けんさ》の上仮埋《かりうめ》の事など夫々申渡されたりとぞ、いかなる病症にや定て卒中風の類にはあらざるか、但しは南朝の逆賊尊氏の子孫にはあらざるか、其主義の民主にして其説の共和に近くはあらざりしか。何しろ楠の為に押し殺されしとは恐るべき事にこそ。

◉「紫溟新報」明治一六年一月二四日……●

# 狐のよだれ

【三重県／伊賀郡岡波村発】帰宅途中の老人が見た怪しい火。高く低く、また東へ西へと飛び回るこの火の正体は。

◎伊賀の国伊賀郡岡波村の浅野吉之進といふ老爺《ぢいさん》が此頃同郡上野駅より我《わが》家《や》を指て帰《かへ》り路《みち》、日は早西に入相の鐘の響きも蕭条《せうでう》たる風雨を衝《つ》ひて歩み行きつつ我村の外れなる字大藪まで来りしは時既に黄昏《たそがれ》過ぎ、黒雲空に弥蔓《みちみ》ちて咫尺《しせき》も分かぬ真の闇《やみ》、挑《てう》灯《ちん》の火且つ消ゑされば平生《つねに》馴れにし路ながら殆んど行向《ゆくて》を失ふて、暫《しば》し茫然たる折しもあれ、傍《かたへ》の土堤《どて》より忽然《こつぜん》と燃ゑ出でし一個の火の塊《たま》青《せい》団々燐《だんだんほのほ》を吐きて或は高く或は低く乍《たちま》ち消ゑ乍ち顕はれ斯くして又西又東彼地此地《あちこち》に飛巡《とびめぐ》り、又引返して西へ行きしが即《やが》て二丁程も距《へだ》ち し頃、竟に明滅して見ゑず成りぬ。我れ臍《ほぞ》の緒を断《きつ》てより此に七十一年なれども未だ曾て此く怪《あや》しげなる火の塊を見しことなし。想ふに是れ世俗の所謂《いはゆる》狐火にやあらんずらん。狐の舌を吐く時には其涎《よだれ》火を放ちて宛《さな》がら明玉の如しと云ふなる其れかあらぬか識者に就て疑ひを質さま欲しと同人より遥々《はるばる》来書《らいしよ》。

◉「伊勢新聞」明治一六年二月二三日……●

# 白面九尾の狐が恩返し

【三重県／矢野村の辛州神社発】「我のために社を建設してくれ」との白面九尾の狐の願い。それを聞き入れてやると、狐の恩返しが始まった。

◎所は一志の雪出川、下流に傍《そへ》る矢野村の県社辛州神社の境内に鎮座《ちんざ》ましますす稲荷明神の元の起源《おこり》を尋《たづぬ》るに同村平民稲畑某と言へる者に魅《みい》りし狐

の、我身が為め辛州の山に社を建設し呉れなば直《ただ》ちに退くべしと白面九《はくめんきう》尾《び》のそれならで其老狐《ふるぎつね》の切なる依頼を捨置《すておき》なば如何なる祟りやあらんずらん、言ふが儘《まま》に〳〵なすに如かじと、終《つゐ》に辛州神社の境内の東部の方に社を結びしか果して老狐は其後は烟《けむり》の消ふる如《ごとく》にて何某の身体を蟬脱《せんだつ》せり。是より同地の首領《かしら》となり数多《あまた》の狐を我麾下《てした》となすのみならず此来《このかた》は稲畑何某を主とも頼み頼まれて、諸人《しょじん》の祈願一々成就さするよりとにて次第〳〵に繁栄して、一位の赤旗《せきき》は碧松《へきせう》の間に翩々《へんぺん》し、数百の詣客《けいかく》は社前に充《み》つ。実《げ》に難有《ありがた》き稲荷様、我も願ふは前途の厄《やく》難のみ、何卒解除なし給へかし。亦こそこめと拝三拝《はいさんばい》、徐《そぞろ》ろに泪を催すまでに感を生して帰る旅客《たびびと》も夥《おびただし》く何不足なき儘に眷族《けんぞく》麾下の次第に増し今では都合二十七匹の家内にて、中にも可笑《おか》しきは其狐共の名にて長を黒松の藤吉と呼び以下天野《てんの》の勇治なんどそれ〳〵悉く姓名《せいめい》のあるとか。亦最《いと》も怪むべきは何某との交際《なか》にて何某が言ふが儘に〳〵或は留守番をなし或は暗夜《あんや》等に四五匹の前後になりて送り来る由。亦遠方《ゑんぱう》等へも使する等誠《まこと》に今日《けふ》の世にて奇《く》しき事などありと、右を以て他方の野狐《のぎつね》などは決《けつ》して矢野村地方へは蹂躪《じうりん》する事を得ず。地方の人民なども霊現《れいげん》著しとて敢《あへ》てこれを誹《そし》る者非ずとなん。玆に四五日前の事とかよ彼の何某が用事もて其一頭を北勢亀山迄使《つかは》しに、其返事の遅きは如何なる故ぞと打案じつつ待居たり。此稿また長ければ次号に。

◉「伊勢新聞」明治一六年三月一一日……●

# 怪物が猟師さらう

**【兵庫県／加西郡小谷村字城山発】** 同じく猟師をしている二男と山に入った男。突如として怪物が走り来て、息子をさらっていく。

◎兵庫県下播磨国加西郡小谷村のうちに字城山と称ふる山あり。松檜《まつひのき》の弥《いや》が上に生茂りて昼さへ暗き深山《みやま》なるが、兼て此山の鹿猿を猟《あさ》りて活業《なりはひ》となす山本藤吉といふ男ありて、去月廿五日の未明《あさまだき》より二男の太吉といへる若者と共に例の如く手に〳〵一挺の猟銃を携へて此山に分登《わけのぼ》り段々奥深く進み行く中《うち》、忽ち傍の杜《もり》の中より未だ見た事もなき一種の怪獣の顕はれ出で此方《こなた》を指して飛来る様宛《さなが》ら疾風《しつぷう》の如くにて、丸込《たまこ》めなす間もあらばこそソレといふ中に早や二人の前へ飛び近付き、驚き避けんとする

太吉の腰の交叉《つがひ》を口に銜《くは》へ其身の背《せな》の上に投載《なげの》せて元の杜《もり》の方へと飛去《とびさ》りたる其事の為体《ていたらく》如何にも迅速にて、藤吉は我子の危急を救ふべき道もなく只夢の如き心地にて其跡より杜の中へ追往きつつ其処か此処かと捜索《さが》し廻はれど遂に其行方の分らざるゆゑ、迚《とて》も我れ一人にては叶《かな》はじと思案《しあん》なし一先づ居村へ走帰り村の若者等に急報して時を移さず大勢打連立ち再び該山《かのやま》へ馳登《はせのぼ》り、以前の杜の辺《ほとり》より其近傍の谷間岩陰のこる方なく捜《さが》せしかど、遂に其獣に出会ざるのみか太吉の死骸さへ更に見えず、其翌日まで徹夜して捜し明かし空しく一同帰村の上戸長役場へも届出で、昨今村民等は大挙して其獣を猟取り村の後害《こうがい》を除かんと専ら協議中なるよし、同地の人より報知されたり。因《ちなみ》に記す、右の怪獣は大き小牛程ありて、全身長き白毛を生じ、眼は極《きは》めて大なれど一体の顔は左まで獰悪《ねいあく》ならず、何とも名の知れざる一種の怪獣なりしと藤吉の親しく話せしといふが、何といふ獣なるか太吉が身の上こそ気遣はしけれ。

◉「日本立憲政党新聞」明治一六年五月六日……●

# 男が蛇に変ず

**【京都府／新京極松ケ根町発】見世物にされるところを買い受けられ、放してもらった白蛇の話。それを聞いていた男の様子が……**

怪現象

◎清姫驚くか否、なつた〳〵清姫は安珍慕ふて日高川を游泳《およぎ》こえ道成寺に入り蛇《ぢや》になつたは往昔《むかし》の事で、虚蛇《うそぢや》か実蛇《ほんぢや》か狂言綺語《きようげんきぎよ》で何蛇《なんぢや》か知ねど頃日《このごろ》新京極松ケ枝町辺にて生た人倫《にんげん》が白蛇になつたの蛇《ぢや》と評判高いをハテ変蛇《へんぢや》はへと探りし処ろ、去月《あとげつ》下旬隼人《はやひと》の薩摩国鹿児島で生捕た〳〵荒《あら》オツト白蛇なりとて大坂の投機師《やまし》が直経《さしわたし》三寸長サ七尺余りの白蛇を当地へ持来り、観物《みせもの》にせんものと新京極の興行席船越弥七、安野喜三郎、藤井浅次郎の三人へ相談した処ろ、代価拾五円にて買請しを、同所松ケ枝町の理髪職中氏捨吉が該《その》白蛇を見て、是《こ》は弁財天の使命《つかはしめ》ゆゑ観物になすより江州竹生島へ放ち遣る方が宜《よか》らうと語るに、彼の三個《みたり》も実《げに》もと点頭《うなづき》成程弁財天の御利益《ごりやく》で以後《こののち》何如なる幸福《さいはひ》を授るやも知ずと相談遂に一決した始末を聞きし三条小路西入る旅宿《はたご》店万屋《よろづや》を始め其他の旅店《やどや》連《れん》が白蛇さまのお宿を致さむと云入《いひいれ》しも、万屋に一夜蛇蛇張《ぢやぢやはつ》て泊つたのみで関係人は去月《あとげつ》廿九日右の白蛇を携へ竹生島へ赴き翌《よく》三十日竹生島弁財天社の辺《ほとり》へ放ち、軈《やが》て奇妙頂礼《きめうてうらい》閻浮《にんぶ》長姉《ちやうじ》能持《のうち》大智恵《だいちえ》聚大弁財天《しやだいべんざいてん》と称し弁財天を参詣し、翌三十一日当地を斥《さし》て立帰りしが、彼の理髪職捨吉方の雇入《やとひいれ》なる梅吉（二十三年）が捨吉に対ひ親方白蛇は何様《どう》なりましたと問《とへ》ば、真面目で然《され》ば白蛇を湖水へ放つと大いに歓喜《よろこむ》で、七回半匝々《くるくる》と廻つて梵《つり》鐘《がね》ではない社の背後《うしろ》へ行《ゆき》しと思ふ間もなく何所《いづく》へか消たが、実《じつ》に難有《ありがた》かツたと竹生島での景況を車輪になつて物語《ものがたる》最中、アアラ不思議や不審《いぶかし》や梅吉の首《くび》が漸次《だんだんのび》伸て口から蛇の如く火焔を噴出し其儘倒れて詞《もの》をも得《え》言《いは》ず恰《あたか》も蛇同様の体裁《ていさい》に渾家《かない》の人々は叫苦《あつと》驚きソリヤコソ男の清姫だ些《すこ》しも安珍が出来ぬ大変と噪立《さわぎたつ》る其中で、梅吉は蛇々《ぢやぢや》に匍匐《はらばへ》でヌラ〳〵座敷を廻るものから、捨吉は是全く弁財天女の御利益にて梅吉が蛇になつたと歓喜《よろこび》居るに、反対《ひきかへ》梅吉は其後一切詞《もの》も云へず苦《くるしむ》で居るとの噂《うは》さ、蛇が首が伸るの火焔を吹出すのと云ふ事が有て何様《どう》なるものか、是は当人の神経病蛇《しんけいびやうぢや》と記者が保証して世《よ》の囂々連《がやがやれん》を警戒《いましめ》た新聞蛇《しんぶんぢや》。

◉「京都絵入新聞」明治一六年九月五日……●

# 火の玉を捕まえる

**【京都府／洛東知恩院発】** 院内を毎夜のように飛び回る火の玉。その正体を探ろうと僧たちが火の玉を箱に捕らえるが、翌日には……

◎洛東知恩院の山頂《いただき》なる蛍の岩屋の向ひに一心院と云ふあり。去る一日より此院中へ毎夜火の玉がころげ出るに毎も十二時頃より納所寮の柱根《はしらね》より少しの光り顕はれ、漸く一尺余りになりて院内を飛めぐるが例なり。此所に住居る三人の僧徒は昼は終日学問に疲れ夜またこの怪異に悩まされ物外の身ながらも怪しく思ふからに心神疲労してげり。去る十九日余りに際限なき事なり寧そ捕へて見んと用意の棒にて火の玉を打散せば、火は八方に散乱して人の手足眼口にもまとひ移り、消さんとあはてしも幸ひに熱くもなく又燃ひろがりもせず。されど出処を見届くべくもあらねば来歴を知るべきよしなし。翌日また三尺余の古箱を備へて火玉を陥ゐれ、明朝を以て充分に取糺さんと急に蓋《ふた》を閉ぢ目張迄堅くして置き、扨て翌朝見しに空々寂々更に一物もなし。不審はいよ〳〵晴ず怖さもまた一入増せり。仍て大般若を転読して妖魅をはらひ火の玉は舎密家《せいみか》に托して見届け、原素を探究せんとて去月二十二日に舎密家が出張せし由にて其節画工が三四人其景色を写さんと共に出かけしと迄聞けり。其後如何せしや根のよき光《ひか》りものなり。

◉「紫溟新報」明治一六年九月一九日……●

# 夫の体が伸びる

**【京都府／建仁寺町五条上る発】離縁した夫を慕いつづける女。清水寺で復縁を願った帰り、偶然、前夫に出会うのだが。**

◎狐狸《こり》や胴だ　恋し床《ゆか》しと前夫《さきのつま》を慕ふ女の心中を察したものか浅慮《あさはか》にも万物の長たるも（旧弊らしいが）人倫を魅《ばか》さんとなす憎《にっく》き畜生（ト気張《きばっ》た処ろが該《その》畜生は居《を》らぬ）の所為《しわざ》と云ふは、建仁寺町五条上る辺に住む木村某の娘おたい〔十七年〕が去年十二月頃上七軒辺より由兵衛〔二十一年〕とか云へる聟《むこ》を迎へたが如何《いか》なる訳か聟は不縁になつたので、お台は心中大いに憂ひ仮令《たとへ》所天《をっと》に如何《いか》なる事あつて離別になるとも奴家《わたし》は一《ひと》回《たび》所天《をっと》と定めし其《その》お人へ貞操《みさお》を立る女の道を争《いか》で破らむ、飽迄も再縁をこそと由兵衛の親許へ屢々云ひ入れに、肝腎の由兵衛は大坂か大津へ行《ゆく》衛《ゑ》知ずと聞て驚愕《びっくり》、お台は毎日日来《ひごろ》念ずる清水寺の観世音を一層《ひときは》信仰し、何卒《なにとぞ》所天《をっと》の所在《ありか》が知れて奴家《わたくし》と再び配偶《つれそひ》ますやう願《ねぎ》まつると、旦《あした》に夕に参詣些小《いささか》怠りなく一心不乱に祈念して居た処ろ、去十七日午後九時頃毎《いっ》もの如く清水寺へ参詣し堂宇の前に到る折しも、堂宇の此方に日来《ひごろ》恋しと慕ひ居る前夫由兵衛の停足《たたずみ》をるに、お台は驚愕《びっくり》且つ喜び、エエマア由さんお愛慕《なつかし》う是も偏《ひとへ》に南無大慈大悲の観世音が奴家《わたし》の心を憐愍《あはれみ》給ひ前夫《さきの》に遇させ給ふかと、夢現《ゆめうつつ》の心持にて嬉し歓ぶ其間《ひま》に、這《こ》は乍麼《そも》如何《いかに》是《こ》は什麼《いかに》、所天《をっと》と思ふ由兵衛の身体《からだ》は漸《だん》次《だん》延て其丈一丈余りになつたのでコリヤ何事と叫び苦み倒れしを、詰合の僧侶が声音聞付馳来《はせきた》り、お台を種々《いろいろ》介抱し仔細を聞て狐狸の所為《しわざ》と考へ早々お台を送り戻せしと云ふが、狐狸《こり》や胴《どう》だの標題《みだし》も無理では。

**◉「京都絵入新聞」明治一六年九月二一日……●**

# 幇間が火の玉遭遇

**【京都府／真葛ケ原東大谷道発】石地蔵の傍らから、突然六尺あまりもの火の玉がフワフワニョロニョロと飛び回る。**

◎カチ〳〵山の狸は背負し柴に放火され大焼傷《おほやけど》の怪我した挙句土舟に乗て土左仏往生は兎の為の落話、是もカチ〳〵山や茂林寺の文福茶釜《ぶんぶくちゃがま》などとは違ふ面青《おもあお》狸の驚愕《びっくり》話は時候も恰好《ちゃうど》秋ぞ色増《いろます》華頂山を鬼門に見にし真葛ケ原の辺《ほとり》に住ひす八阪新地の幇間《たいこもち》百足屋《かでや》の春八（四十三年）が去十七日鼻下長客に招かれて面白狸の腹鼓スツポコポンと腹の中肥《うちこや》すは此時得たりや応とも云ふまいが、客を浮して夜の十二時頃吾家へ帰る其が途中真葛ケ原東大谷道なる辻地蔵の前まで来ると、アアラ怪《あや》しや不審《いぶかし》や、恐《おそろ》しや悲《かな》しや恨《うらめ》しや、狸ではない幇間《たいこ》に

狸が魅《みい》りし其様《そんな》不粋は有《ある》まいが、石地蔵の傍らより忽然光気を発し見る間に八畳敷程でもなけれど六尺余りの大屁《おほへ》イナ火の玉が出現《あらはれ》、真葛ケ原の野中をそよ〳〵浮和《ふわ》〳〵如路《によろ》〳〵飛廻り、稍《やや》あつてボカンともガタンとも音せず落しに春八驚愕呃咳《びつくりしやつくり》とどめる間《ひま》さへ吐嗟《あなや》と、八畳敷の睪丸《きんたま》でなく親譲りの所有品が縮上ツて吾家へスタ〳〵逃帰り、アア苦《くる》や情なやとホツと溜息つく〴〵思へば、猶々身毛弥立《いよだち》て、遂に其夜より神経病に罹り寝て居るを、春八の客某《それ》が聞得て其様な事は有る筈なしと尠《すこし》く化学を知る処から実地目撃致さばやと、翌日の夜半態々辻地蔵の辺へ赴き、今や遅しと火の玉の出現を待間程なく、彼の火の玉がヒユウドロ〳〵の鳴物なしで出現《あらはれ》たを熟々《よくよく》視《みや》ると、決して驚ろく物でなしと、春八の許《もと》へ赴き同人の枕辺で彼の火の玉は全く石地蔵の傍らには木竹多きのみか往昔《むかし》人骨を埋めし場所ゆゑ自然と人骨の腐《くされ》敗且つこの葉竹などより発する英国語《いぎりすご》にて燐《ほすほらす》の類ひが酸素に触れ夫が故に右の如き光気を発するなるべしと想へど、俺の浅学では確乎《しかと》判らずと説諭《ときさと》したので春八夢の覚たるが、ナナナナール程と答へた後は病痾《やまひ》も癒《おこた》り歓むで居るとの評判ですが、火の玉の為に睪丸《きんたま》を縮せ胆玉《きもだま》を顚覆《てんぷく》なさしめたるも実地を聞て、あたまを爬々嗟吁《かきかきああ》実は一時魂消《たまげ》たと云たか何様《どう》だか随分面青驚愕《ずゐぶんおもあをびつくり》珍話《ちんわ》。

◉「京都絵入新聞」明治一六年九月二二日……●

# 飛行する怪獣を撃つ

【京都府／与謝郡四辻村発】 名うての猟師が山で見つけた洞穴。熊の冬ごもり用の穴かと思ったら、中にはとんでもない怪獣が。

◎此に京都府下丹後国与《よ》謝郡《ざこほり》四辻村に安田庄兵衛と云へるは、性来銃猟を好みけるより自然に其妙《みやう》を究め百歩の外に楊柳《やうりう》を射るの養由基《やうゆうき》にもおさ〻劣るまじき程の妙手《みやうしゆ》なれば、暇ある毎に深山幽谷に分け入り飛禽《ひきん》を撃《う》ち走獣《そうじゆう》を斃《たお》すにいつも過《あやま》つることなかりき。去る七日も朝未明より飯器《はんき》を腰《こし》につけ日頃手馴れし銃を肩にし、熊野郡布袋野《ほていの》なる畑上《はたかみ》といへる処へ赴《おも》むき猪や居る熊や在んと、木の根を攀《よぢ》て嶺《みね》にのぼり葛藤《つた》を手繰《てぐつ》て渓間に下り巌頭樹間《がんとうじゆかん》を分け入り〳〵奥深く進みゆくに、只看巨巌屏《ただみるきよがんびやう》風《ぶ》の如く立双《たちなら》びし間に最《い》と大なる洞穴あり、庄兵衛はこれを見て這《こ》は定て熊の冬籠りする穴にてこそと思へば、心勇《ゆゆ》しく追々と歩みよるに、残りの雪に積押れし小笹の藪がザワ〳〵と鳴り響き、その姿五六尺もあらんと覚しき何とも分らぬ怪物の顕われ出たり。眼《め》は百錬の鏡の如く、口は伊丹樽《いたみだる》の面を外せしかと見ゆるが、炎に似たる息を吐き飛蒐《とびかか》らんず有様に、有繋《さすが》の庄兵衛驚《ぎよつ》となし思はず二三十歩逃出《にげだ》したるが、遮莫《さは》れ吾が手練《しゆれん》に争《いか》で洩《もら》さん射撃呉《うちくれ》んと、携《たづ》さへ来りし鳥銃に十分の薬をこめ狙ひ固めて火蓋《ひぶた》をきる、一声の音と共に彼の怪物は左の眼《まなこ》を打貫《つらぬか》れて急所の痛手にさも凄《すさ》まじき声を出し、七転《てん》八倒《とう》飛狂ひ、遂に斃《たお》れて果にける。庄兵衛は仕て遣《やつ》たり木の根を伝ひ傍へゆき其形容を倩々《つらつら》見るに、首《かしら》より尾迄五尺余脊《せ》の直径三尺五六寸、脊の上に白き小亀甲あり。又四足と覚しき鰭《ひれ》の如き翼に似たる物ありてよく飛行奔走なすと見ゆ。庄兵衛はこれを見ていまだ其何といふ物たるを知らず、よつて早々人里へいで夥《あま》多《た》の人を雇ひ漸く四辻村へ持帰りしが、目方は四十余貫目もありしとのこと。

◉「伊勢新聞」明治一七年三月三〇日……●

# 地蔵がお辞儀

【三重県／伊賀名張郡某村発】 息子が風邪で寝込んだことを心配した男が地蔵に願かけ。ところが、地蔵は六体のはずがなぜか七体に増えている。

◎枝参差《さんさ》として相交り老《ろう》杉古《さんこ》松《せう》弥《いや》が上に重りて昼さへ黒《くら》き森の中《うち》、況《ま》して夜目にはいとどしも淋しさ送る樹梢《こずへ》をば掃ふ野風の物凄く、爰《ここ》に年経る

一匹の狸あり。一昨日《おとつひ》は彼里《かしこ》の辻に露《あらわ》れ、昨日は此里《ここ》の土橋に変化《ばけ》て、魂《たましひ》取られて這々《はうはう》に脱《に》げて来るも青《あを》顔《ざめ》て身の毛を立つる者も多ければ、其近傍《そのきんばう》は云ふ物かはいと隔つる所にても夜道はせむ迄云囃《いひはや》し、泣児《なくこ》を止むる種にまでそりや森のお狸《たぬ》じや狸ぞと高き話も此頃は如何なる故か顕れて、嚇《おど》す事抔はなかりけり。却説《さても》同村に何某とて日頃よりして質朴の田舎堅気《いなかかたけ》に常々より其森に立祭《たてまつ》る六体地蔵を信仰し、日《ひ》毎日《ごとひ》毎《ごと》珍らしき花などあれば手折《たおり》もて、そが身前《みまへ》に手向《たむ》け何呉《なにくれ》となる一心に信仰するものから、此間より息子が風《かぜ》の気《き》なりとて打臥《うちふし》たるが捗々《はかばか》しく臥房《ふしど》を放れざる折からに、件《くだん》の翁《をふ》は時をも違へず午後七時頃其森へ足も小走りに詣でつつ六体地蔵に額《ぬか》づきてあはれ六体の地蔵尊六道能化《ぢぞうそんろくどうのふけ》の利益もて息子の病気を愈し玉へと、三拝してぞ我家へ帰る。斯《かく》なす事の殆んど七日を経て第八日目の日なりとぞ、例の金槌頭を振りながら嗚呼今宵《ああこんや》は何故か身の毛の慄然《ぞっと》淋しきはと梢の風を耳にして漸《やうや》く地蔵に近寄りて拝まんものと不図《ふと》見ればこはそも奈加《いか》にあら不思議や六体の地蔵が七体となりをれば忙《あき》るること大方《おおかた》ならず、こは怪《け》しからぬことぞかし木《き》でも紙《かみ》でもない石の地蔵菩薩《ぢぞうぼさつ》の御身体《ごしんたい》を誰が舁《かき》もて来置きしらん、怪しのことや不審《いぶか》しやと、余りのことに拝しもならで黙然として立居しが礑《はた》と心で手を打て偖《さて》こそ近頃隠れ居し彼の又狸が、わが道心《どうしん》を試みるにや必定《ひつぜう》なし。仮令《たとへ》此身は半百《ごじう》に近し、とはいへ男一匹なり、怎《いか》で四足に魅《まじな》はれんや、不意を打て狸の裏をかきくれん、爾《さ》は去《さり》ながら聊《いささか》も贋《まご》ふ方なき七体の孰《いづ》れが信か偽ならんやと暫し小首を傾けしが、斯《かう》して呉れんと点頭《うなづい》て即《やお》ら其場に立寄りて傍《すみ》より端《すみ》まで一辺《いっぺん》は一応礼を正しくして三拝して、偖《さ》て其中の端に立たる地蔵の体何処ともなく怪しく思へば、是社《これこそ》狸によも違はじと再び蚤取り眼《まなこ》に角立《かどたて》て一体々々拝しつつ終に怪《あや》しき地蔵に向ひ此地蔵尊こそいと怪し、外《ほか》の地蔵は皆一同礼をば返し玉わるに、何が為にがそをし玉はざると、恨むが如く呼びければ、石の体《かたち》に地蔵尊が手持無沙汰《てもちぶさた》の形勢《ありさま》にてそろ々々腰の当りを打縮《うちかが》め頭を下げて目礼せしかば、何某は大音声《だいをんぜう》、此畜生奴万物の霊たる物を誑《だま》し得ん、イヤ何、他人は誑《だま》すとも此五三兵衛を誑し得んや、と云《いふ》より早く土足を掛けて地蔵を後へ微塵《みじん》になれと蹴倒《けたを》せしが、蹴《け》られしより地蔵の体は後の小藪へカサ〱と跳り込んで行《ゆ》きしかば、果して狸にありけるような、悪《にく》き畜生《ちくせう》が業《わざ》なりと、其儘我家へ帰りしは県下伊賀名張郡某村でのことなりといへど受取り難きことにこそ。

◉「伊勢新聞」明治一七年四月二日……●

# 怪物が踊る家

**【三重県／一志郡布引山の片ほとり榊原村発】 病に臥せった弟を見舞う兄。ある夜、いつもの通り弟の家を訪れたら、門のところに大入道が立っていた。**

◎怪物を見たりといふは全く神経の狂ひとはいへ数人の中にして少しは慥《たし》かなるものもあらんに、何《いづ》れも怪に出会しといふ最《い》と奇怪の話あり。一志郡布引山《ぬのひきやま》の片傍《かたほと》り榊原村に坂上円治といふ者あり、弟を幸吉と呼びて去る明治十四年に同所八幡宮の麓《ふもと》に別家《べつけ》し妻を迎へて居たりしが、故《ゆへ》あつてその妻を去《さ》り一人暮して居し処、只苟且《ただかりそめ》の病に罹り、次第に病苦は重り来て頼み少なき有様を、兄の円治は農業の間《ひま》に見廻り又夜は泊りして介抱をなしけるが、或る夜円治は此《この》家《や》に来り門口を入らんとせし時、雲《くも》突《つく》ばかりの大の男身には烏帽子《えぼし》直衣《ひたたれ》を纏《まと》ひ門《かど》の中央に立塞《たちふさが》り従者と覚しき異形の者ども其の左右に居並びたるに、円治は一目見るよりもアッと叫びて其場に倒れ、稍《やう》やくにして正気づき四辺を見るに影だになし。内の病人は如何《いかが》せしやと飛入りて見れば何事なく平常の通り寝臥《ねふ》しあり。然《さ》れど円治は此事を病人には告《つ》げずして一人怪しみ翌晩も密《ひそ》かに様子を窺《うかが》ひしに、此度は前と変りし姿三つ目入道一つ目小僧怪談の絵にある如き種々異形のもの現はれ調子《ひやうし》をとつて踊《おど》りたり。隣家の者も之を見て夫より近所中の評判になり誰知らぬ者もなく終《つい》には子供まで見に出るに夜な〳〵怪物は集りて万歳の真似をなし、或は大神楽手踊《だいかぐらておどり》等様々の事をなすを誰彼《たれかれ》も見しといふは、神経病に罹りし人を狐狸《こり》の眩惑《くらま》するならんか何にしても更に信用出来ざるなれども、投書のままを記《しる》し置ぬ。

◉「伊勢新聞」明治一七年八月一日……●

# 家を追われて恨み

**【三重県／度会郡宇治中之切発】 借金の抵当に入った家を追い出されることになり、狂死した女。ところが貧家になったその家にとりついて……**

◎世にも怪異と云ふ者はなく邂逅《たまたま》目に触るものは完《まった》く心経の狂ひなれども畢竟《ひっきやう》原因《もと》となるもののあつて然《しか》るが爰《ここ》に度会郡宇治中之切辺に保田久五郎（五十三年）といふ者あり。正直一片にして念仏《ねんぶつ》三昧《まい》に日を暮すゆへ人々仏《ほとけ》久と異名《ゐめい》せり。家事は一切妻のおとを（五十八年）に任《まか》せけるに妻は夫に引変へて貪欲非道の性質《さが》にして、悪《にく》まぬ人はなかりしが、過日頃より病痾《やまい》に罹り種々療養を尽せども次第〳〵に憔悴《やせおとろ》へ最《い》と重病に陥りし。爰《ここ》に又同所館町の旅店《りよてん》に平田八蔵といふ者あり、妻はおとをの妹なれば互の中も睦じく、或る日八蔵は久五郎夫婦の者へ家屋を抵当として若干金《そこばく》を貸与へしに已に期限を経過すれども、更に返金なきままに屢々《しばしば》催促するに付け返金どこか病蓐《びやうじよく》より悪口雑言《あくこうざうごん》を吐き散らし病痾《やまい》に罹るを口実に踏倒さんとする様子に、八蔵も今は腹に拵へ兼て同所に何職を営業とする何某に依頼して貸金請求の勧解《かんかい》とか何とかを其筋へ願ひしに、元より抵当の家屋なれば八蔵の所持家に指令あり、されば八蔵は此旨を久五郎に掛け合ひて明け渡の請求するに、久五郎は途方に暮れ、おとをの永の病気に今何処《どこ》といふ家もなし何卒病人全快までは御猶予《ごいうよ》を願いたし強ひて渡せと仰《おおせ》あらば貴殿の細君はおとをの妹他に縁類もなき事なれば、貴家へお引取あつて病気の看護を下さるべしと、涕《なみだ》を流がして頼むにぞ、八蔵尤《もつと》もと思ひしより病気中は其儘に該家を貸置く事になせしに久五郎の悦《よろこ》び大方ならず、痛く其恩を謝しける中にも妻のおとをは我家を取らるるとのみ思ひ詰め八蔵夫婦を恨みしが終《つい》に気力を弱り果て、只恨めしと云儘《いふまま》に狂ひ死をぞなしたりけり。

（以下次号）

●「伊勢新聞」明治一七年一〇月九日……●

◎（前号の続）久五郎は詮術《せんすべ》なく、野辺《のべ》の送りも済せし後は同町山下某方へ同居して今迄己れの家屋なるも、借金の方に情けなや八蔵の所有《しよいう》とはなれり。されば八蔵は此の家屋を何某に貸したるより、早速《さつそく》何某は此家に移り、未だ月日も立ぬうち妻のお何は病痾《やまい》に罹《かか》り臥《ふ》したる枕辺に夜な〳〵おとをの痩《や》せ衰《おとろ》へおどろ髪振《かみふ》り乱し、恰《さ》も恨めしげの顔色《がんしよく》にて、直《つつ》立ち居るに其恐《こは》さ何に譬《たと》へんものなく、或《あ》る夜《よ》はお何の咽喉《のど》を〆《し》め其苦しさに堪《た》へ兼ねて、ワツと叫に何某はお何〳〵と呼び覚せど更に正体なかりしが、漸やくにして心地《ここち》つけば全身《そうみ》は寒汗《あせ》流れり。斯《かく》の如きも毎夜なればお何の病症《びやうしやう》次第に重《おも》り其憔《おと》悴《ろへ》の容体《ようたい》はおとをの顔色に異《こと》ならず。且つ不思議なるは声音までおとをの通りに変りつつ夫《おつと》何某の胸ぐらを取り恨みの数々並べたて我々夫婦を逐《お》ひ出せし此家に関係せし人は、皆取殺して恨みを霽《はら》さんと白眼《にら》みたる顔色は、髪逆立《かみさかだち》て歯を噛み〆《し》め物凄《ものすご》き事限りなし。何某も持あまし八蔵夫婦は言《いふ》に及ばず親類一統を呼迎《よびむか》へて、看護には力を尽し種々療養なすといへども少しも其効験《しるし》なく、或時は脇差《わきざし》引抜き威《おど》し懸れば、病人はカラ〳〵と打笑ひ殺さば殺せ最早《もう》とくにお何をば取殺《とりころ》し只体中を仮りしのみ早《はや》〳〵断《き》れと身をもがき、居並ぶ人を白眼《にら》みつけ斯様に妾《わらは》を威《おど》せしとて何の詮術《せんすべ》なき事ぞ、其内追々順廻し片ばしから嚙殺さん覚悟せよと罵るにぞ、人々も呆れ果て寄付くものなき程なりしが、憐《あわ》むべしお何は果《は》敢《か》なく鬼《き》籍《せき》に陥りたれば八蔵夫婦は順が来るかと大心配を為し居る由、南無幽霊頓生菩提。

◉「伊勢新聞」明治一七年一〇月一〇日……●

# 亀が自殺者救う

**【大阪府／東区南農民町発】** 継母に目の敵にされ、思いつめて死を選ぼうとした青年。堀に身を投げた彼を救ったのは、なぜか大きな亀であった。

◎怪むべき一亀譚　大江《おほえ》朝望《ともち》が歌に曰ふ浦島の心に適《かな》ふ妻を得て亀の齢《よはひ》をともに添けるとは彼日本紀にも見へたりける丹波余社郡管川の人水江浦島子の海に釣して大亀を助け之《これ》が為に美女を得て海に入《いり》、蓬莱《はうらい》に到り仙《せん》歌《か》の楽快《たのしみ》を極めたりとの説に基《もと》づく詠歌《よみうた》にて、二千余年の苔むす話し虚実も定かに知り難けれど、亀は甲虫の三百余種の霊長とかいへば、斯る奇怪もあるべきにや、這《こ》は芦がちる浪速江《なにはえ》に亀を救《たす》けし其恵み其子に酬へて死ぬるべき齢《よはひ》を延し一奇譚、通知《しらせ》の随意《まにま》かい記さんに、大坂府下東区南農人町第四十八番地大里与兵衛といふ古着屋ありて、当主の与兵衛は気立よく結構人とも呼るるものなるが、若き比《ころ》より亀を好みて売物といへば必らず買求むれども、敢《あへ》て座右に玩弄するにもあらで買得ては之を天王寺境内の池又は錦城《おしろ》の堀中へ放つを楽みとして、本年《ことし》迄放てる数の其幾匹を知り難しと。然るに此与兵衛に悴与五郎とて今年十八歳になるものあり、女房は後妻にて此腹には長女おさめ（ことし十四）二男与十郎（ことし十一）を儲《まう》けたるが、後妻といふは腹あしきものにて兎角に与五郎を忌み憎《にく》み、あらずもがなと思へるも我腹痛めし与十郎を家督になさん世に所謂継母魂生《こんちやう》と知られつつ一個壮若《いちにんまへ》となりたる与五郎を時としては撃殴《うちたた》き不孝者よ馬鹿ものよと口穢《くちぎた》なくも詈《のの》しれど、与五郎生質温厚《おとなし》く、敢て執拗《さからう》こともなく実母の如くに仕《つか》ふるを好き事として、良人《をつと》与兵衛に悴は疾《とく》より遊蕩《あそび》を始めて南地《みなみ》の青楼《ちやや》に狎妓《なじみ》あり、為に不良《よから》ぬ借財なして店の売掛け品物迄掠《かす》める事も数多《あまた》ありと、讒口《ざんこう》金をも鎔《とろ》かす勢ほひ、心曲《こころまが》らぬ与兵衛なれば大きに怒りて、早速親類方へ預けて懲しめんとの相談《はなし》を聞き知り、与五郎は吁《ああ》我れ斯《かく》てある中《うち》は母の心は治るまじ、寧《いつ》そ此身亡《なく》なりなば弟に家も譲らるべし、母の心も休むべし止矣《やみな》哉《ん》々々死すべしと、覚悟を究《きは》めて家を抜いで、偖いづこにて死ぬべきやと那辺此辺《あちらこちら》と徘徊《たどる》うち、日も暮れ夜も十時を過ぎ来るとはなしに御城へ近く、折ふし洩る月影に見下せば碧潭《へきたん》深く藍《あゐ》を湛《たた》へ石垣高く聳《そび》へたり。

伝へ聞く此壕の底は薬研《やげん》の形して堕《おつ》れば上陸《のぼ》る事ならじと、命捨るに好場《よきば》処《しょ》と家路に向ひて合掌し、先立つ不孝を心に謝罪《わび》、人の来ぬ間と身を躍らせ壕へ潮然《ざんぶ》と飛込し水の玉かや魂《たましい》も幻《うつつ》に沈む底の下、底には何か物ありて浮むとも水上に身を浮上られ、切岸の石垣近く寄られて、心づく儘彼物《かのもの》を見れば、是なん大なる亀の甲にて岸へ来ればはや升《のぼ》れと言《いは》ぬ計《ばか》りの有様《ありさま》に、偖《さて》は命は助かりけり、這《こ》は父上の年比《としごろ》多く放《ゆ》るし給ひし亀にやあらんと不覚《そぞろ》に父の恋しくて、石垣伝へ這《はい》登《のぼ》れば、亀は底へと沈みたり。折から人の足音して怪しやと人がと提灯振あげ、身投か。但し誤まちて危うかりしと介抱せられて一伍一什《いちぶしじふ》を物語れば、此人は阿波座《あはざ》の住にていと俠《をとこ》気《ぎ》なる人なりけん、さる筋《すぢ》ならば親の方へは我より好《よき》に話して、夫より直に同道し農人町にて悴の家出し行方知れずと大騒ぎの中へ連立ち入来り、阿波座の人より投身《みなげ》の次第を委《つぶ》さに語れば、父与兵衛は亀の不思議に驚ろきて、怒りも消れば継母も深く我身の悪巧《たくみ》口を恥ぢ、誠を明して後悔すれば与五郎是を慰さめて阿波座の人を客となし芽出度祝宴を開きしとぞ。古語に怪力乱神を語らずと云《いへ》ど、這《こ》も新聞の一種ならんと挿画《さしえ》を加へて余白を埋めぬ。

◉「海南新聞」明治一八年一月八日……●

# 天狗の爪を掘り出す

**【兵庫県／飾東郡長柄村発】** 道路工事の最中、地中から掘り出された異体の爪。識者は「天狗の爪だ」という。

◎播磨の国飾東郡長柄村と云るは山又山と聯続せる所なるが、同村の字《あざ》おざみ鳴といふ所を開鑿《かいさく》して道路と為さんと、既に一丈余を掘下げたるに長三寸巾七八分程なる一種の異体《ゐたい》の爪《つめ》を掘出《ほりいだ》せり。素《もと》より人類の爪にもあらねば又た獣類の爪とも思はれず何とも不審千万なりと。同所の識者に就て尋ねしに所謂天狗《いわゆるてんぐ》の爪なるべしとの鑑定なるが、尚是《なほこれ》を慥《たしか》めん為め鑑定の儀を兵庫県庁へ願出たりとか。

●「伊勢新聞」明治一八年四月一一日……●

# 首くりの館

**【滋賀県／大津下栄町発】** 三つ目の大坊主がやってきたり、首くくりが見えたり、血みどろの者がきたりと忙しい幽霊屋敷。

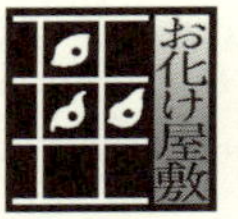


◎大津上京町の通運会社へ運勤する同所下栄町の小山藤吉といふが、去る十九日の夜十時過ぎ会社より帰宅すると、家に留主居せし娘おいさ（九年）と下女のおまつ（十三年）が顔の色を青くなしガタ〳〵慄ひながら片隅の方に小くなつて屈《かがん》で居るゆゑ、主個《あるじ》は如何せしぞと尋ねしに、今さき玆へ色の真黒な大坊主が何処から来とも知れずに入来り、三ツの目玉を刳出《むきだ》したので巨燵《こたつ》の中へすつこんで霎時《しばらく》してから其処等を見ると、坊《ぼ》主《ん》さんは何処やらへゆき今度は怖い〳〵幽霊が出たり、または縊死《くびつり》が見えたり血身泥《ちみどろ》の者が来たので、玆《ここ》に斯《かう》して匿《かく》れて居るといふさへ歯の根も合ぬ容子《ようす》に、主個《あるじ》は呵々《かか》と打笑ひ、ナニ馬鹿《ばか》〳〵しいそんな事があるものか夫《それ》は大方日外《いつぞや》四の宮へ来た錦《にしき》かげ絵《え》を見て怖かつたことを思ひ出したのであらうと、懼《おそ》るる両人《ふたり》を叱りながら其夜は臥《ふし》て、翌日も例の如く会社へ赴むき平常《いつも》の如く用を勤めて居ると、その夜八時頃自宅《わがや》より使ひの来り、今大変の起りたれば直に帰宅なし呉《くれ》と、遽《あわた》だしく呼《よび》に来るは定めて例の先曳共《さきびきども》が泊り銭のないところから無《む》心《しん》に来りしものならん、偖々《さてさて》憎き奴原かな、その義ならば今宵こそ辛《から》き目見せてそれに懲《こり》、再び来らぬやうにすべしと会社に居合す仲士《なかし》共《ども》を六七人も伴ひて急ぎ自宅《わがや》へ立帰れば、先曳共の無心にあらで前夜に比《ひと》しき怪物《ばけもの》が顕れしとのことなるゆゑ、主個《あるじ》も案に相違して折角連て戻りたる仲士の手前も面目《めんぼく》なく頭部《かしら》を掻々《かきかき》、実の処は斯々《かうかう》なりと前夜両人《ふたり》が告しことを概略《あらまし》語りて、娘

と下女にこの世の中に怪物《ばけもの》のあらう筈はないものなりといふ詞《ことば》も畢《をはら》ぬさきに又々キヤツと叫びし声に何事なるぞとふり返れば、下女のおまつは気絶して娘のおいさがふるひ声にまた怪物が行灯《あんどう》の灯《ひ》をとりに来たといふに、主個も仲士共もはじめて玆に不審を発《おこ》し爾《そん》なら何歟《なにか》怪しき奴が魅《みいれ》しに相違なしとて、家内の隅々隈々をのこりなく調し処、床の下の隅の方にその形ち二尺余と覚しき三毛の大猫が片隅に身を屈め、此方《こなた》を白眼《にらみ》てスハと云は飛蒐《とびかから》んと搆《かま》へし様《さま》は眼光炯々《けいけい》と人を射て二目《ふため》とも見ること能はず、さしもの仲士も詞《ことば》なく霎時《しばし》守りて居るうちに、かの大猫は何国《いづく》へゆきしや更に姿も見えずなりしが、夫より下女はふるひ付《つき》、食事もなさで居ゆゑ早々その親許《おやもと》へ預けたりといふが、這《こ》は些《ちと》受取がたき噺のやうなれど、本人が直々に通信者へ語りしとあれば斯は記しぬ。

◉「日出新聞」明治一九年一月二三日……●

# 「公債戻せ」

**【京都府／上京三十三組仁王門通り新高倉東入る浄土宗西方寺発】** 亡くなった和尚が蓄財していた起業公債証書が使い込まれた。以後、「公債戻せ」と和尚の霊が……

◎前の日の紙上に幽霊が死人の首を斬りしことを記載せしが、今日もまた幽霊の出る譚《はなし》をお目にかけます。上京三十三組仁王門通り新高倉東し入る浄土宗西方寺の住職たりし都芳信《いくはうしん》定《ぢやう》が、去年十一月廿三日死亡せしせつその法類同所大恩寺の住職寺村随願が信定の蓄財《たくわへ》おきし起業公債証書三千二百円を窃《ひそか》に持帰り費消したるに付、随願はその科《とが》にて向《さき》に重禁錮三年六月監視一ケ年に処せられ目下服役中なるが、此頃その近辺にて西方寺へ幽霊の出るよし頻《しき》りに噂の高きゆゑ、段々と仔細を聞に向《さき》にかの公債証書の収《おさめ》ありし本堂須弥壇《しゆみだん》の下に怪しき声して号哭《なく》ものありとか、或ひは毎夜丑満《うしみつ》の頃になれば信定の居《をり》し居間に同人が在し世の姿のままにて坐し居るとか、専らに云触《いひふら》すので怨霊解脱幽霊成仏《おんれいげだついうれいじやうぶつ》なさしむる任を帯し業体人《しようばいにん》もチト咥気味《うそきみ》がよくないものか誰一人その幽霊を見届んといふ考なく、俺《わし》は幽霊に出逢のは虫が好ぬとか、幽霊に対面することは三年の間自から禁じたりといふたか何《どう》だか知らねども、西方寺へ寄附ぬやうなすを以て、一昨夜のことなりとか同寺檀家のうちに於て強力《がうりき》の聞えある壮年輩《わかもの》が十名ばかりも云合せ、今宵こそ幽霊の本性を顕はし呉んと一酌《ぱい》の酒に元気をつけ、宵より西方寺の庫裏《くり》に寄合《よりあひ》、人々互ひに励ましあひて、今や来ると怪物の出るを待ど、十時も過ぎ十一時十二時と漸次《しだい》に更るに従がひて四隣は寂寞《ひつそ》を物音

なく、折々庭前《にわ》の松ケ枝の風に鳴のも幽霊かといづれも心地はあしけれども大勢を憑《たの》みとして力味《りきみ》あふて居るうちに先住の居間の方に何歟《なにか》メソ〱号哭《なく》声するは偖《さて》こそ幽霊ござんなれと互ひに眼と眼を見合して誰一人先立て見届んといふもののなきゆゑさらば一同にゆくべしとて、銘々先を譲り合ひ障子の隙《すき》よりさし覗けば、人の噂に少しも違ず、先住信定が在し世《よ》の姿にて手に念珠を爪繰《つまぐり》つつ公債返せ公債戻せといふやうに泣《なく》さまなれば、ソレ打擲《うちのめ》せと一同が手に〱得物を振翳《ふりかざ》しオツと叫びて打入《うちいれ》ば、幽霊も驚きしが忽地《たちまち》オウと一声哮《たけ》り両手を張て大口開《おほぐちあき》、飛蒐《とびかか》る有様に壮年輩《わかもの》は胆《きも》を潰しワツといふて逃《にげ》退《の》く隙《ひま》に、かの幽霊はいづくともなく消失《きえうせ》しにつき、偖は狸の所為《しわざ》ならんと段々と聞合すと、如何《いか》にも同寺の椽《えん》の下にはむかしより年経《としふ》る一頭《びき》の古狸が棲めば、定めて這奴《こやつ》の所為《わざ》ならんと云《いふ》により昨今その狸を退治せんと評議して居《ゐる》とのことなるが、何《なん》だかチト受取がたき譚《はなし》にこそ。

◉「日出新聞」明治一九年二月一一日……●

# 極楽よりの使者

**【滋賀県／野洲郡野村発】死んだ長男のことを嘆き悲しむ母。そのもとに毎月僧がやってきて、なにくれとなく面倒をみてくれる。**

◎近江国野洲郡野村の農佐々木助治郎方にて、明治元年七月大洪水の際助治郎の実兄助右衛門は大津へ来りて労作《はたらき》居たるが、不幸にも土左《どざ》（否《いな》）土《ど》右衛《ゑ》門《もん》と改名して、極楽へ旅立せり。此助右衛門は母のお楽（ことし六十年）へ孝なる者にて、お楽は我子の横死《わうし》を愍《あは》れみ日比《ひごろ》恋しく思ひ居たるに、茲に奇異なるは一人の僧ありて、明治三年以来今日に至る迄毎月三四回宛同家へ来り、仏壇の前に座し読経をするのみならずお楽へ少し宛の小遣銭を呉与へ、又或時はお楽が一枚の袢纏《はんてん》を欲しと思ひ居しに、望みの如き衣類を携さへ来り与へ抔《など》し、都《すべ》てお楽が望の品は何《なに》まれ彼《か》まれ与ふる故《ゆゑ》百事如意《こころしだい》といふ有様にて、当主助治郎は奇異《ふしぎ》に堪《たえ》ず同村戸長役場迄届け出しも、確なる証跡《しやうせき》もなく手の付方もなき由、此お楽は近村にも響きし正直者にて虚言《うそ》を吐《つく》とも思はれず、或時お楽は彼の僧に向ひ貴僧《あなた》は何方《いづかた》よりと問へば、愚《ぐ》僧は極楽《らく》よりの使者にて早くお前を浄土へ導びかんとする者なれば、お前が現世で欲しと思ふものは聞ずとも知りて送り来るなり、と告《つげ》たるよし何とも評の付方なき幽霊話しなるが、確な通信故斯《かく》は物しつるものの些《ちと》眉唾の一件といふべし。

◉「日出新聞」明治一九年四月二日……●

# 竜の天昇

**【滋賀県／滋賀郡唐崎、栗田郡目川村発】これがまさしく、竜が空へ昇るさまか。そのあおりで、子どもがひとり即死という。**

◎一昨日午后四時過ぎ満天晴わたりて一点の雲なきに、江洲滋賀郡唐崎の辺に方《あた》り黒雲忽ち天を蔽と斉《ひとし》く、雷鳴轟々《がうがう》地軸を裂き、強雨滂沱《ばうだ》篠《しの》を突くばかりにて、サモ凄《すさま》じき異状を現したるに、怪《あやし》や白長き帯の様なるものが黒雲の間に隠顕しつつ、三上山に向《むかふ》て飛去りたるが、此日栗田郡目川村にても之れに似たる異状ありて、小児一名即死し、其他気絶せし者数多《あまた》ありたれば、是れなん所謂《いわゆる》竜《たつ》の上昇《てんじやう》せしならんなど田舎人は頻《しき》りに噂し合へりとの報知《しらせ》ありたり。

●「日出新聞」明治一九年七月七日……●

# 石降りに巡査出張

**【兵庫県／下山手通六丁目発】小石が降ったり、履物が移動したり、飯櫃の飯が消えたり……少女の悪戯と思われたが。**

◎昨日の紙上に一番踏切上る道筋の家へ瓦石などの降り込む事を記せしが、右は全く事実なりとて人々の喧しく騒ぎ立ち、既に一昨日の午後なども領事府の数丁上なる四辻の辺《あたり》に多人数の群《むらが》り居るは何事なるかと思ひしに、全く右瓦石《ぐわせき》の降り込むを見物せんとて集れるものなりしか、右瓦石の降りこむは昼夜時を嫌はず、何処《どこ》よりともなく砉然《かたり》と投げ込むものの由にて、又ただそれのみならずして庭に脱ぎ棄てし履物《はきもの》の、何時《いつ》の間にやら其位地の変わり、チョと其所へ置たる物の手も触らざるに転ろげ落ち、知らぬ間に飯櫃《めしびつ》の中が空《から》になる等の怪事なりとの噂《うは》さ取々《とりどり》なるは、昔の怪談にでもありそうな請取《うけと》り悪《に》くき話なり。

●「神戸又新日報」明治二〇年三月二日……●

◎当区下山手通六丁目のうち一番踏切筋を両三丁上る東側即ち清国理事府の少し上手《かみて》に当《あた》れる両三軒の家屋中へ、一昨夜より頻《しき》りに小石が降込み台所にある皿鉢《さらはち》を破《は》損せしむるなど不思議の始末に、家内の者共は驚き怪みて、種々《いろいろ》取糺《とりただ》せども、その原因更に知れず。余儀なく昨日其筋へ届出で巡査出張のうへ尚ほ様々探索《たんさく》せしかど、夫にても何者の仕業《しわざ》にや遂に相分《あひわか》らずして止みたりとぞ、ハテ怪《あや》しやナア。

●「神戸又新日報」明治二〇年三月五日……●

◎彼の先日来下山手通一番踏切上る筋の或る家に（現住田辺某）時々小石が降りまた、膳茶碗《ぜんちやわん》などの類が自然に飛ぶとか踊るとかにて、同家の門前へは毎日小供等が集りワヤ〳〵騒ぎ立るより、尚更近所の評判と成り、俗説には狸の巣の上へ家を建たゆゑそれが祟《たた》りをするのだといひ、哲学者（だか堂だか）は越歴気《ゑれき》の作用に由て斯る現象を起すのだといひ、浮説区々《まちまち》なりしが、両三日前巡査が出張のうへ眼《がん》を配《くば》りて四方に注意すると、同家に京都より来りゐる十三四の小娘《こむすめ》ありて、之れが人の見ぬ間を窺ひ窃《そっ》と箸箱《はしばこ》を投《なぐ》る容子《ようす》を右の巡査がチラと見附け、扠《さて》こそ怪《あや》しきはこの娘なりとて其目撃の次第を主人《あるじ》に語り、同人を暫く遠ざけなば決して不思議はあるまじとの事に、主人も半信半疑ながら其言に従ひ早速里方へ送り帰せしが、夫より後は忽ち石の降るのも皿の飛ぶのも止みたりと云へり。但し彼の少女《むすめ》は一種の神《しん》経症《けいしょう》に罹《かか》り居り心とも無く右等の悪《いた》戯《づら》をなすものにて、その手を下すこと頗《すこぶ》る敏捷《びんせう》に、傍《そば》にあるものすら容易《たやす》く心附《こころつか》ぬ程なりしとの話しなるが、果して夫に相違なきや否、記者も保証は致し難けれどいづれ当らずとも遠からざる事なるべし。

**●「神戸又新日報」明治二〇年三月八日……●**

◎例の下山手通六丁目なる降石《いしふり》の原因は該家の少女《むすめ》が神経症の為す業《わざ》なるよし聞込《ききこみ》しがまま前号に掲げたるが、昨朝右の怪異ある家の現住者即ち田辺永治と云へる人が来社のうへ、彼の一条に付ては世間に種々の浮説ありて、中には自己《おのれ》の名誉にも関することなど言立《いひたて》られ迷惑一方ならず、殊に少女《むすめ》が挙動《そぶり》の怪しげなれば暫く遠ざけよなど、則ち貴社の紙上に記載ありたる様の事を勧むるものなきにあらざりしが、是れ実際有間敷《あるまじき》ことにて、自分は些少《いささか》も彼れを疑ふことなければ、固より暫時にても他へ出したることなし（右の少女を前号に京都より来れるものとせしは誤にて、兵庫の去る方より貰ひ受たる同家の養女なりと）。去れば彼の怪異を以て少女の所業《しわざ》といへるの説は全く事実之れなき事にて、その真の原因に至ては自分ながら今に合点の参らざることなり。尤も其起原《おこり》は本月一日午前十一時半ごろ隣家（去る人の妾宅なりと）の井戸端《ゐどばた》にて魚商《さかなや》が魚を料理しゐたる折大きなる石の突然何処《いづく》よりか落来《おちきた》りたるが初めにて、夫より屢々《しばしば》大小の石が庭前または室内へまで飛来るより、同家にては俄《には》かに雨戸を閉ぢその危険を避たる程のことなりしが、午後三四時の比に及んで自分が居宅《きよたく》の方へも次第に右の石が飛来り家内を驚《おどろ》かし初めたれど、不思議なるは昼間のみにて夜に至りては全く止み、何等の事もなく翌二日三日と成りても昼間は更に相換ることなければ、当惑の余り一番踏切角の巡査派出所へ申出で巡査の出張取調を願ひたるにぞ、直《ただ》ちに一両名の巡査が出張に及び尚引続きて数名の警部巡査が臨検の為め出張ありしより、遂に遠近の大評判と成り門前は人の山を為す程にて、彼の種々の浮説をも出すに至りしが、五日に及んで右の怪は全く止み遂に何等の事もなきに至りたり。去れば初めも突然に起り終りも突然に止みたる事にて、何者の所為《しよゐ》より斯《かか》る不思議のありたるやは今日と成ても判然《はんぜん》致さざる次第なりと、永々社員に語られたれば、前号少女の神経症など掲げたる記事の正誤《せいご》かた〳〵その直《ぢき》話《わ》を斯くは記しぬ。今日神戸の真中《まんなか》にて此怪あり、遂にその怪原《くわいいん》を探る能はざるもまた怪とや謂《い》ふべき乎。

◉「神戸又新日報」明治二〇年三月一〇日……●

# 釜が鳴ったと祝宴

**【京都府／上京五組小川通り今出川上る発】 午前四時から十二時まで釜が鳴る。これは吉事なりと町内の者はもちろん親族縁者まで招いて祝う。**

◎上京五組小川通り今出川上る材木商《ざいもくや》片山庄次郎といふは京都で屈指《ゆびをり》の材木商なるが、同家にては去る廿日の午前四時何処《どこ》ともなく蒸気の笛の如き小さき音のするを怪《あや》しみ、よく〳〵耳を澄《すま》して聞きただすと庭にある五つ曲突《くど》の内一番大きなる釜が独《ひと》り鳴りをれば、偖《さて》は世説《はなし》に聞及ぶ釜《かま》鳴《なり》といふものならんと思ひをると、正午に至りて止《や》み、また翌日も四時より鳴出して十二時に止み、又其翌日も同時に鳴出して同時に止《や》み、斯《かく》することと連日にして廿日より廿六日まで一週間鳴出しも鳴止《なりやみ》も時間は少しも違はぬので、近辺の者も不審に思ひ、その音を聞に来る者多く、皆々是れは吉事なり祥瑞《しやうずゐ》なりと告《つぐ》るにより、同家に於ても斯様《かやう》な事は祝ふがよしとて、去る廿七日町内の者は勿論親族縁者知己《なじみ》の者を招き、かの釜を床《とこ》の間《ま》の正面に飾り、これに紅白の鏡餅数個を供《そな》へ祝宴を開きしうへにてかの鏡餅一重づつを贈りたりとは奇鳴妙鳴《きなりめうなり》。

◉「日出新聞」明治二一年八月一日……●

# 黒い徳利が転がる

**【和歌山県／加納橋発】 汽船に乗ろうと橋にさしかかった男。川口のほうから黒い徳利のようなものが転がってきて……**

◎開明の今日、化物の出やう筈はなけれど、何さま狐狸の類の多しと聞けば夫等《それら》の所業《しわざ》にやあらんか、先づ夫《それ》

は兎も角も或《あ》る汽船に乗らんと柴田某といふが加納橋へ来る折柄、一陣の風と共に黒き徳利の如き物が川口の方より転り来るに、不思議の思ひして眉に唾し一目散に艀舟《はしけ》へと走り来り、さて船中にて最前《さいぜん》買ひ求めし品を見るに、折角の菓子も魚もあらざるに胆を潰《つぶ》したりと。又現に去る十九日湊網屋町の船頭山本市之助が、雨降り揚句の午後二時頃船場《ふなば》へ行んと加納橋へさし掛れば、前記の徳利が顕はれ出しに、気丈《きぜう》の男とて徳利の正体見届けくれんと転り行く先へ〳〵と追ひ駈《かく》れば、遂に件の徳利は水中へと落ち込みたるに残念さよと覗き見れば、浮ぶべき徳利の影もなきに冷笑《あざわら》ひて、川口へと行んとすればその前面に顔蒼醒《あをざ》めて然《しか》も髪を振り乱したる女の佇《たゝず》み居るに、此奴《こいつ》も変化《へんげ》の所為《しわざ》ならんと我武者《がむしゃ》にシガミ附ば頭を噛《かみ》しものか血の出しを、尚懲《こり》ずまた角力《すまあ》ひ居る折しも、船場にては船頭の見えざるに不審を起し迎ひがてらに来て見れば、市之助が橋の側なる樛《はじ》の木にシガミ附《つき》其枝に頭《あたま》を打附ゐたりといふ、何《なん》ぼう奇《く》しき物語にぞ。

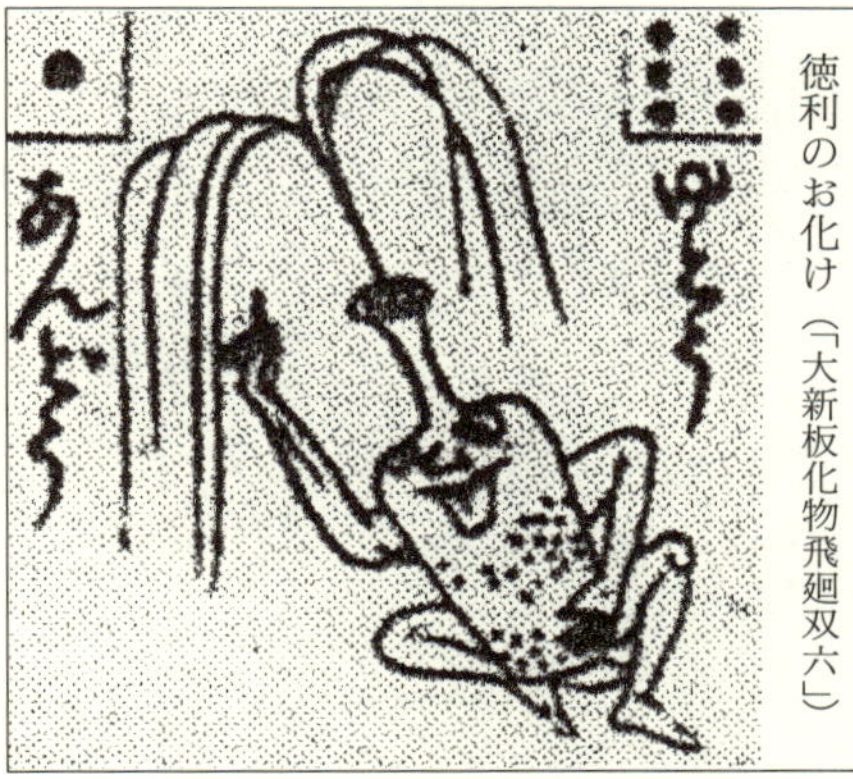

徳利のお化け（「大新板化物飛廻双六」）

◉「紀伊毎日新聞」明治三一年三月二三日……●

# 死んだ愛児が踊る

**【和歌山県／那賀郡川原村大字馬宿土内発】堀で溺れて死んでしまった子ども。だがその後、座敷の真中でほうきを持って踊るようになる。**

◎世の中が開けるに随《したが》ひ、斯《かゝ》る怪しき事のなき筈なるに、彼れ獣類も共に進歩するものにや、茲に怪事の顕はるるこそ不思議なれ。所《ところ》は那賀郡川原村大字馬宿土内某方にては去月二十五日の事悴《せがれ》妙吉（五つ）は半日余りも帰り来らざるに、定めて近所の小供と遊び居るものならんとて何心なく打棄て置きしに、午後二時頃に至り此の家の老婆が用事ありて裏口に出で行きしに、こはそも如何に可愛《かあい》き孫が濠《ほり》の中に溺《おぼ》れてありければ、大《おほひ》に驚き、家内の者を呼び集め救ひ出して介抱せしに早や事《こと》切れて詮方《せんかた》

なく成規の通り撿屍を受け葬式も済み一《ひ》と七日《なぬか》の頃に至り、家内の者仕事し居たるに午後二時頃、突然座敷の真中にて身の丈け一尺五寸許《ばか》りの小供が箒《ほうき》を持ちて踊り居《い》るに皆々不思議の思《おもひ》を為《な》し、寄《よ》り集りて捕へんとせしに、障子《せうじ》の破れ目より逃げ出したる儘消え失《う》せたり。余りの気味悪るさに近所の人々に斯々《かくかく》と話しければ、何んと貴方今の時節に況《まし》て左様な事はあるものか、若《も》し今一度出たならば潜《ひそか》に吾々に知らせば捕へて遣ると云ひ居りしに、又翌日も例の小供が出没し居たれば、家内の一人近所へ報ぜしに皆々集り来りしに、案に違《たが》はず小供が踊り居りしかば不思議な事よと互に顔を見合せ居たりしが、中に捕えんとするものありて四方より取囲み、今や手を触んとすればボット消え失せたり。亦其翌日も同様にて、三日目の如きは村内に広まり、見物人群集し居たりしに、夫れにも懲りず出没したりと云ふ。家内の者共恐怖の余り地方の僧を招き法会を営みたりしに、之れより出没せぬ様になりしと。皆さん眉毛に唾つけて誑《だま》されぬ様読み給へ。

◉「紀伊毎日新聞」明治三一年四月一二日……●

# 人魚の御下問

【奈良県／奈良発】奈良にやってきた皇太子が北畠氏に「人魚について話を聞いてから何年になるか」と御下問。

◎皇太子殿下先年舞子の浜の有栖川宮御別荘に行啓あらせられし時、北畠治房氏秘蔵の人魚を携へて伺候し、殿下に献上せんとしたりしに、黒田東宮武官長は殿下御幼少にましませるに臣民より物品の献上を御受け遊ばさるるは如何とて御諫《いさ》め申上げ、黒田武官長と北畠氏との争ひとなりしが、殿下は其後同氏の人魚有てることを忘れさせ給はず此度奈良行啓の折奉送に出でたる北畠氏を近く召させられ、微笑を含ませつつ舞子で人魚の話を聞いてから何年になるかとの御下問あり。北畑氏も当時のことを追懐して遽に御御答辞も出でず、只左様で御座りますナーと申上げしのみなりしかば、御同乗の妃殿下及び有栖川宮両殿下も御笑を帯びさせられたりと。

◉「愛媛新報」明治三三年六月六日……●

# 水中も自在の妖狐

【三重県／度会郡神社町大字竹鼻発】顔は狸、耳は洋犬、鳴き声は狐。尾は七つに裂けた謎の怪獣が村を荒らして大騒ぎ。水中も自在に動くという。

◎此三十日前頃より伊勢国度会郡神社町大字竹鼻附近の田野に怪獣出没し、

蛙《かへる》或ひは蟹《かに》等を食し時々村落に入り鶏を捕《と》り食《くら》ふより、村民は之を捕へんと百方手を尽し居たれども、追究すれば海中に入り自由に水底を潜行するより、容易に捕ふる能はざりしか。去三十日午後五時頃此の怪獣竹鼻村某方の土蔵裏手に睡り居たるを認め、村中《そんちう》の壮丁《さうてい》殆んど総出にて之を取囲み遂に捕獲せしが、此獣の面《かほ》は狸に似たれども耳の長く垂れたる処は洋犬の如く、鳴声は狐に似たるが尾は七つに裂けて長く地に曳き、毛色は薄茶色にして身丈凡《みのたけおよそ》二尺あり。目下神社港《みやしろこう》大崎外三名にて買取り飼《し》養《やう》中なりといふ。是が事実なれば彼の玉藻前《たまものまへ》の姿を借りし三国伝来の妖狐《ようこ》が、那須野《なすの》ケ野《はら》に終りを示めすと見せて其実今迄海中に潜《ひそ》み居りたるものやも知れねど、或は田舎廻《ゐなかまは》りの山師が一儲《まう》けするコン胆《たん》ならんも測り難しといふものあり。

◉「蝦夷日報」明治三四年七月八日……●

## 現代に生きる妖怪……岡山県吉井町のツチノコ騒動

平成一二年五月、岡山県吉井町の静かな山里に降って湧いたような騒動がもちあがった。異状に太い胴体の蛇が見つかったのである。

幸いにもこの蛇の死骸は町民によって埋められていたことがわかり、それを知った町役場がツチノコではと色めきたって早速掘りおこしを行ない、死骸を倉敷の川崎医療福祉大学に持ち込み専門家の鑑定をうけることとなる。

鑑定結果は「奇形化したヤマカガシ」というものであったが、ツチノコのような形状からツチノコになりかけた蛇として〝ツチナロ〟なる名前がつけられた。

これをきっかけに吉井町では時ならぬツチノコフィーバーがおこり、ツチノコ饅頭、ツチノコ煎餅、ツチノコワインなどもつくられ、ツチノコが町おこしの主役に躍り出たのである。また、吉井町つちのこ研究会も結成されてツチノコ探しに精を出しており、町議会はツチノコが捕獲

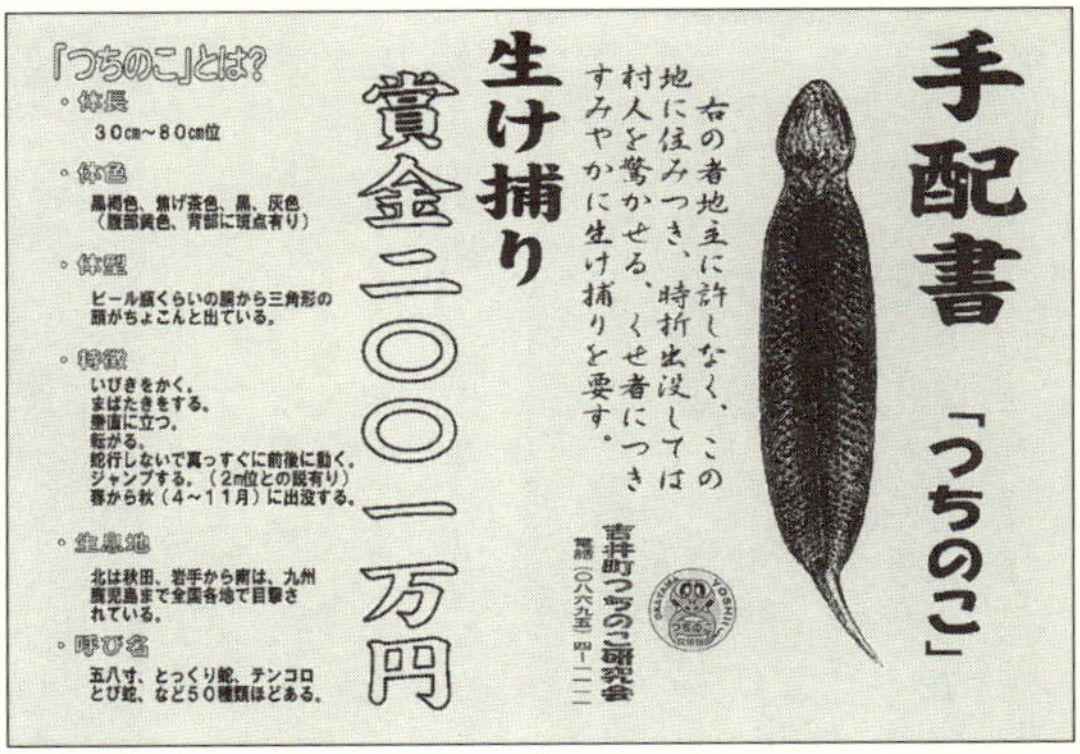

された時に懸賞金を支払う「つちのこ基金」の設立を可決した。

今年は巳年ということもあって吉井町のツチノコフィーバーはまだまだ続きそうだ。

古くからツチノコの存在は各地で伝えられ、目撃談も多く、捕獲のための捜索も行なわれるなど、たびたびブームをおこしているが、幻の蛇ツチノコも町の活性化に大いに貢献していることを知ったら喜んでいるに違いない。ツチノコに限らず、幻獣の言伝えは少なくなく、現在でも信じられているものもある。幻獣伝説は今世紀も消滅することはないであろう。

## 消費される怪談……お茶の間でお化け屋敷めぐり

平成一二年一〇月以来、テレビや新聞などでたびたび報道されて全国的に有名になったのが岐阜県加茂郡富加町の町営高畑団地の怪奇現象である。

高畑住宅は前年に新築された四階建二四戸という規模。一二年夏ごろから半数ほどの世帯が異状な音に悩まされるようになり、さらには食器棚の皿や茶碗が勝手に飛びだしたり、コンセントを入れていないドライヤーが動きだすといった家庭もあらわれてメディアは連日のように高畑団地の怪を取り上げた。

小さな町の小さな団地が一躍注目を浴び、報道陣ややじ馬でごったがえすほどの賑わいを呈するようになり、全国から何人もの霊能者や祈禱師がやってきて除霊を行なうなど、騒動は拡大していった。科学的解明も試みられたが、実際に怪奇現象を体験した住民は専門家の説明にも納得できなかったようである。

ついには住民による慰霊碑建立も行なわれて宗教論争にまで発展していったが、やがてメディアの関心も薄れて報道されることもなくなり、人々の記憶から高畑団地は消え去ろうとしている。

このような騒ぎは明治時代にも各地でたびたび起こっている。そして、一時は寄ると触ると噂になった怪奇現象もやがて話題にのぼることがなくなり、忘れ去られていった。いつの時代もおなじようなことが繰り返されていたのである。

# 中国の怪

# 帰ってきたのは偽の夫

**【広島県／能美島柿の村発】厳島に参詣に行き、しばらく帰らぬはずの夫がすぐに戻ってくる。だが一〇日後にほんものの夫が帰宅して……**

◎茲に希なる珍聞は県下能美島柿の村辺に於て、姓名は聞落ましたが或る家に本夫《ていしゅ》は厳島へ参詣し十日間程を経て帰らんと云ひ家を出しに、二三日を過て顔形《かをかたち》も本夫に一分一厘も異《かわり》ない者が帰てコレ嫁《かか》や今帰たと云て五六日も内に居て何んぞ馳走《ちそう》をせよ小豆飯《あづきめし》を焚《た》けと女房に云つけ、毎日腹一杯取喰、或日他出せしに其跡《あと》本夫は厳島より帰りて女房に向て云ふよう、長く滞留《たいりう》したが今日で鳥渡《ちょうど》十日になると云へば女房は吃驚《びっくり》、不思議の念《をもい》を生じ何事やらと思つつ本夫に給仕《きうじ》して食事を進むるに、兼《かね》て好《このみ》の小豆飯を進しかば本夫は何時《いつ》もに異りて馳走をしたなど云ふから益〱不審を増し、黙して胸中に置く能はず前事の委細《いさい》を述ければ、本夫も驚愕仰天《びっくりぎょうてん》し何物の所業《しわざ》ならんと云へば、女房は其言を聞き二度吃驚、然《しか》らば多分狐狸の為に瞞着《だまされ》せられしならんと怪しく思つつ光陰《ひ》を送しか、いつしか腹に一塊《いっかい》生じ段々月を重ぬ。近頃出産せしに頭は狐手足は人物尻尾の附たる児を産み、弥前の本夫は狐の化たること判然し、大に愁歎し居れりと聞きしままを記載せしが虚《うそ》か実かしかとした事は。

◉「広島新聞」明治一一年四月一六日……●

# 伸び縮みする怪物

**【広島県／第七大区二小区上深川村発】毎夜、時を違えず屋敷にやってくる異形の者。背丈が激しく伸び縮みし、大音を発する怪物の正体は……**

◎近頃異妙なる話しにて文明開化の国には迚てもなき事なれども、或る人さんより御知らせなれば信偽《しんぎ》は暫くさし置き御知らせ儘を書き出すものは第七大区二小区上深川村九番邸平民農椎村浅五郎邸内へ本月五日午前第三時を第一号の夜として毎夜時刻《とき》も違へず異形の者が出掛け、面は丸る盆の如く口は耳まで切れ眼光《めだま》の人を射《い》ること星の如く、其丈け一二尺に過ぎずと見へしが、忽に七八尺の高さに至る。其屈伸《ちぢみのび》する事極めて自由なり。地を離るること三尺計りにして時々大音を発すること恰も鳴雷《なるかみ》

に似たり。庭前の樹木の蔭より〔ニヨツキリ〕出て浅五郎が居間をさして来り。浅五郎は吃驚仰天して大声にて近所の者を呼びければ、近所の者は早速に駆け集り様子を聞に、浅五郎は死に入る心地を取り直し右の有様を委しく話し、近所の者は一時は奇異の思をなしたりける、其の由《わ》来《け》は次号へ送り看客《みて》の五退屈を恐れて。

◉「広島新聞」明治一一年七月二七日……●

# 「お前のせいだ」と幽霊

【岡山県／西中島町発】 娼妓の辰菊が客と二人で寝ていると、青ざめた顔の男が枕元に現れ、「怨めしや辰菊さん……」

◎是《これ》は彪泥《ひやうどろ》〱と出掛けた幽霊のお囃《はなし》、所は西中島町貸座敷業中富の家《うち》にて抱《かかへ》の娼妓《おやま》辰菊がお客と二人で寝て居るとき色の青醒《あをざめ》たる男が薄《うす》〱と枕元に顕れ出で、あら怨めしや辰菊さんお前の為め私《わしや》この様にと謂《い》へば、二人は打驚き楼《にかい》の下に飛下りしと。抑《そもそ》も此縁由《わけ》を聞きますに弊社第二号の新聞に掲げたる西大寺町青津藤衛の傭人《やとひにん》片岡総吉が縊死《くびれし》せしは、この辰菊に投込《はまりこ》み二百余円の金《きん》を遣《つか》い果《はた》せしゆへ右の如き祟《たたり》をなすじやと云《い》ひますが、夫《それ》より辰菊は物凄くなりお客のあるときは同町の中新といふ貸坐敷へ行て寝ますするとサ。幽霊の出る筈は決してありませんが、矢張《やはり》辰菊が総吉を魅《だま》したから神経病で斯く思れるのでありまする。世間《せけん》の猫的《ねこてき》でも狢的《むじなてき》でも人を魅《だます》と此様《こんな》もんぞ。

◉「山陽新報」明治一二年二月五日……●

# 大沼より声と火玉

【岡山県／浅口郡乙島村字狐島発】 昼夜を問わず、家の前の大沼から大声が聞こえてくる。時には提灯大の火玉まで現れ……

◎サア〱飛んでもない怪事こそ現はれたり、皆さん眉毛に唾でも付てお読なさいと云ふお話は、備中浅口郡乙島村字狐島岡村吉太郎宅前の大沼にて昼夜共に大なる声を発する者ありて、婦女子は怖《おそれ》て夜中には外出せず、そは全く水獣なるか又大なる蛇でも居ることか、更にこれを知るに由なけれども、其鳴く声は高瀬船《たかせぶね》の数十艘も舳艫《ともへさき》相接して棹《かい》を漕ぐが如くにして、戸障子に響き、山谷《さんこく》に答へ時としては提灯大の二箇の火玉を現はし、或ひは煎香《せんこふ》を焼《た》く薫《かほり》を放つ等、実に何とも名状《めいじやう》すべからず。博物学上に就《つき》てこれを質《ただ》すも未だ如斯《こんな》

水中の怪物を見ず、新報の余白を借りて広く江湖《こうこ》博識《はくしき》の諸君に質《ただ》すとの投書がありました。世には妙なものがあればあるものかな。

●「山陽新報」明治一四年五月一一日……●

# 石棺を護る不思議な狐

**【岡山県／勝加茂西村発】地主一家がみな病に襲われ、人びとが不審に思っていたとき、開墾地から石の棺が発見された。**

◎信を置くべきにあらざれども余り不可思議のことゆへ此に記載せん、美作国勝加茂西村に住する流郷吉左衛門は郡内第一等の地価持にて、同人所持の山林字放ン山は金盛山新善光寺といふ寺山の北続きにして明治十三年より開墾に着手し、本月四日に至り四分通りは成功し此畑に梨柿其他の樹木を植附けんと猶ほも多くの人夫を掛けて開墾をなし居《ゐ》たるに、吉左衛門の母クマは本年八十五歳なれども兼《かね》て健康《たつしや》にして少《わか》きものにも劣らぬものなるに不図《ふと》大病に罹り医師は勿論名ある神社仏閣に代参を立て加持祈禱《かじきとう》に至るまで何呉《なにくれ》となく手《て》を尽《つく》せしものの験《しるし》なく、迚《とて》も本復は叶ふまじと心配して居るうち又も吉左衛門の妻ナカ四男桂次郎其妻豊野長女コノ流郷藤造の妻三女春代流郷清一の妻母マキ弟兵四郎を始めとして一家一門のもの大抵は大病になり、無病のものは甚だ僅《わづ》かなり。加之《しかのみならず》二ケ月の間に牛馬六疋斃《たお》れしゆへ一家一門のものは心を痛め、近傍の人々は不思議に思ひ居たるところ、去る四月十九日のこととか右開墾地に沿ひたる字加茂川の側を掘るときに、目方三四十貫目斗《ばかり》の石を三四十も掘出し、斯は心得ぬことなりとて人夫は猶ほ六七尺も掘りしに、其下に大なる石棺ありて其蓋《ふた》を取るに中に大小の瓶二箇と外に刀鎧冑の朽《く》ちたるあり。小なる瓶の蓋を明くれば紫色の土《つち》を入れあるゆえ其上を削りとれば上等の朱壱斗《と》ばかり詰めたるものなり。また大なる瓶の蓋を取りたるに、大男の骸骨形のままにありしかば一同忽驚《びつくり》し、恐る〳〵立寄つて見るうち、娑婆《さば》の風に触れ灰の如くなりて形を頽《くず》しけるが、斯《か》くするうち人夫の内二人が俄《には》かに狂気の体《てい》になり、一同下れ無礼なり抑《そもそ》も我は此山を住家《すみか》として一千余年の春秋を経たる伊賀平内兵衛といふ白狐《はくこ》なり、往時此山は金盛美作守の城地《じやうち》にして、其時我を千代稲荷と尊崇したり。金盛氏滅亡の後今井四郎兼平の二男兼次信州善光寺より如来を負ひ来つてそれを此所に安置《あんち》し、金盛山新善光寺といひ兼次の末流は現に東北条郡草加部村にあり。そも此墳墓は金盛美作守の墳墓にして之を掘りしは以《もつ》ての外《ほか》のことと云ふべし、今より此

墳墓を元の如くに埋め、其上に金盛神社を勧請し山林の開墾を止《や》むるときは村内繁栄し村民は無病ならしめんと言ひ訖《おは》つて暫らく本性なかりしが、地主《ちしゆ》吉左衛門は人夫の神託を聞き一家一門の病に罹りしを憂ひ居ることなれば、墳墓は元の如くに之を埋め、祠官《しくわん》を招て金盛神社を其上に勧請し一小祠を建てたるに、吉左衛門の母クマを始《はじ》め一家一門の病人は忽ちに本復せしが、此事が遠近《あちこち》に聞へ諸方より参詣せしものありしも、何故か去月に該社を大塚宮と改称したるより今日に至つては一人も参詣するものなきよし。美作の古記を按《あん》ずるに彼山林は新善光寺開山已前は金盛美作守が城地たることは顕然たれば彼墳墓は美作守の墳墓なるは決して妄にあらざるべし。

◉「山陽新報」明治一四年七月一六日……●

# 怪物が少年食う

**【岡山県／阿賀郡下砦部村発】農夫の五つになる息子が行方不明に。妖怪がいるという洞穴が疑われる。**

◎備中国阿賀郡下砦部村の村梢尽頭《はづれ》なる阜《をか》の半腹に昔より一の洞窟あり、魔物住むよしに云伝へて、所のものも恐怖《おそれ》をなし誰一人其洞のなかを改めしものもあらざれば、片田舎の野末なるに苔古く萱老て、むかし那須野にありしと聞く殺生石《せつしやうせき》の趣致《おもかげ》も斯くやありけんと思《おも》ふばかりいと物凄くぞ見《みえ》にける。然るに去月中旬の事かとよ同村の農夫奥田直助の二男安吉とて今年《ことし》五つの悪戯《わんぱく》ざかり日々外に出て辺り近所の子供等と石投《いしなげ》ごつこに隠れんぼうと種々の遊びに余念なかりしが、早や夕方になりしとて余所《よそ》の子は皆帰りたるに独《ひと》り安吉ばかりは帰宅せず。如何《いかが》せしと案ずるうち日も全く暮果て点灯頃《ひともしごろ》になりしにぞこは打捨《うちすて》て置《おか》れずと、一家の心配大方ならず、夫々心当りを尋ねしも一向に跡形《あとがた》なければ、翌日は村中が寄集り此《これ》家の乙子《おとご》が見えぬげな嘸《さぞ》心配にてあるべしと、各々《おのおの》五七人手分けして山々川々の隈《くま》に至《いた》るまで残る方なく捜索《さが》せしも絶《たえ》て姿の見えざりしが、其うちの一人が案出《あんじいだ》し、扨《さて》斯く方々と捜《たづ》ねても安吉どのの姿の知れぬは若しや夫《か》の洞のうちの妖物《ばけもの》の所為《しわざ》にはあらざるか、昔し怪しき事ありしと語伝《かたりつた》へしばかりにて誰とて確《しか》と見認《みと》めたるものもなければ、洞のうちにいよ〳〵魔物があるやなしや屹《きつ》としたる事はなけれ、斯《かう》いふ時に思切《おもひきつ》て改めて見ては如何にといふに、皆々成程《なるほど》と同意はすれど扨《さ》て我往《い》かんといふものなく皆逡巡《あとじさり》をなすのみなりしが、亀吉と喚《よ》ばれし一人の猛者《もさ》あり、頓《やが》て進出て衆に向ひ、我等案内して進むべければ諸君《みなさん》には

跡に附きて我危きを助けられよと、自ら松火を拵《こしら》えつつ山刀を腰に帯て件《か》の洞に進み入《い》れば一統之に励まされ、各鉈鎌竹槍なんど思ひ〳〵の得ものを持ち、先に立ちたる亀吉に怪《け》我《が》あらせじとぞ進みける。斯《かく》て亀吉其余の者は松火の光りに路を照らし洞のうちを進み往《ゆ》くに、奥へ入るに随ひて漸次々々《しだいしだい》に広くなり、上よりは水の滴《したた》り落ち全身雨に遇ひしに似て寒きこと云《い》はん方《かた》なく、松火の火も滅《き》ゆべかりしを、辛うじて防ぎつつ往きゆきて、今は早路四五丁も来つらんと思ふころ、忽《たちま》ち奥の方に物音して形も明白《さだか》ならぬ一《ひとつ》の怪物、一声高く叫びながら此方を指して飛懸るを、予て期《ご》したる亀吉が山刀を振ひらめかし勇を鼓《こ》して一撃《ひとうち》うちたる其機を外さず後詰《ごづめ》の者共各得物にて打立《うちた》てしかば、流石《さすが》の怪物も力屈し乱撃《らんげき》の下に死してけり。素破《すは》怪物は退治たるぞ進め〳〵と勢附き松火の火を振灯《ふりてら》して奥の方まで至り見るは、外《ほか》には最早敵対《てきた》ふべき動物も居らずして、只だ人畜の骸骨《がいこつ》のみ多く横たはりし。其うちに憐れや安吉の衣類は寸裂《すんれつ》して落散りたるも遺骸ならんと思ふものも見当らず、是全《まった》く怪物の為に喰尽されしものなるべしと、孰《いづ》れもぞつと身《み》の毛《け》立《だ》ちそこ〳〵に洞を出て夫の衣類のみを持帰りて直助夫婦に渡《わた》したりとか、親々《おやおや》の身に取りては如何ばかりか悲《かな》しかりけん、扨《さて》その怪物は如何なるものなりける。

◉「日本立憲政党新聞」明治一五年四月七日……●

# 恐怖の取引

**【島根県／能義郡母里猟人村発】猟の帰りに知人に会い、獲物を交換。帰って家族と食べてみたら、その獲物の正体とは……**

○かち〳〵山の古狸が老媼《ばば》を味噌汁《みそしる》につくりしとはむかしむかしの小児誑《こどもだまし》、是は狐に魅せられて赤児の味噌汁を喰ひしといふ古今独歩の珍談なりとて態々《わざわざ》寄送せられたる同地某よりの原稿を閲《み》れば八雲立つ出雲国能義郡母里を距《さ》る事遠からぬ片田舎に猟人村と云へる小村落《こむら》あり。村民孰《いづ》れも猟獣《かり》を以て活計《くらし》を立つる所なるが、這程《このほど》の事かとよそが村の住民田村半吉といふ男が例の通り銃《つつ》を肩にし山深く分入《わけい》りて好《よ》き獲物もがなと渉猟《あさ》るうち、二羽の雉子《きじ》を見付出し日頃の手練《しゅれん》何の苦もなく二羽ながら打止《うちと》めつつ尚ほ獲物もと進行くうち、永き日晷《ひあし》も西に傾き渓川《たにがは》の水も烟《けぶり》を含みて暮合ひ近くなりしかば、今日は是《これ》までに仕舞はんと銃に籠めたる弾《た》丸《ま》を抜き早足に麓を指して降り来る。向ふより端なく上り来る人ありけり、誰ならんと見る中に軈《やが》て近付きて被《かぶ》りたる手拭を除《と》るを見れば、日頃懇意になす同業にて上田文造といふ者なり。銃に懸けて担ぎしはいとも美

事なる兎にて今打止めしものと覚しく未だ生血《なまち》の滴《したた》り居たり。是は文造どのかと詞《ことば》を懸《か》くれば、彼も亦た会釈して半吉どのには能《よ》き獲物せられたり、我《われ》も這程《このほど》より去る人に頼まれ雉子《きじ》を打たんとて今日も山中を渉猟《あさり》しなるが、肝腎《かんじん》の雉子には逢はずして見られよ斯《かか》る古兎を仕止めたり、其所で一つの相談なるが貴様の打し其雉子と此兎を交易したらば我頼まれし其人も定めし喜ぶ事ならん、貴様の方に其雉子が格別入用の品でなければ何と替ては呉れまいかと、猟人仲間には珍らしからぬ相談なるにぞ半吉も打笑ひ、我が方には此雉子が強て入用でもあらざれば望とあらば替へもせん、併《しか》し兎は一羽にて此方は此通り二羽なれば少しの足銭を附けられよと少しも忽《ぬか》らぬ懸引に、文造も承知して終《つひ》に懐中より二十銭の紙幣《さつ》三枚を出し、然《さ》らば兎と六十銭にて其雉子《きじ》二羽を渡されよと互《たがひ》に夫々交易して、笑ふて其所を分れける。夫より半吉は路を急ぎて暮過るころ我家へ帰り女房に打向ひて今日は思はぬ獲物を仕たれば快よく一杯やるべきに早く酒を買て来いと、莞《にこ》爾《にこ》として云付れば亭主が機嫌に此方《こなた》も嬉しく唯《はい》と計《ばか》り徳利を提げて出往く跡にて半吉は軈て兎を取出し、いつもの通り料理なし肉は大皿に盛上げて待間程なく酒を携へ帰来る女房に鍋や味噌を出させて一鍋の兎汁を調へつつ早や盃を初むる傍より、女房も相伴《しやうばん》して頻りに其兎を食する所へ折よく近所の者の来りしかば、共に引留めて盃を指し兎と雉子の交易話六十銭儲けし事など語りながら飲むうちに、誰云ふともなく此兎は平《いつ》常《も》の味と異ふといひ出し、何とも変ぢやと舌に載て酸味《すみ》の多いのは何故ならんと各々顔を皺むる中にも、女房は忽ち嘔吐をなし腹が痛いと喚き出すは、扠は兎の的《あた》りしか何にもせよ今一応其骨骸《から》を改めなば不審《ふしん》の晴《はる》る事もあらんと皆打連れて庖厨《くりや》に往き料理余りの兎を見ればこは什麼《そも》如《い》何《か》にこは如何に、兎の骨にはあらずして死して程経し赤児の死骸の手は手足は足と切離され、其所ら一面に狼藉《ろうぜき》たるにぞ、一同如何でか驚かざらん。きやつと計りに腰を抜して只だ茫然《ばうぜん》と惘《あき》るるのみ詞《ことば》も出ず眺め居しが、半吉は忽ち立上り、兼て嗜《たしな》む一刀を腰にぼつ込み表の方へ一目散に駈出したり。是はと再び驚きたる近所のものは捨置かれず、目的《あて》はあらねど半吉が跡《あと》に続きて馳出しぬ。斯くて半吉は狂気《きやうき》の如く一刀ぼつ込み駈出しつつ指して往手《ゆくて》は同村なる夫《か》の上田文造の表戸、がらりと遠慮もなく折しも夕飯を畢《をは》りし跡にて家内打寄り話居る文造の前に立ちはだかりヤイ文造の狸め狐め、乃公《おれ》を魅《ばか》して雉子を奪ひ尚《なほ》其上に赤児まで喰はした返礼《れい》は此通と一刀すらりと抜《ぬき》放《はな》して已《すで》に切らんと飛懸るを、驚き制する文造始め居合すものも手を尽して制止《せいとど》めんとする所へ、半吉が跡を追来りし甲乙《かれかれ》も落合ひて漸く半吉が刀を引かせ、扨《さ》て事の顚末を問糺《とひただ》すと今日山中にてありし事、兎と紙《さ》幣《つ》を替りにして文造へ雉子を与へし事、其兎はいつの間《ま》にか赤児となつてありし事まで残らず語るを熟々《つくづく》聞きて文造は横手を打ち扨《さて》は憐れや半吉は狐に一杯《ぱい》やられしなり、我は少々足痛にて昨日より家を出ず今日も終日家に居たれば山で逢《あ》ふべき筈《はず》もなく勿論獲物を交易した覚えは夢にもなき事なり、何は兎もあれ半吉が受取りしといふ二十銭の紙幣を最《も》一度《いちど》改め見ば狐の所為《しょい》と分るべしといふに皆々実《げ》にもと同意し、早速半吉が方へ立帰りて夫の二十銭の紙幣《さつ》を入置きたる財布《さいふ》を取出し其中を改むるに、札《さつ》にはあらで三枚の木葉《このは》の内より出しにぞ是《これ》は〳〵と貌《かほ》見合せ全く狐の所為《しわざ》にて甘《うま》く雉子を仕てやられしと、其方は分りたれども済まぬは味噌汁の赤児にて何所《どこ》のか墓所《はかしよ》にて掘出せしものなるべしとは思はるれど何分《なにぶん》にも分らざれば其趣を警察署へ早速届出しといふ田舎《ゐなか》賤人《しづのを》の語り伝へとは云へ例《いつも》ながら受けられぬ話といふべし。

●「日本立憲政党新聞」明治一五年六月二日……●

# 浜辺を走る怪物

**【島根県／秋鹿郡地合浦発】真冬の毎夜、浜辺で人びとが火をたいて番をしている。なぜかと聞くと先月、夜の浜辺を怪物が走ったというのだ。**

妖怪

◎秋鹿郡地合浦にては去十二月下旬毎夜人民が浜辺にて枯木を集め火を焼《たき》て番をなすゆゑ、コハ何事なるやと問ふに、去月廿三四の両夜は一天晴れわたり苦月皎然さながら白昼の如く明らかなりしが、薄暮過ぎより嘯《うそ》ぶきて浜辺を奔走するものありしにより浦民は何物ならんと挙て浜辺に出で見れば、唯月は沙浜《しやひん》を照らして白く水は九漢に連《つらな》りて遥かなるのみにて、何物をも見るなく彼の声は遥か遠方に在て幽《かす》かに聞ゆるを以て一同不審に堪へず。夢の如き心地にて家に帰るや否また浜辺にて嘯ぶくゆえ浦民は驚き走り出て見るに、また何物をも見るなく声は山上に在るにより浦民はいよ〳〵これを怪しみ、これ必定人間の所為にあらずと云ひ合へるが、婦女等は大に畏怖の念を起《お》こし、黄昏よりは戸を閉ぢて戸外に出でざるのみならず声をも発せぬ位なりとの事なるが、今浦民の評する所を聞くに二百年前何国《いづく》の船やら暴風霖雨《ぼうふうりんう》の為めに破壊せられ多き舟子の内命を助かりしもの僅かに二人にて該浦に漂着《ひようちやく》せしを、浦民等はこれを救助せざるのみならず惨刻《ざんこく》にも二人の舟子を撲殺《ぼくさつ》してその積荷《つみに》を掠奪《りやくだつ》せしことありとは口碑《こうひ》に伝ふる所なるが、その霊魂今に空間に彷徊《はうかう》し居り、本年は二百年忌に当るを以てその報ひに斯《か》く浦民を悩ますならんと云ひ居るよし。狐か狸か狼か豺かの声なりしならんに斯く途方途轍も無き事を妄想して此寒夜も厭はず毎夜海浜にて番をするとは、愚民の常とは云へまた慨嘆の至りならずやと或る人よりの投書。

◉「山陰新聞」明治一六年一月四日……●

## 狐憑きめぐり喧嘩

**【島根県／西茶町発】** 妻に狐が憑いて「向かいの家の依頼でこの家に来た」というから大騒ぎ。亭主は向かいの家へねじ込むが。

◎西茶町井沢長之助妻某〔三十余年〕は先頃《せんころ》より種々と変な挙動をなし下らぬ事を饒舌《しやべる》のでサー家内《かない》は大騒ぎ、狐が付いたに相違はない祈禱祈念が第一と大心配をする中《うち》に、某はムツクと起《た》ち上《あ》がり自分は向ふの関之助方より依頼によつて当家《ここ》へ来たりしものなりと云ひ出せしより、関之助は大に怒り、常に何更怨みもなし争論せし事さへあらざるに狐抔《など》を頼む訳なし、甚《はなは》だ以て不都合千万、此儘聞き棄てにはならぬ次第と直ちに長之助方に至り厳敷懸合《きびしくかけあい》に及びたりしが、此事よりして両隣家組合の者共の立ち会いとなり追々争論の烈しくなり、果ては某に打ち向ひ何の仔細あつて斯くなる事を云ひ出せしぞと迫りたるに、某は今度は打《う》つて変りイヤサ其お腹立は五尤《ごもつとも》、関之助方より来たりしとは全く実ない空言《そらごと》なりし、唯ちよいと戯《たわ》むれに饒舌《しやべ》りし位の事《こと》なり、実は安部山より来たりし狐にぞある、其来りし次第といふは過ぎし頃長之助が人力車を挽き安部山を通り掛けし時丁度水を呑まんとなせしかども、それが為め水呑む事の出来ざりしを以て憤怒に堪《た》えず、斯くは来たりし者なりと、言葉爽《さはや》かに述べければ関之助も安心し其争論は鎮まりしが、何分狐が去らぬとて毎日〱大騒ぎをなし居るよし。狐の如き大きな者が人の身体へどふして這入りましたか知らんハテナ。

◉「山陰新聞」明治一六年七月一三日……●

## 竜宮よりの使者

**【島根県／嶋根郡加賀村字岩木組の沖合発】** 沖合いに金色に輝く奇魚を発見、捕獲。浦の古老は「竜宮の使者だ」という。結局、酒を飲ませたうえで放すことに。

◎去る廿一日の午前十一時頃の事なりしと、嶋根郡加賀村字岩木組の沖合に何やらん金色閃々波間を照したる一怪物を漁人が見認めしより、血気

壮んなる漁夫共は聞くと等しく数艘を漕ぎ出し難なく之れを捕へたるに、其長さ五六尺にして頭部《かしら》は俚にいふコツマクジラの如くにして、孔雀の尾の如き物その尾に三筋頭に二筋あり。長さ各二尺余、眼は太くして総身金銀色の斑文を帯び、背の鰭《ひれ》には捻峰《とほみね》の銀櫛やうの文あり、又た尾に柔かなる梅花形のもの二つありて、何共其名を知る者なく中にも古老は往昔此魚の出顕せし事を聞き及びしが、這は正しく竜宮よりのお使者なるべし抔といふものもあり。中には又た此儘に松江へ持出せば幸ひに当月は天神の祭礼なれば急度《きつと》商法にならんと云ふ者もありしが、終にソンナ商法などにしては一浦如何なる禍《わざわい》を蒙《かう》むらんも知れずといふの論に多数を占め、酒を飲しめて放ち遣りしと該地より報知ありしが、どうやら小学博物図の中に之れと能く似たものがあるやうなれど何様現物を見ぬことであれば何とも鑑定が出来ませぬ。兎もあれ可惜《あたら》一奇魚を得ながらその儘に放ちしとは遺憾なることにこそ。

◉「山陰新聞」明治一七年七月二四日……●

## 「小僧小僧」と呼ぶ声

**【島根県／大原郡清田村長安寺発】** 本堂が夜になるとガサガサ怪しい音を立てる寺。村の若者たちが鉢巻しめて音の元凶を突き止めようとする。

◎前号に狐のことを書きしが、今度は又た狸の話しがあります。幵《そ》は大原郡清田村長安寺にて先頃以来毎夜々々本堂の一隅《すみ》が瓦雑《ぐわさ》〱と響くので、這奴《こいつ》必定盗賊ならめと其趣きを交番所へも訴へ置き、村中の壮者《わかもの》は鉢巻引〆め己《おの》れ何んでも手捕にして呉れんと多人数《あまた》手頃の棒を用意し待間《まつま》もあらず、夜《よ》もハヤ例の時刻になると忽《たちま》ち玄関の方にて瓦雑《ぐわさ》〱ズドンと響く物音に心得たりと駆出る途端灯火はパッタリ真昏暗《まつくらやみ》、折節隣村某寺の和尚《おしよう》が庫裏《くり》に来合せ居て、これも此所《ここ》へ駆来しを、暗《くら》さは昏《くら》し混雑中這奴《こいつ》果して賊ならめと一人が棒にて打殴《たたき》しは飛んだ迷惑千万《めいわくせんばん》なりし。叉手《さて》其夜には何者も居らざりしが其後は又た夜間に限らず白昼にも怪しき物音して、近日《このごろ》は物音のみか何方《いづこ》とも無く声ありて小僧々々と呼び立つるやら、又はアーハハハと笑ふやら、実に不可思議《げ》至極のことなりしに、漸《やうや》くにして其理由《わけ》が分かりしは先頃該寺《そのてら》後の榎の下に狸の住める洞穴《あな》ありしを、一日小僧が戯《たはむ》れに之れを埋めしにつき斯る異事を示して仇《あだ》せるなりと。何は兎もあれ寺内一同困却《こんきやく》して居るよしとの投書が来ましたが、何んだか子供欺《だま》しのやうな話し。

◉「山陰新聞」明治一八年六月三日……●

# 深夜に呼ばれ狐の産湯

**【島根県／奥谷村稲荷の境内発】婦人が産婆を訪ねてくる。依頼した産婆が来れないので、ぜひ代わりを頼むというのだ。**

◎這《こ》は些《ち》と請取《うけとり》にくき話しなれど、頃日《このころ》の夜中原町の産婆某の方へ一個《ひとり》の婦人が来りて、自分は奥谷村何某方よりの使《つかひ》なるが過刻《さつき》より細君《おくさん》が臨産《さんけ》に赴きしところ、折悪しく依頼せし産婆が故障《さわり》ありて早急の間に合はず、何卒《どうぞ》同行して参り呉れよとのことなれば、早速支度を為し其使人の後につきて其家に至り見れば、男女数人立廻り居て先づ此方《こちら》へとの案内につれ一室《ひとま》に通れば、主人らしき者が出来りて遠方五苦労《ごくろう》を懸けしが最初は殊《こと》の外難産の摸様《もやう》なりしも只今易々《やすやす》と産落したり、何分此上は赤児の産《うぶ》湯《ゆ》を始め万端宜しく頼むとのことにて、夫れより何《なに》やら箇《か》やらと始末をつけしに、主人は大に喜び且つ其謝《れい》物《もち》のことなど尋ねたれど、幵《そ》はお七夜の時にて宜《よろ》しくといふを、然《しか》らば是れは聊《いさ》さかながら当夜の祝儀《しうぎ》なりとて一封を渡し、尚ほ夜も深更《しんかう》になりたればと其儘其所に間眠《まどろみ》しに、頓《やが》て目を覚して見ると這《こ》は如何に奥谷村某稲荷の境内にて如何にも其傍らに一封のありければ不審ながらも封を披《ひら》き見しに、五十銭紙幣《さつ》が一枚ありたりと。何《な》んだか怪々の話し。

◉「山陰新聞」明治一八年六月九日……●

# 竜蛇神ついに来る

**【島根県／秋鹿郡佐陀神社発】ある神社の神在祭には、古代より必ず竜蛇神様が出現してきた。ところが今年はなかなか現れず……**

◎世は末世《まつせ》に及べども抔《など》と五幣担《れいかつぎ》めかしき態々《わざわざ》の報知ありしは、曩《さ》きに秋鹿郡佐陀神社の神在祭《じんざいまつり》に古代より欠《けつ》典《てん》なかりし竜蛇神の未だ当年は出現なきこそ或ひは竜宮も五改正ありしならんかとのことを記載せしが何が偖《さて》去月廿七日即ち陰暦にて神在月《かみありづき》晦《つひ》日《たち》佐陀七浦の中江角浦へ浪のうね〳〵浮び来りしを、同浦青山元右衛門が祓《はら》ひたまひ清め玉ひとお迎《むか》ひ申《まを》して、神殿へ納めしと云ふ。頑付《ぐわんづき》の方々は嘸《さぞ》五安心。

◉「山陰新聞」明治一九年一二月八日……●

# 鬼の首と腕

**【広島県／ある山中の寺院発】　山中の寺院で掘り出された石棺。その中には、首と一本の腕が眠っていた。**

◎備後国の或山中に一の寺院あり、土地の者等其が境内を開墾せんとて掘居りしに、深さ二尺余に達した時一の石棺の顕出しを以て、寺僧等も奇異の想をなし人々立会《たちあい》の上頓《やが》て之を開見しに、棺の内は朱を以て之を充しあり、之を掻除て中を見ればコハ抑如何《そもいか》に、長さ二尺余の首と一本の腕あり、然も其毛髪太くして毛の先は数本に別れ、額《ひたひ》には二本の角を生じ、其形恰も坊間に伝ふる絵画の鬼に彷彿たり。尤《もつと》も何れの時代に埋葬せしものなるやは判然せざれども、寺院建設の年代より考ふれば、正しく六百年以前茲に埋めしものの如《ごと》く思はるれど、何者の屍《かばね》なるやは之が考証のあらざれば知るによしなく、扠《さて》右の鬼の首は同寺に縁故ある尾張国海東郡津島町大字津島方等院の住職某が乞受け、二三日の内に愛知病院の検閲を経て帝国大学へ献納するよしなるが、果して鬼の首なるや否やは渡辺綱《わたなべのつな》若しくは大森彦七《おほもりひこしち》其人にあらざれば恐らく鑑定六ケ《むつか》敷《し》からん。

◉「福井新聞」明治二三年七月二九日……●

# 舅が悪嫁に祟る

**【広島県／平塚町発】　嫁に虐待され、首をくくって死んだ老人。糸のごとく細い手で、嫁の髷を摑んで連れ去ろうというのか。**

◎足の無い品物ゆゑ此入梅の雨天に来ても之れが其足跡なりと証拠立つる訳けにも行かず又灯火に照せば忽ち其形ちを隠す故捕へて巡査派出所に訴へ出ることも出来ずとふして、宵《よひ》か夜中かアラ怪しむ可し其皺がれたる声は七十の阪《さか》を越たりしを知《し》る可《べ》く、其痩せて糸の如き手は嫁の邪見《じやけん》に餓《う》へて忿死《ふんし》したるを察す可し、怨《うら》めしや冷《ひや》めしや人に怨みのあるものか無いものか今こそ思ひ知る可しと、嫁の髷髻《たぶさ》をひつ摑《つか》みて宇宙へ携へ去んとする此恐ろしき亡霊は、そも何者なるか生前は本市平塚町卅三番邸に住たる郷定蔵と言ふ老父《をやじ》なりし。悴を豊吉と言ひて船乗《ふなのり》職《しよく》故家に在る日の少《ま》れなるを以て、妻のタミなる者舅定蔵を無慈悲に取扱ひ早く死ねよかしの邪見に、定蔵は耐へかね去る廿日終《つひ》に縊《くび》れて死したるは、是れ嫁の手に殺したるも同じことと近所での風評《うわさ》夫れかあらぬか其夜より定蔵の亡霊がタミの枕頭《まくらべ》に立ち、豊吉の眼には見へざれどもタミは無限の苦しみに此頃は顔色も蒼白《あをじろ》くなりてふさぎ居る由。井上円了氏よ一度来広ありて実地探検ありては如何《いかん》。

◉「中国」明治二八年六月二六日……●

# 「件」が生まれる

**【広島県／福山町地方発】　東城に妖怪「件」が生まれたとの噂に、地方は大騒ぎ。悪病が流行するからその対抗策を、というのだ。**

◎備后国福山町地方にては先月下旬頃より誰言ふとなく東城に件《くだん》が生れたれば本年は恐るべき大悪疫流行なすべく、不幸にして此の病に罹らんか如何なる名医名薬なりとも治するに由なく有《あ》らゆる苦悶《くもん》を重ねつつ遂に死地に入《い》らざるを得ざるべく、若し此の悪疫を避けんと欲するならば須《すべか》らく所々の神社に建立し有る石の鳥居七つを河川を渡らずして潜らざるべからずと。此の流言一度び福山閭《ろ》巷《かう》に伝はるや、迷ひ易き愚夫愚婦は云ふに及ばず甚だしきに至りては土地に紳士紳商とも言はるる者まで我れ先きに其が鳥居を通らんとて競ひ居れりと。然れども到底河川を渡らずに七つの石鳥居を潜らんは出来得べからざる事なれば、昨今は各町内毎夜の如くに協議を凝らしつつ河川の有らざる場所を撰んで石鳥居を建立し、以て其の悪疫を遁《のが》れんものをと大に運動なし居る由、何者の痴漢が徒《いたづ》らに斯《か》かる浮言を閭巷に弄して人心を攪乱せんとはなしつる、察するに之れも近頃流行《はや》る詐偽者《さぎしや》の何事をか為めにする処ありて流布せしめし言ならんか、それにしても流言に迷ふ者こそ愚かなれ。

◉「中国」明治三〇年五月六日……●

# 剣士が妖怪退治

**【広島県／高田郡生桑村鳥帽子岩峠発】　昔より妖怪が出ると噂される山。村でも屈強の猟師が名剣とともに乗り込む。**

◎広島県高田郡生桑村字生田なる大隠地山《おほがくれぢやま》に金毘羅神社あり。昔より妖怪の出づる所なりとて参籠する者絶《たへ》て無かりしが、本月二日の夜生桑村の高岡喜代作小田勝太郎の両人打連れて同山を通り掛りしが、平素怪しき処と聞きつる事とて前後《あとさき》左右に心を置きつつ行く中《うち》、忽ち金比羅神社の方なる小笹の中よりガサ〳〵と物音たたせて現はれ出でし者あるより、両人は愕然《ぎよつと》驚きながら見詰むれば、其者は正しく人にして鉄砲を担ぎ山刀を帯び左の手に白き猿を提さげ居りしが、其容貌同村桑田なる高杉判右衛門の番頭若宮吟造に似たれば吟造殿にあらずやと問《と》ひしに、彼方《こなた》は打笑ひて如何にも吟造なり、此程より私主人の娘子病気にて種々医療に手を尽せども其甲斐なければ、或人の勧《すすめ》により白き猿の肝と服《の》まさんとて、斯《かく》山中に分入り打取り帰る所なりと答ふる内に、アラ不思議や吟造の身丈次第に伸びて高さ一丈ばかりの大男となり、両眼鏡を掛けたる如

く光輝き、口は耳の下まで裂《さ》け、白き歯を剝出しつつハタと睨みしかば、両人はアツと驚きつつ逸足《いちあし》出して逃んとしたるに、勝太郎は片足を攫《つかま》れ喜代作は引付られて動くことならねば、死物狂《しにものぐるひ》に力を極て両人共辛《からふ》じて危急を逃れ、這々の体《てい》にて帰宅し、早速村役場へ此事を届出でしに、村吏は大に驚き茲に妖怪退治の決議を為し、同村屈強の猟師の中より酒井十右衛門と云へる者を撰び、妖怪退治の事を委任したるに、同人は大に勇立ち本月四日の朝より身仕度に取掛り、足には柿色のズボンを穿《は》き、膚には鏈単衣《くさりかたびら》を着込み、上には黒羽《くろは》二重《ぶたい》の袷《あわせ》を着流し、紫縮緬の襷《たすき》を十字に綾《あや》どり白縮緬の鉢巻して、正国《まさくに》の名剣を佩き悠然として我家を立出《い》で、大隠地山《おほがくれぢやま》の横手迄村中の人々に見送られ、夫《それ》より只一人物凄き山中へと分登り同夜十一時頃漸く金毘羅神社に到着したるが、十右衛門は暫く其処に憩《いこ》ひ居りしに、忽《たちま》ち後の方にて大なる物音したるより驚ながらも見詰むれば、色蒼ざめたる女が髪振り乱して出来りしかば、扨《さて》こそ妖怪ござんなれと思《おも》ひ、カラ〳〵と打笑ひ其様《そん》な大きな顔では話しにならぬと云ひしに、今度は十七八の美人となり現れ出でしかば、十右衛門は我が身近く引寄せ正国の名剣を抜くより早く力に任せてグサと差透せしかば、流石《さすが》の妖怪も堪り得でギャツと悲鳴を上げて其場に仆《たを》れけり。夜明けて後同村の人々打連れ村長を先に立て手に〳〵獲物《えもの》を提《ひっさ》げつつ山中へ分行きしに、十右衛門は肱を枕に前後も知らず寝入りけるより、恐々《こはごは》ながら喚起して様子を聞けば全く右の如き始末にて、其傍に大さ牛の如き古猫の仆れ居たるが、目方《めかた》は四十五貫目ありしと。又高田郡長は之を一見して大《おほい》に酒井十右衛門の勇気を賞し、金十円を贈りしとぞ。さても奇怪なる珍聞にこそ。

◉「紀伊毎日新聞」明治三一年三月一三日……●

# ポスト幽霊の正体

**【山口県／周防山口の鰐石橋際発】橋際のポストに老婦人の霊。その正体は、郵便切手を売る男に虐待され死んだ継母だという。**

◎周防山口の鰐石橋際に郵便切手売下をなす某なるものあり、今年八十歳の継母を虐待すること甚だしく、継母はために恨を呑んで死去せしが、其夜より橋際のポストに老母の幽霊現はれ通行人も夜此所を通るものなしと、幽霊も開化してポストより現はるるに至る。

◉「愛媛新報」明治三一年二月一四日……●

# 四国の怪

# 変化の話を二つお届け

**【徳島県／名東郡九小区鮎喰川原不動明王の堂前、同郡高崎村発】毎夜、女の泣き声が聞こえるお堂の前。そして走る人力車の上から消えた客。**

◎変怪《へんげ》咄しを束ねてお目に懸けますが、その第一番が名東郡九小区鮎喰河原不動明王の堂前に午前一時比が来ると毎夜〳〵女の啼声《なきごへ》がするゆへ同所高崎村の木村又平外二三名が見届けに行た処が、成る程女の姿の様な物が中ブラリに成つてお菊の幽霊とでもいひそふな行状《なり》で啼て居ますとかですが、不動の鉄縛《かなしばり》でも追ひ付かネへと見へます。其第二番が同郡高崎村の山本元蔵（三十）は平生人力車を曳ひて烟を立てて居ますが、或る夜のこととか同郡の名田名の阿弥《あみ》陀《だ》橋から二人のお客を積んで高崎の方へ曳いて来る途中で、お客が見へぬ様になり又乗りて居たりとふもトンチンカンな訳合《わけあい》に成りて来たから、一散《いつさん》に我が宅迄駈《かけ》て戻り、それからサツパリ車夫の商業を廃して仕舞《しも》ふたとは妙な咄しだが変怪咄しは是れにてチョン。

◉「普通新聞」明治一一年一二月三日……●

# 人魚を博覧会へ出品

**【高知県／安喜郡田野村沖発】一尺二寸、頭はまったく人間の人魚。死体を日干しにして大阪の博覧会へ。**

◎去月二十七日の事とか高知県下土佐国安喜郡田野村沖にて、漁師《れうし》の網に罹《かか》ツて惣体の長さは一尺二寸程にて首は人間に異ならず、眼鼻口とも全く備はり頭には矢張毛がモジヤ々々として鼠のやうな歯の生《おへ》たる不老ふしぎな物の上りしかば、早速持帰りて甲乙《たれかれ》に見せたところ中に夫れを知るものありて、是こそ当所では河豚《ふぐ》と肩書する人魚にして此五六年前にも生獲《いけと》りし事ありと分りしかば、何卒して此儘《このまま》に貯《たく》はへんものと塩に漬け酒に浸し抔種々に手を尽せしが其甲斐なく、既に腐れかかりしかば余儀なく日乾《ひぼし》にして大坂の博覧場へ出品する積りとの報知ありしが、若し玄宗帝《げんそうてい》をして地下に此事を聞かしめば必定今日に会はざるを悔やむべしと東京新聞に見えたり。

◉「長野新聞」明治一二年四月二〇日……●

# 沼の主の怪物を倒す

**【香川県／宮川郡志度の邑の南発】** 秋の夜半や夏の夕べに村を悩ます八沼の主。ある親子が鉄砲片手に山に入り、沼の主めがけて発砲する。

◎処は讃州宮川郡志度の邑《さと》の南なる梨甲山といふ小深き山の麓に八池となん呼ぶ八所の池沼あり。鬱樹天を蔽ひて昼猶《な》ほ暗く、草荊生茂りて往来《ゆきき》する道もなし。秋の夜半夏の夕べ月黒く雨寒き時は怪しの化物《けもの》の此池より出で夜な〳〵里人を悩ますことありといふ頃は、去ぬる十二月或日の宵過ぎのこととかや、同村の馬場某と云へるが親子二個《ふたり》して彼の梨甲山へ山踏《やまぶみ》に出で此所《ここ》彼処《かしこ》と嶮桟《けんさん》を経廻《へめぐ》りて遂に山の南手に出けるに、頓《やが》て其池の辺《ほと》りに当りて耿然《びかり》と光りして出来る一ツの物あり。両個は見るより顔見合せ如何なる者ぞと驚きつつ扨は兼て里人の言伝ふる八池の主の化物は是なんめりと心付き、好き獲物こそござんなれ、イデ打止《うちと》めて功名に立てんと両個は頓て樹楯《こだて》に搆ひ彼の百錬の明鏡闇夜《めいけうあんや》を照し、両個の鬼灯幽冥を破りて段々迫寄せ来る怪物を目掛け用意の鉄砲取直して狙《ねら》ひを清《きよ》しズドンと一発火蓋《ひぶた》を切れば誤《あや》またずして手応《てごたえ》なし得《え》も言はれざる懼《をそ》ろしき声して其儘彼方《かなた》に光物の消へ失せたれば、得たりと両個は大に喜び夜の明くるを待《まつ》て現場《かしこ》に至り見るにコハ抑《そ》も如何に彼の怪物は一種異形《ゐげう》の獣にして其身の丈《たけ》は一丈に余りて頭牛の如く、躰《からだ》は鯰《なまず》の如く眼の大サ飯椀位ゐにして歯密《こま》かに髭《ひげ》は鍼《はり》の如く、腹《はら》には一面金色《きんいろ》の斑紋《はんもん》ありて、噂さにも聞かざる怪しの獣なるにぞ。両個は早速里人に其由を告《つ》げて頓て其をば志度の町に舁出《かきだ》し目今猶ほ彼地に於て衆人の観物《みせもの》となし居ると頃ろ彼地より帰りし人の物語りしが、果して斯《かか》る珍事もありたるにや、そも此の鯰北海より出でしか将《は》た西溟《せいめい》より来りしか如何にしても開《かい》闢《びやく》以来比《たぐ》ひ稀《ま》れなる怪物にぞある。

◉「伊勢新聞」明治一五年一月七日……●

# 深山で大蛇を撃つ

**【高知県／土佐郡森郷の大谷村発】** 二丈もの大蛇二匹を見つけ、難なく一匹を撃ち殺した猟師たち。ところが逃した一匹が別の村人を襲う。

◎土佐郡森郷のうち大谷村といへる樹木鬱々と生茂り昼《ひる》なほ暗く樵夫《きこり》山賤《やまがつ》も行者希《ゆくものまれ》なる深山《みやま》なるが此の七年昔し麓《ふもと》の若者等が二三人樵《きこ》らんと彼所《かしこ》に至りし所其長《た》け二丈ばかりの蟒蛇《うはばみ》が二疋《ひき》のろ〳〵と岩蔭にどくろを巻いて居けるを見、逸足《いつそく》出して逃帰り

里《むら》の猟人を呼立て手々に得物《えもの》を携《ひっさ》げ再《ふたた》び其所に至り見ば未だ一疋は居残りけるより、ソレと云様猟銃をつるべ放ち、難なくうち斃しける。其《それ》より後絶《たえ》て蟒蛇《うはばみ》を見し人《もの》なかりしが去月卅日同郷土居村の中村兵太郎の雇《やとは》れ人《びと》なる伊予州《くに》三ツ川の産《うま》れ岩松《いはまつ》（二十七）といふが薪採《たきぎと》らんと彼の大谷山に登りし処、何となく眠気《ねむけ》さして堪《たへ》がたく、斧を枕に芝生にねころぶ折しも、腥《なまぐさ》き風さつと吹き傍なる楢の木間より其廻り二尺程と見る蟒蛇が紅の舌をベロ〳〵と吐《は》き此方を呑んず勢に岩松は絶体絶命木根岩角きらいなく一目散に逃げ出し左の足を竹の尖《とがり》に貫き朱《あけ》に染んでよう〳〵帰宅なせしと其地の人の談《はなし》。

◉「土陽新聞」明治一六年六月六日……●

# 天狗が木に降りる

**【愛媛県／西宇和郡津布理村字地蔵駄場発】茶屋の近くにある古松。風もないのに、その実が雨のように落ちてきた。そのうえ、大音とともに枝が折れて……**

◎西宇和郡津布理村字地《ち》蔵駄場《ぞうだば》とて同駅の東に小高き森あり。往古《わうこ》より地蔵尊を安置し人家を距《さ》ること凡そ二十余町の処にあり。東宇和郡の名邑卯の町通り潮光坂の麓《ふもと》にて魚商は踵《くびす》を交へて至り牛馬を牽き米穀を運ぶもの皆道を此に取らざるなし。故に先年地蔵堂の右傍へ待合茶屋を建《た》て、或る翁媼《おうおん》の此に起居せしが、その茶屋の左傍に古松の槎枒《さが》たるありて、景色絶妙旅人の足を止めざるなき処なり。然るに今一の不可思議なる話は、過日のこととか天気晴朗涼風一片の塵だも揚げざる程なりしに、午後十二時の頃俄かに松実の落つること降雨よりも甚だしく、間もなく二枝（四尺廻り余あり）が突然折れ地に落つる音は山の崩るるが如く、翁媼は夢見し心地して唯だ身命の全からんことを祈るより余念《よねん》なかりける。少焉《しばらく》して暁ならんずる頃いと静かになりたれば、二老は蘇生の思ひを為し急ぎてこのことを郷里に報し遣りたりしを、村民は聞て大に驚ろき多分は天狗《てんぐ》の所為なるべしと云ひ居る由、なに天狗の有無も知れぬに其の所為の知れる筈はないけれど、二老人は嘸《さ》ぞ驚ひたでムろう、壮年でも心地よくはないからネー。

●「南海新聞」明治一六年九月一五日……●

# 遊び人に恨みの霊

**【高知県／土佐郡枇杓田村発】　夫のある美人を口説きおとして深い関係になった男。ところが妊娠がわかって女を捨てたばかりに祟られる。**

◎一穂《ひとほ》の灯火は消なんとして又明《あか》りて明《あか》らんと消ると見《み》へしが、忽《たちま》ち大さ毬《まり》の如き鬼火となりて燃へあがりたるが不思議や其が中に朦朧《もうろう》としてそれかあらぬか立姿いと美《うるは》しき顔《かんばせ》も恨をふくむ啼き声ふるはし、道ならぬとは知りながらぬしある身にも恋の欲がはるまいぞや、かはらじと矢《ちか》ひしことうたかたの泡と消へゆく妾《わらは》がも、元はといへば君ゆへにいとし可愛がかさなりておなかに宿せし情《なさけ》の種《たね》、誰に明かして岩田帯解けぬ思に沈みしが、つれなき君が秋風こそ無常を誘ふ始じめにて、罪とはしれど親々に父《てて》なし子よとせめられて、生みの顔さへ見ぬものを、暗《やみ》から暗を迷はせし心の鬼の報《むくひ》は的面《てきめん》、今は血の池剣の山アラ苦《くる》しやと身《み》をもがき、イザ諸共にこなたへ来ませと男の襟髪引摑むを、左はさせじとて一生懸命支へ争ふ其のはづみに枕《まくら》をハタと取りはづせば是なん一場の残夢にして、男は惣身冷汗《さうしんひやあせ》にひたりつつ胸さはぎさへ未だやまず、蓋《けだ》し男の我と我が咎《とが》むる心に我からつくる幻《まぼろし》と知りたまへ、閑話休題《あだしことはさておき》抑も此男は何者なりやと尋ぬるに、土佐郡枇杓田村堀本寺五郎とて一癖ある曲者《くせもの》なるがいつしの同村堀岡某乃養子娘お歌といへるがいひなづけの夫ある一美人を口説《くど》きおとして人目を忍び通ひしうち、とう／＼お歌は懐妊となると寺五郎は無情にも鼬《いたち》の道《みき》切り寄りつかねば、お歌は当惑のあまり卸《おろし》薬《ぐすり》を用ひしことが根となりて遂に此頃なき人の数に入《いり》しより恨《うらみ》に恨かさ

なりてヒウドロ〳〵の今日の挿絵実《げ》にいたづら女のよき戒《いましめ》と見たまへかし。

◉「土陽新聞」明治一六年一〇月四日……●

# 一丈余りの大蛇

**【高知県／土佐郡潮江村孕山発】数人で連れ立って、山に枯枝集めに入った婦人。後ろがザワザワすると思ったら、そこには大蛇が。**

獣変

◎神代《かみよ》の昔し出雲国簸の川上にて素戔雄尊《すさのうのみこと》が八岐《やまたの》大蛇《おろち》を殺し玉《たま》ひて、稲田《いなだ》姫命《ひめのみこと》を助け、また日本武尊《やまとたけるのみこと》は近江の国伊吹《いぶき》の山にて大蛇《おろち》を見玉《みたま》ひて后、彼が毒気に触れ玉ひしより遂に神上《かんあが》りなし玉ひぬと、古《ふろ》き国書《ふみ》に散《み》見《へ》て太古《いにしへ》より大蛇《おろち》の人に害するは数度あることと思ふ。また現世も此類の蟒《うわばみ》が折々あること諸新聞にも見受しこととなるが、爰に土佐郡潮江村孕山に年経し最と大なる蟒の居ること聞し所此七八日以前同村の婦人等が四五人連にて右の孕山に枯柴折り落松葉を拾ひに出掛し処、其内におが鹿と云へる四十位の婦人は、余念なく枯枝を集め是を荷となし背負ひつつ山の岨道《そばみち》を辿り来る折しも、後の方の歯朶《しだ》の中がザハ〳〵と鳴り、且つ高き鼾の聞ゆるにぞ。扠は木樵《やまがつ》の昼寝やなし玉ひなん、覚し参らせばやと其が歯朶を押分て行見しに木樵とこそ思ひしは大なる蟒にて其長《た》け一丈余もあり脊は恰《さな》がら松の木の如く両眼閃々《けんけん》として唐紅《からくれない》の舌を吐き、人の来る音に驚きけん彼方をさしてうねくり遁るにぞ、お鹿も之を見て生たる心地なく驀直地《まつしぐら》となりて走る折りしも蟒は心で思へらく此は好き夕飯《いうげ》の膳前《ぜんさき》を（正乎《まさか》）其儘取つて返へしお鹿さん〳〵とも呼ぶまいが跡よりお鹿を追掛けて已に危く見へたりしも、お鹿の足の迅かりけん、漸々人里へまで遁帰りしと云ふが姉さん達も彼の山に行かるれば宜しく御注意なされませと、差画《さしゑ》を加へて一寸御咄ヲヲこはヤ。

◉「弥生新聞」明治一八年四月二九日……●

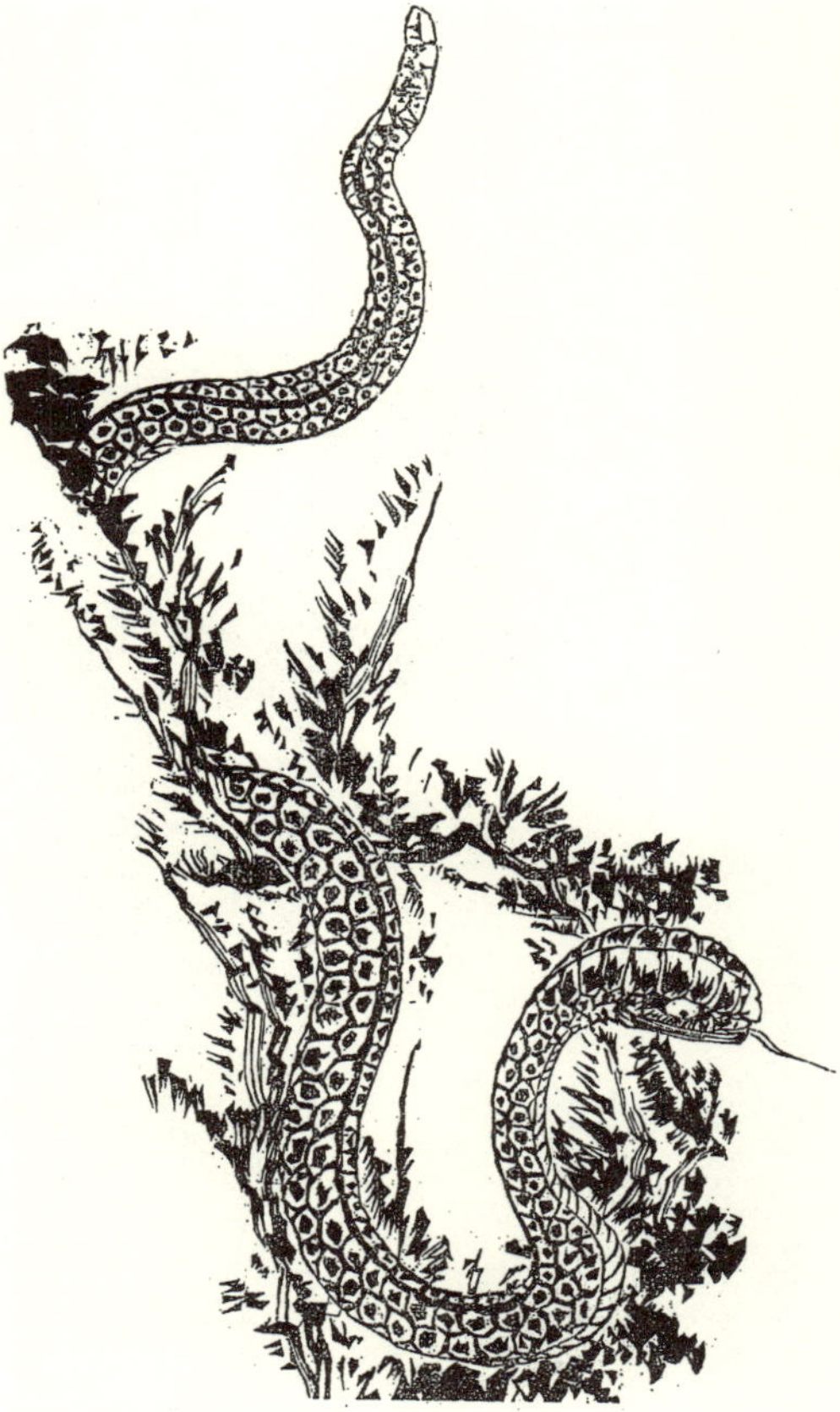

# 柳原の見越入道

【高知県／北奉公人町の川岸発】振り返ると鳥居の側で、身の丈一〇丈もの大法師が、ケラケラと笑いながらこちらを見ている。

妖怪

◎怪力乱神を語らずとは支那の親父《おやぢ》がいましめながら、見聞《みきき》の儘書く新聞一昨廿日の夜土佐郡小高坂村字山の

鼻に住む桐島三次郎の女房お勝（二十八）は所要あつて本町の堀詰まで行しが思ひしよりは要事《えうじ》がひまどり夜半と思ふ頃其家を立出、本町を西へ急ひで帰る途中行けどもゆけども北奉公人町の川岸端へ出ざるより、ハテ面妖な此所《ここ》は何処《どこ》と辺《あたり》を見廻せばコハ何如《いか》に舛形《ますがた》にて、北へ廻る可きを間違へて路を南へ取りしと見へ、鏡川磧《かがみかはら》の藤並宮《ふぢなみぐう》の御旅宮《おたびしよ》なる柳原にてありければ、我ながら愚なりしとつぶやく折しも、丑三ツ告る遠寺の鐘最《い》と物悽く鎬々《かうかう》と陰にこもりて聞ゆれば、お勝はゾツト恐《こ》は気《げ》立ち元来し道へ足早に返らんとする後方《うしろのほう》にケラ〳〵と笑声のするよりおそろしながら振返り見《みれ》ば、花表《とりい》の側よりヌツと出たる大法師其丈《そのた》け十丈余りと思ほしきが莞爾《にっこ》として立たるより、お勝は魂身をはなれきやつと其儘倒伏し気絶せし処へ或る男が通りかかり、何如《いか》なる者がとそば近く寄ればお勝はむつくと起《お》き、有無《うむ》をも云ずしがみ付《つか》れ、男は愕《びっく》り定め狂気の人ならんとよう〳〵すかし本町の電信局の前へ連れ出し、何処《いづこ》の人ぞと尋ね問へど只大入道が恐《こわ》ひ〳〵と取り止めも無き事を口走り、全《まったく》正気を失ひし体《てい》なれば困《こう》じ果たる折柄、客待をして眠り居し人力《くるま》曳《ひき》の小高坂村の久保某といへるが眼《め》を覚《さま》して此の人には少し見覚へあり、云々《しかじか》の所にて見受けし女なりと己《おの》が車に乗せて山の鼻の自由湯といへる銭湯屋《ぜにゆや》へ連れ込み、主人《あるじ》をおこし諸共《もろとも》にモシおかみさん此の風呂屋に見覚はござりませんかと静に尋ね問ふ中《うち》にお勝は漸く正気になり住所も分り磧《かはら》の話を聞より皆々舌を巻き呆れながら、直ぐ其家へ連行しとは近頃不思議な話。

◉「土陽新聞」明治一八年八月二二日……●

# おせっかいな幽霊

**【高知県／稲荷新地発】** 芸妓の霊が、自分の死を深く悲しんだ妹分の前に現れる。自分が持っていた鑑札で商売をしろというのだ。

◎百足《もも》らず八十《やそ》の隈路《くまぢ》は手向《たむけ》せば過去《すぎに》し人に蓋《けだ》し逢はんかもト、彼の万葉集に詠んだるも宜《むべ》なるかな、本年五月の頃稲荷新地百万石楼の芸妓小糸《こいと》（二十三）は少しの病痾《やまひ》より図《はか》らず重き枕に伏し、遂に亡人《なきひと》の数に加はりしを妹分の芸妓小時《ことき》（二十）は宛《さなが》ら赤子《せきし》の慈母を失ひし如く墓参何くれに暇《いとま》なく朝夕《あけくれ》仏壇に香華《かうげ》を手向《たむ》け、跡叮重《あとていねい》に弔しが、其功《そのかう》ありてのことなるや或夜小時は奥の間で寝て（一《ひと》人《り》で）居しに障子を明けて入り来る者を能く見れば過去り玉ふ姉分の小糸が开処《そこ》へ現れ出で「ノウ〳〵妹の小時さん、妾《わた》しが持し鑑札がまだアノ奥に有る程に是をお持で稼がんせ」と云ふたか云はぬか知れないが、小時は是を真に受けて姉分小糸が鑑札を持ちて喏《にや》ん〳〵遣《や》つて居るを、早く其筋の御目に留り此程に大枚の御灸《おきう》を戴きしとは、飛んだ幽霊の御厚志で厶《ござ》る。サア見玉へ小糸さんの幽霊を昔しの汚名染《おなじみ》さん今日の画入《ゑいり》〳〵。

◉「弥生新聞」明治一八年一〇月一一日……●

# 怪火見て車夫発熱

**【高知県／長岡郡薊野村の天王前発】客を降ろし、ひとり空車を曳いて帰る車夫。ところが向こうから火がやってきて……。**

◎開化の勢に圧《おさ》れて怪物も凹《へこ》で仕舞《しま》たが、其《その》うち怪火《けちび》どのはマダ頑固《がんこ》にやツて居るものと見えて、去る七日の夜新市町の増次と云ふ車夫《くるまひき》が山田橋から客を乗せて長岡郡後免村まで往《いつ》て其帰りは最早二時頃となツたで、淋しい道を独りカラ〳〵空車を曳て戻る途中、薊野村の天王前へ来ると向ふから火がくるから何でも同業者《なかま》に違ひないと思ふうち、程なく近寄ツて四五間の所へなると其火は忽ちプツと消たで、サテはと不審しながら脊後《うしろ》を顧《み》ると、今まで前に在《あつ》た火が後に在より増次はフト気味《きみ》わるくなり、逃《にげ》るが如く車を曳て我家《うち》へ戻ると、其夜より大熱今にマダ煩《わづら》ふて居るそうだが、定めし其火は怪火《けちび》であツたろふと云ふ投書。

◉「弥生新聞」明治一八年九月一〇日……●

# 獄死した夫の幽霊

**【高知県／西弘小路発】入獄した夫のため、監獄の近くに家を借りた女。ところがその看守と深い仲になってしまい……**

◎是等《これら》みな其人の神経のなすわざなれば世の中に斯る変化《へんげ》の有《ある》と無《ない》とは今更に云ふも愚《おろか》な事ながら、是もまた不義《ふぎ》姪奔《いんぽん》の身の曇り、遂《つひ》に斯なんなりけるかと其概略《あらまし》を書綴り聊《いささ》か世の人の懲誡《いましめ》とはなすになん。土佐郡◯○村安藤卯吉と云るは向《さき》に銀貨偽造の罪にて懲役三年の刑に処せられ、高知監獄署に繋がるる事となりしが妻《つま》のお丑（三十）は夫が斯くなりし後は只だ独りにて暮せしも、何分◯○村に居ては監獄署へ程遠ければセメテ近辺に引移りなば又た時として夫の顔を見ることもあらんかと遂に其後は西弘小路に一の家屋を借受け其方に移りしに、フト姦主《かんしゅ》の某《それ》と云るが此のお丑に思をかけ時々懇切《ねんごろ》に問ひ来るをお丑もまた他の人とも違ひ姦主の事なればおろそかならぬ扱ひに姦主も一入《ひとしほ》喜んで◯◯の事までも出来る限りの世話方などして居るうち、早晩《いつしか》二人が好き中となり、衣類金銭など度々お丑の許へみついで行《ゆけ》ば自然お丑も都合の宜《よ》いを嬉しく思ひ、とう〳〵其姦主どのを引込で寝泊りなどさせ暮すこととなりしかば、隣家《となり》の人等は早くも夫と頷附《がんつい》て種々《さまざま》の取沙汰すれば追々に其評判も高くなり誰とて其中を知らぬ者さへなくなりしを、本夫《をつと》は素より獄署《ごくしょ》に居れば絶て其由《そのよし》聞く筈なしと思《おも》ひの外《ほか》、新に入監する人のありて云々《しかじか》と

留守の様子を話し聞《き》かすと、卯吉は驚き大立腹己れ其儘に赦《ゆる》し置くべきやと思へど、自分は籠《こ》蓄《ばん》の鳥いづれ気長く放免の日を待て怨恨《うらみ》の胸を晴しくれんと思ひ居るうち、図らずも卯吉は病気となり遂に此程獄中にて病死しければ、お丑《うし》は結句嬉しく思ひしつ、最早誰を憚る人もなく夜はもとより昼もまた姦主を連込み、全く夫婦気取で暮すうち或夜のこととか姦主は例の都合にて外に泊りて内にはお丑が只独り留守番なして居《ゐ》たりしに、夜は追々に最《ふ》け渡《わた》り四辺《あたり》の人家も寝静まり、聞ゆるものは蕎麦《そば》や温飩《うどん》の売声と犬の岡吠《をかぼえ》実《げに》も淋しき真夜半頃颯と吹来る窓の風柳にそよぐ物音にお丑は忽ち目を覚し、ツト見れば消へ残りたる行灯《あんど》火《び》の小暗《おぐら》き影《かげ》に映《うつ》ふ姿は紛《まが》ふ方《かた》なき本夫《をつと》の面形《おもかげ》、ジロリとお丑を睨視《ながしめ》し見ると思へば声揚《あ》げ恨《うら》めしや、お丑は吃驚《びつく》り俄に蒲団引冠《ひつかぶ》り、声も得立ず伏し縮み、

先づ其夜はそれにて明せしも、其後は度々挿画《さしゑ》のごとくお丑が寝室《ねま》に本夫の姿が顕れ来れば、お丑は益々気味わるく内々其事を人に話せしより、忽《たちま》ち又た近辺の評判となり今日此頃は人も恐れて夜更し後は其辺を往来する人もなくなり居るとは、併し彼の姦主どのは今に相変らずとは困た姦主だ。

◉「弥生新聞」明治一八年一〇月二五日……●

# 大魚が漁船を襲撃

【高知県／須崎沖発】 親子で漁に出てみると、前方に大きな渦が。その中の大魚に襲われ、舳は裂け、船は転覆寸前。

獣変

◎去る六日のことなりとか高岡郡須崎村原町に住む漁夫山下丑松〔三十九〕と云へるが長男鹿太郎〔十四〕と共に朝まだきより漁船に乗り須崎沖なる「イツシカ」礁《はへ》と呼ぶ処に到り釣を垂れて居たりしに、午前十時頃舳の方に当り俄かに大《おほい》なる渦を起し、アナヤと思ふ其中に大魚の尾が忽ち舳先《へさき》に触《ふ》るるよと見へたるに舳《へ》は裂けて船は殆んど覆らんとし船具さへも押流されければ、両人は大に驚愕《おどろ》き一生懸命 舷《ふなばた》 に取付き居たりしが、再び艫《とも》の方に最《い》と大なる鮫鱶《ふか》が跳り出で船の艫を二尺有余も呑込みて猛《たけ》り狂ふにぞ。船も半は波に沈み、両人も今や魚腹に葬られんとする有様《ありさま》に、丑松父子は茲を先途《せんど》と必死を極め、側に有合ふ櫂《かぢ》ヲツ取り近寄り来らば唯一打ちと、度胸を据えし勢に流石《さすが》の鱶《ふか》も恐怖《おそれ》やしけん、何《いづ》所《く》ともなく逃去りければ父子の者は漸く蘇生の思ひをなし、流せし船具は取りも敢へず、櫓《ろ》を押切りて帰りし后、船体を撿めしに舳の二三ケ所と艫に数ケ所の歯の痕跡ありしと。其地より態々《わざわざ》の通信を今日の画入りとはなしぬ。

◉「高知日報」明治一九年八月一三日……●

# 岩石山猫との死闘

**【高知県／高岡郡角山に接する深山発】**

**猟のため、山に入った男の眼前に、凶暴な山猫が現れた。発砲するが、弾丸がきかない。**

獣変

◎今代《いま》人家に飼養する通常の猫は元来虎豹類に属する一種の野獣なりしを人の之を馴《な》らしめて進化《しんくわ》の道理《だうり》陶汰《たうた》の作用に依り漸々に変じ去り化し来り終に純粋なる柔弱の家畜となりし者なる由《よし》、物の書にも見え又其野生の巨大なる者は人畜を殺害する事曲亭が著作の小説にもこと〴〵しく記しあるが、今も猶《なほ》此猛烈なる猫祖《めうそ》の存するあるにや、去る十日幡多郡大道村（中村を去る北十五里余）の猟師力造と云へる者が其長男某を伴なひ同村字奥山とて高岡郡角山に接する深山に分け入りつつ猪《しし》を獲んと父《おや》子《こ》相別れて頻《しき》りに狩り廻る中《うち》力造の眼前に一個の山猫が現はれたり。只見る眼光鏡の如く身体虎に似《に》てさも恐るべき勢なるに力造は些《ちつ》とも躁がず銃を差向けてきつて放ては目的違《めあてたが》はず其前肢《まへあし》の辺《ほと》りに当りしかど、年を経たる者なれば弾丸は貫かで唯浅《あさ》傷《で》を負はせし耳《のみ》なれば、山猫は猛り狂ひ眼を怒らし牙を張りつめ力造を見かけ跳びかかるを、此方《こなた》も今は逃ぐるに由なく必死を期しつつ銕炮《てつぱう》なげ捨て組みかかり力を極めて闘かふたるは、正に是れ羅馬《ろうむ》古代の人民が人獣血闘の活劇を今此所に演出し来つてさも物凄き景状《ありさま》なりしが、身体漸次《しだい》に疲れ来て命も危ふく見えける処へ、恰好《ちやうど》彼の長男の某が物音聞きつけ馳せ来れば呀啞《こは》一驚《いかに》父《ふ》力造は巨大なる山猫の為に組み伏せられ身体血に塗《まみ》れつつ九死一生の際なれば、何かは猶予のせらるべき、腰なる斧を引き抜きつつ山猫の頭に甚《した》たか斬り込みたるに、さしもの猛獣も痛手《いたで》に弱りし其勢につけ込んで父子力を合はせて討斃《うちたふ》し蔓《かつら》に縛ばりて家に帰りて其量を衡《はか》り試《み》るに、十七貫の上に出で、其容姿《かたち》は尋常《じんじやう》の猫に似たれども全身に松脂《まつやに》を塗り之《これ》に土砂を貼《つ》け、其堅固なる恰《あたか》も岩石の如き者なりと。又力造は格闘《かくたう》の際数ケ所の手傷を受たれば今治療中なりと。中村より通信のまま。

◉「土陽新聞」明治二一年一月一五日……●

# 父の霊に会った男

**【徳島県／八百屋町発】** 知人が父を訪ねてきた。一昨日、ばったり会ったのだという。だが父は昨年死んでいるのだ。

◎併《しか》も暗夜《やみよ》で柳の下、ジヨロ〳〵流《なが》るる小川抔《など》があれば大極上《だいごくぜう》とは幽霊に就て極つた相場なるが、夫れが真昼中に現われたは是《こ》れも文明開化の余《よ》沢《たく》なるかとは不理屈の専売特許とも云ふべき一件、八百屋町の某《それ》が父伊三郎は老年で家事に関係ふが煩《わづらは》しいと近所へ隠居《ゐんきよ》を構《かま》へて老後を養ない居しが、昨年三月芽出度《めでたく》往生を遂げ、今は仏壇に位牌《ゐはい》を止むるのみ。然かるに二三日跡《あと》のことにて富田浦町の梅蔵といふが某方《それかた》へ訪《おと》なひ来たり時候の挨拶不沙汰の詫《わび》一通り並べたのち、扠《さ》て暫《しば》らくお目にかからんが御老人の伊三郎様はます〳〵御壮健《ごたつしや》で一昨日も大道の途中で久々振《ひさびさぶり》にお出逢ひ申したが、近頃は御剃髪《ごていはつ》返つてお若く成つた様で何よりも芽出たいと梅蔵の述ぶるを、某《それ》は不思議さふに聞取り、イヤ御中言《ごちうげん》ですが父伊三郎は昨年の三月仏に成つて此間一周《しう》忌《き》を弔ひましたと云われて、梅蔵は眉を顰《ひそ》め何に死亡《なく》なられた……夫れでも一昨日の昼ごろお出逢ひ申したに相違ありません、其の時のお話しに八百屋町の斯々《こうこう》したところに住んで居るから久しい馴染《なじみ》じやチト話しに来《こ》さツしやいと、毎時《いつも》の元気でお別れ申した夢ではない正味真剣《せうみしんけん》、夫《そ》れギヤ伊三郎さまの幽霊であつたかとブル〳〵しながら駈《か》けて返《もど》つたが、此の一件が何時《いつ》しか近所へパツと成り、今まは某の近傍に住む女子供は夜に成ると外出もなさず怖がつて居るといふが、何ふも請取れぬ話しなり。

●「徳島日日新聞」明治二二年三月二一日……●

# 猟師が怪物と遭遇

**【香川県／大内郡帰来村字オホヅキ発】** 猿顔に牛爪をもつ奇獣が現れる。村中あげての捕獲作戦に。

◎香川県大内郡帰来《きらい》村の字「オホヅキ」と云へる山中には獣類が数多《あまた》住み居りて、近傍《きんぼう》の猟師は時々同山に猟《か》りする事なるが、去廿四日の事とかや例に従ひ同所に猟を為し居りしに一の奇獣走り出たり。その顔は猿の如く毛は赤色にして猩々《しやうじやう》の如く、足の爪は恰も牛爪の如き。脊の高さは二尺五六寸、尾の廻《まは》りは一尺五六寸、その長さは二尺余にして体量は凡十貫目もあらんか、その鳴声は恰も赤子の泣声に似たり。猟師は余り異様の相貌なるにより驚愕《おどろき》の余り気分悪しく為に捕獲《ほくわく》するを能はざりしか、此事忽《たちま》ち村内に伝播し、去る廿五日

は同村は愚か他村の猟師若者等迄夫《そ》れ〳〵得物《えもの》を携《たづさ》へて同獣捕獲に尽力せしよし。

◉「信濃毎日新聞」明治二二年五月一日……●

# 美女狸の哀訴

【香川県／阿野郡青海村字吉田発】一挺の鉄砲を肩に、猟から帰ってきた男。すると山道の向こうよりやってきた美女が、「銃殺しないで」と哀願する。

◎狸の哀訴てふ珍聞をこそ聞得たれ、県下阿野郡青海村字吉田に上野弥次郎と云へるあり。此者《このもの》は元来山猟を業とするものにて日々多くは星を戴きて外に出で星を戴きて内に帰《かへ》るの労働《はたらき》も生活《よすが》の道と思ひてか左のみ厭ひもせでありしに、去る二月廿五日の夜十二時頃のことなりとか、同人は一挺の猟銃を肩にしつつ白峰山路を帰途に付し折りしもあれ、遥か向ふの方より確と夜目には見分からねど最《い》と可憐なる婦人《をんな》同人を目的《めあて》に来る模様なりしが、漸く身辺《みのべ》に近附くよと見るより、愛嬌《あいけう》溢《こぼ》るる斗《ばか》りの顔附きにて、扠《さ》て云ひける様妾《わらは》は此近傍足草谷に住居《すまゐ》し居る狸にて名をフヂと申す者にて候、貴下《あなた》は近頃妾の住し居る山を荒し妾の親類又は友《とも》狸までも往々にして銃殺せらる、妾は近頃妊娠《にんしん》の身と為り居るを以て幸ひに銃殺の憂目を免れんことこそ願《ねが》はしけれ、何卒妾の心中を察せられ銃殺の義は御宥免《おゆるし》を願ひたしと只管《ひたすら》哀《あい》訴《そ》の模様なるより、同人も余りの事に思ひ直に承知の旨を答へしに、掻き消す如くに失せ去りたり。依て同人は急ぎ帰宅なし翌日よりは狸の征《せい》伐《ばつ》は止めたりと。ツイ数日前弊社の兎耳《たんぱう》が同人より直接は聞得たることなりとて息せき切つての話なりしも、何やら当てにならぬお話し。

◉「香川新報」明治二二年六月四日……●

# 雷獣を総出で捕獲

【香川県／香川郡一宮村大字寺井の稲田発】稲田に大音響とともに落雷。ところが落ちたところには、奇異な獣が目をきょろつかせていた。

◎嬶線香《かかせんこ》立て蚊帳《かや》吊れ臍《へそ》をかくしたかごろ〳〵ぴツしやりと落雷のあつたは去二日午后、香川郡一宮村大字寺井の稲田にて女一人一番草取りに余念なかりし処へ鳴りはためく音急にして女の帰宅せんと立上る塗《と》炭《たん》ぴツしやり落たにびつくり胆《きも》を消し仆《たを》れたるまま夢の如く現《うつつ》の如くありたるを、認むる人ありて抱き起し先一番に臍の安否如何を窺ひしや否は知らざれども、家に連れ帰りて今療養中の由なるが、同所より半里を隔てたる字一宮にては今の雷《かみなり》さんは何でも落たに相違《ちがい》ない大方寺井辺りならん

と出でて田面《たのも》を打眺めつつありし折柄稲田に奇異の獣《けだもの》一疋耿々《けいけい》たる目をきよろつかせつつ彷徨《さまよ》へるものあり。一宮八十一番戸渡辺芳太郎五十四番戸十河《そごう》善蔵の両人逸早くも之に目を注け、狸か狐か但しは貍《てん》か、狸にしては毛色異なり狐にしては尾長からず貍にしては大に其体を失す、左れば今落ちたる雷さんなるべし、何にせよ珍々奇々の獣なり、イデ手《て》捉《とり》にして呉れんと両人は云ふに及ばず是を聞伝へて隣村より集り来るもの最《い》と多く、遂に三四百名にも昇り左らば是より雷公手捉の始まりとも云ふまいが、西よ東と数組に分つて我れ捉へんとひしめき合《あ》へり、天にあつては無限《むげん》の勢を逞《たくま》しふせる雷公《らいこふ》も其地位をかへて地に下るときは大に屁口《へいこふ》するものを見ゆる抔《など》と物知り顔に追ひ廻る者あるもおかし。偖《さ》て獣は此大勢に胆を取られけん、彼方《あなた》をくぐり此方《こなた》に抜け必死となりて一方の血路を求めんとすれども、何分大勢のこととて開ひては集まり集りては開き多勢に無勢、茲《ここ》に力つきて憐れ雷公は兎網《うさぎあみ》の内に包み取られ、筵《むしろ》の上より首筋をギユツと握られ、遂に手捉にとはなれり。ヤレ雷さんを手捉にせりと其辺りは吶喊《とつかん》湧くが如く、斯くて渡辺十河の両人は之を風《ふ》呂桶《ろおけ》に入れ上より堅く蓋して、偖て能《よ》く〳〵其獣を見るに、体量は大凡《おうよそ》三百目もあらんか毛は針の如くにして濃き茶色を呈し光沢あり。眼光甚だ鋭くして爪長きこと一寸五分、其状余程敏活の性を備《そな》ふるものの如く、同村の堀と云へる人是は世に所謂《いはゆる》雷獣なりとのことに両人良き物を捉《とら》へたりと大に喜び、翌三日百相村の香具師《やし》某《それ》の許《もと》に来りて幾何《いくら》にて買取るやと今相談中なりとは奇妙《きめふ》〳〵。

◉「香川新報」明治二五年七月六日……●

# 捕えた雷獣を見世物に

**【香川県／片原町発】** 既報の雷獣を買い取ったのは福田町の男。いよいよ明日より、立派な看板を掲げて興行だという。

◎去六日の紙上に掲げたる一宮にて捉《と》りたる雷獣《らいじふ》は、当市福田町の某が買取りたる由にて、弥々《いよいよ》明日辺《あたり》より片原町にて立派な看板を掲げて一興行やる筈なりとか。尚聞く処によれば本紙には体量三百目と記したれども三貫目の誤りにて、大さは小柄の和犬位あり、尾短かく毛は猪毛の如く、眼光耿々《けいけい》爪の鋭どきこと通常の青竹を錐《きり》にて穿ちたる如き穴を穿ちある由、何様当地にては珍らしければ定めし大入なるべしと。

◉「香川新報」明治二五年七月一二日……●

# 力士の怪獣退治

**【徳島県／長岸の観音寺発】** 昼なお暗い、長岸の観音寺。夜毎の怪音の元凶を退治せんと、力士たちと、村の腕自慢が集められた。

◎長岸の観音寺と云へば、板野郡中にても随分古寺の中《うち》に数へらるる寺院にして、堂宇は吉野川派撫養川《むそがわ》に枕《のぞ》み、今は境内の樹木も伐り、川流も稍々《やや》填《うづま》りたれ、昔は観音寺裏とて川流青く地は樹陰にて昼尚ほ暗く、川に大《おほ》亀《がめ》の住《す》み、陸《くが》に上て鳴きしことありしとの怪談さへ伝へられし程なり。猶ほ寺院には大黄鼬《おほてん》の棲息して、稀には人の目にもかかる事ありしが、此此の近年は其談《はな》しも無かりしが、此際に至り折々堂宇の天井の落つるかと疑ふほどの物音して、小僧などは白昼さへ独りにては留守居することを恐れ居りしに、此程村内に協議ありて村民打揃ひ寺院に集合してありしに方丈裏に当り、人の走りし如き物音せしかば、賊か妖怪かと怪しみつつ大勢集り物音のせし処に至れども、鼠《ねずみ》の児《こ》一つも居らざれば其儘にして去る九日は前夜の怪音あれば、村内の若者、緑川、小岬小緑若岬など呼ぶ力士《りきし》を始め腕自慢の者ども呼寄せ庫裏《くり》にて、廻り談《ばなし》に妖怪物語りなどなし居しに夜の十二時過と思しき頃、方丈裏に当りて果して怪音ありければ、ソリヤコソ妖怪御参なれと、力士若者、各々得物を携へて、本堂の方へ行きかかりしに、本堂前の金網戸に寄《よっ》て物あり。両眼烱然《けいぜん》として人を射るより流石《さすが》の若者等も避《へき》易《ゑき》して一旦は退《の》きしも、緑川小緑などの力士は妖怪何程の事かあると、得物《ゑもの》を持て打てかかれば流石の妖怪も多人数に恐れけん方丈裏座へ逃げ込みしかば、若者等は、提灯引提《ひっさ》げ追懸《おっか》けたるに、妖怪たまらず逃げ出し、左に飛び右に飛び、或は障子を打貫き戸を破り壁に登りなどする其早さ、殊に天井裏に這《は》ひ附《つ》き走りし時は皆々舌を捲き、恐れて其場を去らんとせし者さへ多かりしが、妖怪も多人数には叶はじと覚悟をやしたりけん、非常に荒れ出し、逃げんとせし始めに引かへ人を目懸けて飛び懸り、鋭爪にて頭に傷けられし者、尖牙《せんが》に衣を喰ひ破られし者ありしも、緑川小緑等の力士を始め其他の腕利《うできき》蒲団衣類を抛《な》げかけ棍棒《こんぼう》にて打《う》つなどして、遂に方丈裏の狭き内椽にて生捕りしが、寺のこととて、縛り置べき物さへなかりしに或一人、自在の綱とせしかかりの附《つ》きし鎖を捜し出し漸く之にて縛り上げ置き、魚生《うをいけ》船《ぶね》を取寄せ来り口には金網を作りて之を当て、縛りし儘其中に入れ、若者等は其夜妖怪生捕りの祝として一《いっ》酌《しやく》催し妖怪番兼て寺院に一泊せり。其妖怪は一種の獣にして、目円く口尖り牙の鋭きことは狼虎の如く、爪は長くして熊に類し、全身黒色に灰色を帯び胸の辺少しく薄黄色なり、之を見て黄鼬《てん》の年経たる者なりと云ふあり又、コヒト名《なづ》くる者なりと云ふものあり、之れを見んとて近村より聞き伝へて来る者多きも、始は村内の者には見せたりしも今は余り雑《ざつ》沓《とう》して騒々しきゆへ、見物を許さざるも、見物人は引《ひき》もきらず、兎に角、野には珍らしき怪獣なり（投書）。

◉「徳島日日新聞」明治三一年三月一六日……●

# 怪談・魔の潜む池

**【愛媛県／宇摩郡小富士村大字小林発】**
**就寝まではいつもと変わらぬのに、深夜になると古池に身投げする女たち。池にはなにが隠されているのか。**

怪現象

◎予州宇摩郡小富士村大字小林となん云ふ所に青湛々と澄冴《すみさへ》たる一つの古池ありけり。往昔《むかし》より魔物の棲居《すみを》れりとて言伝へ来りしが、十数年来無《む》慙《ざん》にも身を投込み果敢《はか》なき最期《さいご》を遂る者引も切ず、這《こ》は池の魔物に魅《みこ》まれたるなりと、一村挙《こぞ》つて恐れ戦《おのの》き居りし処ろ、本月上旬同村に住む某《それ》の妻が偶《ふ》と病出《やみだ》し就褥《しうじよく》の時まで何の異変もなかりしに家族の寝鎮《ねしづ》まりし頃密《ひそ》かに自家《わがや》を忍出で、左右《さう》なく池へ飛込で哀れうたかたの泡《あは》と消去りしが、此程に至り又候《またぞろ》同村某の妻は夜の臥床《ふしど》に入るまでは平常の如くなりしも俄然《にはか》に物《をの》の怪《け》の憑《つき》たらん如くに血相変るや否、家を忍び出したるより渾家《かない》の者は大いに驚き直ちに其跡を追行しに、女は悄々《しほしほ》と池の堤に立ち今や身投せんず刹那《せつな》なりしかば、矢速《やには》に背後《うしろ》より引捉へて連帰らんとせしに、女は容易に肯入《ききい》る容子《やうす》なく、是より最《い》と興ある面白き所へ行くなるに如何《いか》なれば斯《か》くも邪魔するかと怒りの髪を逆立て卒《い》ざ身を躍らして水中へ飛入んとするを漸々《やうやう》に引摺り帰り危ふき性命《いのち》を取止めたりと。然《しか》るに茲に不思議なるは此池に入水《じゆすい》したる者孰《いづ》れも世帯盛りの婦人なれば同村の人々是より一層悚気《おぢけ》立《た》ち、殊に少しく神経立たる婦人を持る家にては夜も碌々眠らで注意する有様なるが、昨今夜の更るまに〱女の泣声聞ゆとか或ひは水上暗き所に幽霊が現はれしとか又は亡魂《ばうこん》が連出しに来るとか種々《さまざま》なる風説《うわさ》を立《たつ》るより尚々臆病なる婦人は夜に入れば外出もなさず戦《おのの》き居れりと。偖《さて》も訝《いぶ》かしき事と云ふべし。

◉「新愛知」明治三一年五月二六日……●

# 九州の怪

# 尼彦の絵で病除け

【熊本県／青沼郡磯野浜発】　毎夜、浜で人を呼び止める怪しい光もの。だが、その怪物は、我を絵に書いて見れば、難病にかからずという。

◎茲《ここ》に肥《ひ》後《ご》の国青沼郡磯野浜にて毎夜人を呼びあるへは其身より光《ひか》りをはなちなど其おそろしき形容《すがた》に諸人《ひとびと》おののきおそれて近付ものなし。然《しか》るに旧熊本藩士芝田忠太郎といふ人が通りかかツて何者なりやと問しに、彼の怪物が答に、我れは海中にて司《つかさ》執《ど》る尼彦《あまひこ》といふものなるが、本年より六ケ年の間だは豊年なれども当年は国中に劇烈の難病《やまひ》が流行《はやっ》て六分通りも人が死するなり。依て我が形容《すがた》を写して、朝夕見るものは此病症《やまひ》を免《ぬが》れん、此事を告んため毎夜この所へ上りて待ち居たるなりと言《いひ》しに付、諸人《しよにん》尼彦入道《あまひこにうどう》と号《なづ》け銘々此の形容をうつして持居るが諸新聞にも出てあるといふ風聞だが本統かとある方より図をそへて送られましたからその図面を記載してお目にかけますが記者は斯《こん》なことは決して知りませんし、諸新聞にも出てはないがしかし不開化の諸人方《ひとさんがた》には誠に困り升。箇様なものを写して見るより諸新聞を見て身の養生《やうじやう》を能《よ》くおやりなさい。

◉「長野新聞」明治九年六月二一日……●

# 怪物絵は嘘

【熊本県／青鳥郡発】　評判の怪物絵だが、そんな地名なし、怪物の存在も疑わし。

◎甲府日々新聞に下の図をあらはして不開化人《ふかいくわん》はチラリホラリと貼《はつ》た者があるといふが困ツた事だと記載してあり升が、肥後の国青鳥郡にて旧熊本藩士柴田某が此妖怪《ばけ》を見とめて名を聞たれば妖化《をばけ》は（アリエ）といひし由、当社第百拾六号の新聞に記載せし肥後の国青沼郡にての件《くだり》と同説《をなじ》なるゆゑまた〳〵その図面を写して皆さんのお笑ひ種に無稽《むけい》の妄談《まうだん》にして取《とる》にたらざる確証を明さん。先《まづ》第一肥後の国には○天草《あまくさ》○葦北《あしきた》○玖麻《くま》○八代《やつしろ》○益城《ましき》○宇土《うど》○飽田《あきた》○託麻《たくま》○合志《がふし》○山本《やまもと》○玉名《たまいな》○山鹿《やまが》○菊池《きくち》○阿《あ》蘇《そ》○の十四郡《ぐん》あれども青鳥青沼等の郡《こほり》決してあらず、是その妄説なる証とすべし。また第百拾六号と当号に図する所の怪物は造化の神の弄《もて》玩《あそび》に出来て世界の間に万に一ツも有ツたにせよ、霊妙不測《ふしぎ》の才智を備えし人間より尊ときものはありませんゾ。それに人よりいやしき鳥獣魚虫や怪物《ばけもの》の形容《すがた》を写して災難除《さいなんよけ》だの悪病除《あくびやうよけ》だの十方途轍《とはうとてつ》もない白痴《たわけ》の最上無類飛切これで未開人《みなさん》お目がさめたで五座りましやう。待《テ》レ有《ヲ》レ暇而読《メミ》レ書《ヲ》必《ス》無《シ》二読《ム》レ書《ヲ》之時一とこれ広く書を見て箇様の惑《まど》ひを明らかに弁解したまひと申す事なり。

◉「長野新聞」明治九年六月三〇日……●

# 狐の難産を救う

**【長崎県／十一大区大村二小区茅瀬の金刀比羅宮発】　産婆の家に男女三人が訪れ、娘の出産をよろしく頼むという。お産が済むと、ぜひ泊まっていけという。**

◎昔譚《むかしばなし》に似て信用されぬ飛んだ狐痴奇珍話《こんちきちんわ》ながら、県下十一大区大村二小区信田森《しのだもり》デハナイ森園郷におせき（五十位）といふ産婆《とりあげばば》あり。本月初旬《このつきはじめ》男女三人連れ立ち其家《そのいへ》に来り、一人の者の云ふには唯今私の娘が出産す可き容体故《ありさま》、堂《どう》ぞ御苦労乍ら来て下サイと頼《たの》むにより、おせき婆アも己《おの》が家業の事故《ことゆゑ》に否とも言はず三人と同伴し行きしに、堂々たる大家の内に伴はれ産婦の寝所に通されしかば、恒《つね》の如く産を済ませ別席にて酒肴《さけさかな》を馳走《ちそう》になり宜《よ》い機嫌《きげん》で暇《いとま》を告《つ》げ帰ろうとするのを、是非に今宵《こよひ》は一宿せよと留められ夜具布団抔取り出し着せければ、おせき婆《ば》アも大悦《おほよろこ》びで熟睡し翌朝目を覚し見れば、コハ如何《いか》に大家と思ひしは跡《あと》なく消失せて其《その》身《み》は同区茅瀬といふ所の山に鎮座せる金刀比羅宮《ことひらぐう》の側《かたは》らに花席《はなむしろ》を敷き杉の葉抔うち冠りて臥《ふ》しけるにぞ、扨《さて》は狐的《こんてき》一杯食はせられたるか飲食せし酒肴は若しも馬の小便牛の屎《くそ》にてはあらざりしやと枕元《まくらもと》を見れば、魚の骨抔喰ひ散しありて其側《そのそば》に紙に包み水引迄懸けて金拾円と別に手拭一筋是《こ》れも紙に包みてあり。おせき婆《ば》アは夢に夢見し如くコレハ狐殿《きつねどの》（俄《にわ》かに言葉の改まりしも可笑《おか》し）の謝礼《しやれい》ならんとニコ〳〵然《ぜん》として持帰り、後で人に咄《はな》して見《み》れば、茅瀬に家を新築せし者ありて棟上《むねあ》げの馳走ありしが其夜の酒肴抔俄《にわ》かに失せしは全く狐的の所業《しわざ》ならんと云《い》へり。然れど金子抔は何所《いづく》より奪ひし者か紛明《ふんめう》ならずと実に不審《いぶか》しき咄《はな》しながら風説《うはさ》の儘《まま》を載《の》せました。

◉「西海新聞」明治一一年三月一五日……●

# 河童の子と相撲

【熊本県／求麻郡原田村発】 小川の中から子どもが出てきた、という老人。後に死体となって発見されるが、そのまわりには小さな足跡が。

◎昔より関東の天狗に西国の河童と云唱へもあれど、今日の開化には些《ち》と不似合の一奇談あり。求麻郡の原田村平民手塚袈平と云者は年六十余に及べども是迄女房もなく独身にて暮《くら》せしが、去る二日の事に明日は天長節なれば同区の林村なる温泉に入浴せんと昼十二時比より握り飯を腰に提《さ》げぶら〳〵然と出掛し途中、同所の小川の傍《かたわら》に一人打臥し居る処へ同区事務所の小使久保田平蔵が通り掛り、其体を怪《あや》しみ声を掛しに、袈平は首を擡《もた》げて今此小川の中より三四歳の小児が出来り面白き噺をする故、寝て聞居るなりと答るにぞ平蔵は定めて酒狂人なるべしと思ひ、其儘其処を立去りしに、其翌日林村の用掛田浦甚六より事務所へ申出し趣は、当村の字頸無しと云所の田の中に年の頃六十余の老人が死し居たり、其体は赤裸《はだか》に黒き犢鼻褌《ふんどし》の上に帯をしめ其屍《しかばね》の廻り二三間程は四五歳の小児と覚しき足跡夥敷《おびただし》く見ゆれば、もしや河童と角力《すもふ》でもとりたる者と見ゑたりとの口上に、勝手に聞居たる小使平蔵も横手を打、扨は昨日の老人なるべしと其時の次第を逐一物《ちくいつもの》語《がた》り戸長よりは夫々届の手数をなし撿視《けんし》もすみて死骸《しがい》は組合の者へ引渡されたりと。惣体河童の角力をとる噺は今に初めぬ事にて余りの怪談なれど暫く記して江湖の好事家《こふずか》に質《ただ》す。

◉「熊本新聞」明治一一年一一月二八日……●

# 無限の瓢箪

【熊本県／阿蘇郡宮地発】 酒屋にやってきた異形の老人。一升程度しか入らないと思われる瓢箪に、三升の酒を入れろという。

◎奇事怪談書くも成長《おとな》げなしといへ共、近日街頭に流言する一条は過日阿蘇郡宮地のある酒店に異形の翁が一瓢を携へ来り是に酒三升を入れよといふに其瓢の大さ稍《やうや》く一升を入るべき程なれば、酒店の爺《おやぢ》は不審にて此器にいかで三升を入れんと云を翁は打消し入ると入らぬは此器にあり、子が云儘にせよとあるにぞ三升を斗りて入れたるに、なか〳〵溢《あふ》るる気《け》色《しき》なければ爺は愈不審におもふを、翁は打笑ひ猶此上に三升を入れて見よとて都合六升の酒を買ひ去る体の、常人の業《わざ》とはおもはれぬ故、爺は翁の跡に従ひ行に其敏《と》きこと風の如く、近付べくもあらず。阿蘇山の麓に至

り翁は立留り云ふよう、子は此山に年久しく住ものなり。汝が爰まで慕ひ来たる志に愛《め》で教置一条あり。本年も又悪疫の流行有べし、夫を防ぐには多少を論ぜず、餅を搗《つ》き神に供へ、夫を他に分たず各自一家限りに喰ひ終らば必ず悪疫の患《うれい》を免るとの神託ありたるとの流言を信じ、古町傍《あた》りにては昨今専ら姥《うば》かか社会がボテ〳〵搗立るといふは妙な予防もあれば有もの。

◉「熊本新聞」明治一三年四月二日……●

# 琵琶弾きと美女

**【熊本県／天草郡大島子村発】 裸で村をさまよい歩いているところを発見された盲目の琵琶弾き。見えない目に、なぜか美女を見たという。**

◎学校に出る今の児童《こども》は嘲笑ふて聞ぬ事柄にて頑《ぐわん》固《こ》なる老爺《ぢい》老媼《ばば》の昔話しとも云ふべきは、天草郡大島子村に一人の琵琶《びは》法師ではなく結髪《けっぱつ》なる琵琶弾《ひ》きの薄盲目《うすめくら》が止宿せしに、ある夜他の家に招かれし帰り途《みち》自分の衣《き》服《もの》を悉皆《みんな》脱ぎ水浸《びた》しになしたるを脊に負ひ、該村中を西風東風《あちこち》とさまよひ歩行《あるく》折しも、或家のものが起出て彼が異《こと》なる体に驚き、其宅に呼入たれば琵琶弾《ひき》は稍《やや》夢の覚たる心地せりと自分にも驚き怪《あや》しむ故、其仔細を聞くに闇《やみ》の夜の更《ふけ》てはいとど心細くたどる〳〵過ぎ行く路頭に、一人の美女あるが、白昼さへ鮮《あざ》やかに見へぬ目にあり〳〵と見ゆる其姿は頃しも春の柳腰霞の眉に花の顔、猶さへ残る雪の膚《はだへ》かかる女性は広い世界にも二人とはあるまひと思ひ、我を忘れて見入りたるに、女も又嬉しげに笑を含みいざ打連行んと倚《よ》りかかるさまは嬉《うれ》しとも床《ゆか》しとも心は空に気も魂も執られしにや、其可愛さに琵琶と一ツに女を脊負《せおひ》たるとおもひしか今本心に復へりて見れば此体たらく、さては狐狸《こり》の為に誑《ばか》されたるか鈍《おぞ》ましやあら口惜《くちおし》といたく恥入しといふは奇々怪々の珍聞。

◉「熊本新聞」明治一三年四月一〇日……●

# 横死した男の霊

**【熊本県／下益城郡鰐瀬村発】 盗賊によって殺された造酒屋の一家。甥が店を継いで数日後、雇い人がかつての主人を目撃する。**

◎又候幽霊の怪談なれば皆さん眉に唾《つば》きしてお聞あれ、日外本紙の雑報に登録せし下益城郡鰐瀬《わにせ》村の造酒屋松本重《かさね》の一家挙つて盗賊のため横死を遂げ嗣子《しし》なきを以て、親族協議の上甥の次郎を家名相続人と定め置しに、此四五日跡の事とか該家の雇人某は午飯を喫《きっ》し終り裏の酒庫《さかぐら》に至折から忽ち腥風《せいふう》サツト吹来り身の毛竦《けよだつ》と覚へしか、累《かさね》が幽霊ではない前主人重

が色青ざめ白装束にて立居たるを見て、雇人は肝《きも》を潰《つぶ》し命から〳〵と逃げ来り、当主次郎に物語ればソハ以の外の珍事《ちんじ》なりと早速旦那寺の和尚を招き、読経を頼むやら修験者を呼びて祈禱を始じむるやら余程の混雑であり魔舌《ました》と該地より報知なるが是も同じ神経病てがな有魔性と記者は億測仕る。

◉「熊本新聞」明治一三年四月二四日……●

# 河童が足引く

**【長崎県／三根郡市武村字江見津川発】**

弟と友だちを連れて川遊びに来た少年。ところが、川底から手がのび、少年を深みに引き込もうとする。

河童

◎九州には河童太郎《かはたらう》が多いといふ説は早くより有りし事なるが是《こ》れは本月《このつき》三日午后二時頃のことにして県下三根郡市武村字江見津川舟稼ぎの小柳辰五郎の二男春吉（十一年六ケ月）は弟末吉（八年）と近辺《きんぺん》の勝一《かつ》（八年）といふ子供と字《あざ》な西念寺川瓢簞堀（深キ所四尺五寸ニ過ギス）に水《およ》遊《ぎ》に行きしが、凡《およそ》水の深さ弐尺二三寸計りの処にて春吉の足の首を何者《なにもの》か束《しか》と握る。春吉心に思やう惟《こ》れ誰れぞ水底に潜《くぐり》て我を威《をど》すならんと近《きん》傍《ばう》を見れば、末吉勝一共に浅みに遊び居《を》れり。是《こ》は不思議と其腕と覚しきを握りしに毛の生《は》へたる物にて人手の大《おほき》さなり。然れば大きに驚きて

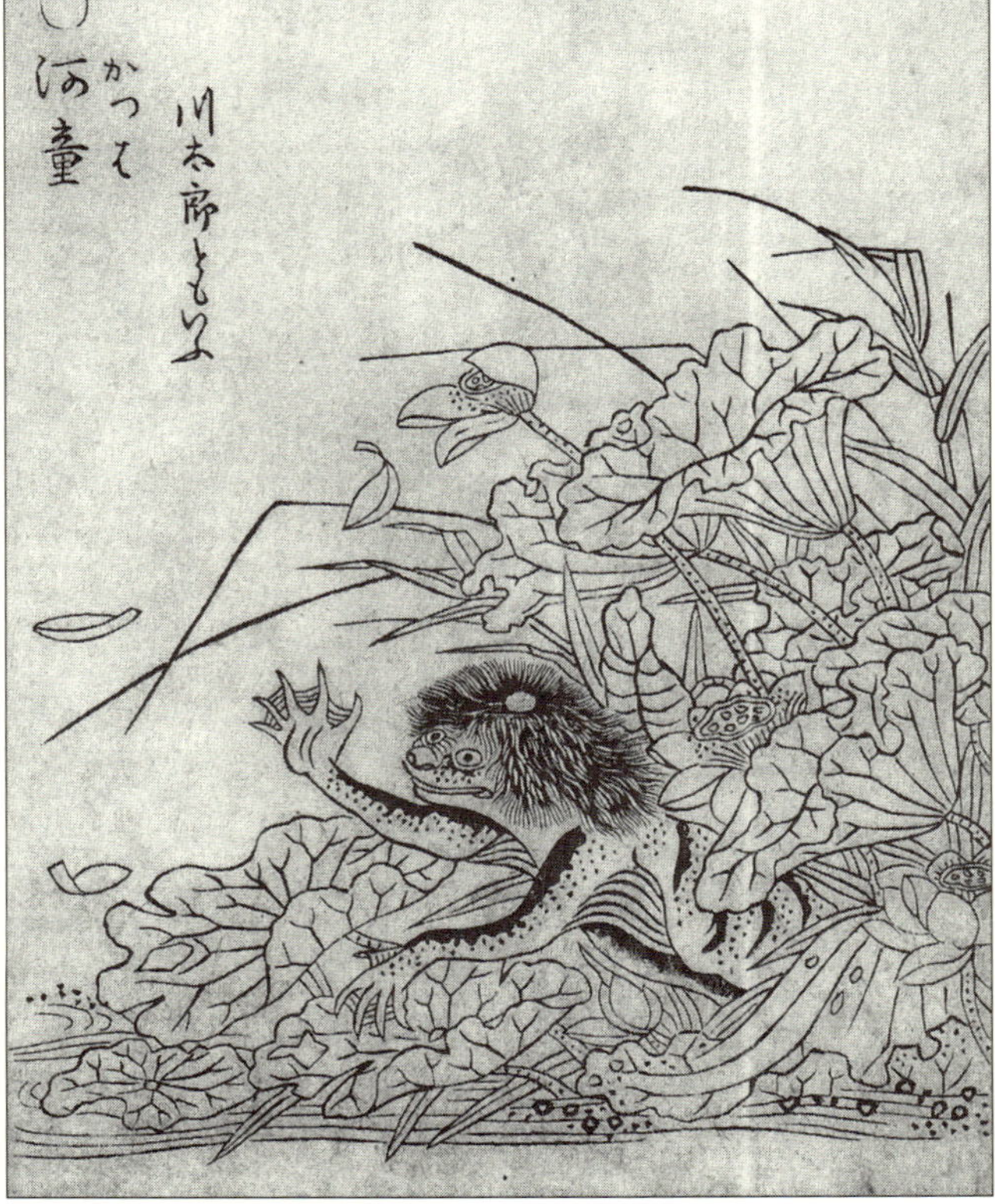

河童（『画図百鬼夜行』より）

逃んと為《す》れども放さず次第に深みに引込んとする力の強《つよ》きこと又た大人の如し。春吉は末吉勝一の両人《ふたり》に対《むか》ひ、今我が足を河童太郎《かはたらう》めが引張るなり。早く助けて呉れと叫べど、末吉勝一は空言《うそ》ぢや〳〵と笑ながら春吉の顔を見れば、色青ざめて声慄《ふる》へ如何にも怪《あや》しき容子《やうす》なるにぞ、弟と末吉は遽《あは》てて兄の手を執《と》り曳《ひ》けども力弱くて次第に深みに引込まる。勝一は是れを見て宅《うち》へ此事告んと走り行く跡に、兄弟は次第に力も弱りつつ泪《なみだ》ながらにコレ河童《がはつぱ》よ今度迄は助けて呉れ爺《とと》三や嬶《かか》三に逢《あ》ふてから死にたいから拝《おが》む〳〵と言ひながら、一心不乱に氏神様の御名《みな》と南無阿弥陀仏を唱へしに全く氏神様の御守護《おまもり》にや、又は六字《ろくじ》の名号《みやうがう》の功力《くりき》にや或は平常《つねに》孝行の子供故天の憐れみを受けしか、不思議にも虎口の難を遁《のが》れて、兄弟とも夢の心持して家路に帰りしが、父親辰五郎は留守中なる故、近隣の者寄り集りて薬抔呑せ、右の物語を聞き河童に握られたる左の足首を見れば、指の形彩りて左の図の如し（図は略す）。誠に稀有《めづらし》きことにて僕も其場に居合せたれば、始終を聞得て斯くは報知すと同郡同村の福山与三郎氏より寄せられぬ。

◉「西海新聞」明治一三年八月一〇日……●

## 石が屋敷壊す

**【熊本県／山鹿郡下高橋村発】　夜の十二時。雨あられのごとく石の礫が飛んできた。留守番をしていた人間まで負傷して……**

◎何者の所為にや去月二十五日の夜十二時比山鹿郡下高橋村士族岡本為平宅に雨霰の如く目量百五十目位の礫《つぶて》が飛び来りて台所の大戸坐敷の雨戸其外屋根瓦板庇《いたひさし》など散々《さんざん》に打破壊《こは》し、留守居したる某にまで負傷せしめ遁《にげ》去りしとて来民、町巡査交番所に訴出《うつたへ》しかば、早速出張の上所々捜索せられしがと遂に詳《つまび》かならざりしよし。是は定めし何かの意趣《いしゆ》霄《はら》しに為せし乱暴ならんとの風評。

◉「紫溟新報」明治一六年二月三日……●

## 霊が売り込む

**【熊本県／山鹿郡小群村字久保山発】　小角の流れをくむ行者を葬った塚。忘れられていたが、行者の霊がある人の枕辺に立って自ら売り込み。**

◎前号にも幽霊話を掲げたるが又爰に山鹿郡小群村字久保山（山鹿町より平山村に通ずる往来筋）と云所に一の森林《しんりん》あり、其内に彼葛城《かづらぎ》なる一言《ひとこと》主《ぬし》の神に岩橋の夜の契《ちぎり》を為したる役《えん》に行者小角《ぎやうじやしようかく》の流を汲《く》める優婆塞《うばそく》の古る墳《づか》ありし所、是迄土地の人すら絶えて知る者なかりしが、先月の初比其精霊《せいれい》が小群村に顕《あら》はれ或人の枕《まくら》

上《がみ》に立ち、吾は是れ久保山なる古墳《ふるつか》の主《ぬし》にして其し世に在りし比は公にも用ひられ人にも尊《とふ》とまれし行者なるが、吾が墳墓の在所《ありか》さへ知るものなく森林中の叢《くさむら》に埋もれて数百年を経過し世にしられざらんはいかにも口惜しき事なれば、猶《なほ》衆生済度の為今再び神霊を顕せり。故に吾墳《わがつか》に来り心願を懸なば盗難失物走者は云に及ばず如何なる難症痼疾《なんせうこしつ》難儀《なんぎ》の縁結《ゑんむす》びなりとも、忽《たちま》ち其霊験を現はさんと夢中のお告が有りしとぞ。此事一度び世上に漏れしより其評判最も高く、該墳を信仰する者多く墳地の近傍は草《くさ》の片葉《かたは》をも見ざる程掃除が行届き、紅白の旗数十本を立て並べ翩《へん》翻《ぽん》として春風に吹き靡《なび》かされ、恰《あたか》も稲荷の神社に異ならず。近郷近郡の人までも聞きの伝へに参詣《さんけい》する者続々として、日一日より増加する由。愚民の虚妄を信ずること何ぞ斯の如く甚しきや。是を以て或人の寓言其正鵠《せいこう》を貫き案の如く巨利を射たりしは憎しとも悪《にく》き所為《わざ》ならずやといふ投書ありしが、此の不景気のをりには余程打当てたるものといふべし。

◉「紫溟新報」明治一六年三月一一日……●

# 幽霊と兵士の写真

**【熊本県／熊本区魚屋町三丁目発】** 三名の兵士がテーブルで記念撮影。だが、そこにもうひとりの兵士の姿が……

◎世に幽霊なるものの有《う》無《む》に就《つい》ては往昔《むかし》より議論紛々《ふんぷん》或は之と有りといひ或は之と無しともいひ遂《つひ》には之を神経の感覚に帰したれど、其後試験せんとする人もありしが素《もと》より煙《けむり》の如くお屁《なら》の如き物なれば試験したる事もなかりし。然《しか》るに熊本県下熊本区魚屋町三丁目写真師松永彦次郎は本月十四日幽霊の写真を採《と》りしとの風評《うわさ》ありしより同地なる紫溟新報記者は同十八日わざ〳〵右松永方に至り目撃せし其模様は、三名の兵卒各々帽《ぼう》を戴き卓子《ていぶる》を前に置て二名は椅子に懸《かか》り一名は起立せし其背後《そのはいご》の二尺許り上の方に五分摘《がり》の散髪《ざんぱつ》にて年の頃三十歳位の男が左の腕に白布様のものを附け（十年の役に賊徒《ぞくと》の用ゐたる合印《あいじるし》なりとか）胸部より上ボンヤリと現はる其面体は頬骨《ほうほね》高く睫《めじり》つり最《い》と凄《すご》き有様なり。同日は天気もよく水曜日の事なれば午後より同地鎮台《ちんだい》の兵卒は遊歩《ゆうほ》に出るもの多く、午後一時頃三名の兵士右松永方に来り三名一所に写せしが最初其位置を定むる際眼鏡にて窺ひし時までは全く三名のみなりしも、之を玻璃《がらす》板《いた》に写し取りし時に至り不思議なるかな奇妙なるかな変天古《へんてこ》なるかな四名の姿を現はしたれば写し損じなりと兵士に見せざりしを強てと乞ふにより之を示せし処、兵士も痛く驚き

中にも鹿児嶋人なる一名は深く愧《は》ぢたる顔色《おももち》し跡にて聞けば同人は十年の役薩軍《さつぐん》の夫卒に出で多くの死体を取扱ひしものの由なれば人皆な其亡魂ならんといへり。右を聞く人々は我も〳〵と松永方へ見物に来るといふが何《なん》だか薄気味《うすきみ》のわるきはなしといふべし。

◉「静岡新聞」明治一六年三月二九日……●

## 山より猩々来る

**【福岡県／鞍手郡山口村発】** 大根まきに出かけたところ、山から出てきた怪物を目撃。全身に毛が生えて狐狸ともつかず、猿ともつかず。

◎福岡県下筑前《ちくぜん》国鞍手郡山口村一千八十九番地の農兼地保平が去月十日十二時頃其屋敷上なる山畑に家内を召連れ蘿蔔蒔《だいこんま》きに出掛し所、上の山より凡そ十才計りとも思はるる男子《おとこ》体《てい》の者髪は顔に垂れて総身に毛を生じ狐狸かと思へば狐狸にもあらず、猿《えん》猴《こう》かと思へば猿猴にもあらず、宛《あたか》も猩々《せうぜう》の画を見る如き怪物の現れ出しにぞ、何れも大ひに驚きつアハヤと声を立てしかば、怪物は之に驚きて忽地《たちまち》奥深く馳入《はせい》りしが、其後も亦出で来りしかど敢て人を追ふに非らず、亦田畑の害をなすにも非らず是迄鞍手郡辺にては見馴れぬ怪獣なりとて直に其筋へ届出しとぞ。或は是れ天狗の類にやあらん。

◉「南海新聞」明治一六年五月三日……●

## 河童が人を襲う

**【熊本県／上益城郡御船町の川筋発】** 川で漁をしていた男に、石の下から黒く細い両手が。川に引き込んでしまおうというのだ。

◎些と旧びたれど報知のままを記載する話しは、客月中旬の事なりとか、赤星某とかいふ人が上益城郡御船町の町裏なる川筋に投網を入れて漁《すなど》りしけるに、乗りたる石の下より黒く細やかなる両手を出して其足を捉へんとせしかと某は何心なく網を引き居たるに、再び手を出せしに驚き周《あ》章《は》て一驂《いっさん》に遁《に》げ上りしを或人が見て、貴殿は何故に川より遽《あはた》だしく駈《か》け揚られしぞと問ひしに、拙者は幼年のころにも一度び河童に見入れられし事ありしが、今其有様を見るに弥々以て河童の手なりしと思はる。依てかくは遁退《にげのき》しものなりと答へしとぞ。されど真の河童なりしにや、世に河童の為めに尻を抜れしといふ話しはあれど其は水に溺れしと認めらるるもの多く、河童の害は其有無詳らかならず。世人の喋々して幼児《こども》を戒むるは其溺れんことを恐れてなり。水の心を知りたらん人ならば河童如きは素より恐るるに足らざるなりと。

◉「紫溟新報」明治一六年一〇月三日……●

# 狸の「火の用心」

【熊本県／法念寺町発】町から町へ、拍子木を打ちながら歩く者の正体を突き止めようとする町民。隠れて待っていると……

◎近頃当区法念寺町より建丁を経て新屋敷町へ毎夜十時過ぎより撃柝《げきたく》して通るものあり。けれども誰なるや分らず。其中怪しき事もあれば狸の所為《しわざ》ならんとの鑑定にて三四名の人が建丁の或る所に潜伏し実際を試さんと待ち居たる処撃柝者が建丁に出づるまでは音したりしも、潜伏せる前通り一二丁ばかりの間は何の物音もなく行き過ぎて明午橋の中程より再び撃柝の音聞えしにて愈々狸なりと決定せしよし、同町近傍にての話し。

◉「紫溟新報」明治一七年七月一八日……●

# 幽霊が潔白訴え

【熊本県／託麻郡良町村発】身ごもったのは他人の子ではないか、と疑われながら死んだ妻。その疑いが悔しくて成仏できず幽霊に。

◎幽霊ばなしも度々なれば珍らしくもなけれど、託麻郡良町村の盲人宮本時ノ市が妻の某といふは同郡笛田村の産なるが曾て懐姙なりし処、此三十日以前に産の気附きて分娩する際不幸して死亡したるに、予て夫の時ノ市が妻の某を疑《うたが》ひ居たりしにや汝が懐胎の児は自分が胤《たね》にあらずと言ひ出せし事ありて、一時紛紜を惹き起したるに原由せしものか此四五日跡の真昼中に某は在りし世の姿に露まがふ所なき形ちにて笛田村の知人なる竹田十郎といふものの家に来り自分が存生中夫時ノ市に疑はれ身に取りて覚えなき褄重《つまがさ》ねせし其胤にて我子にてはこれなしなどいと浅間しきことを言ひたるが今猶ほ其の事の気懸りとなりて遂に迷ひの種子となりしより、何卒貴方から此冤罪《えんざい》を言ひ釈き下されよと涙ながらに頼み置きて忽ち消え失せたりとは、些と疑はしく若しは狸などに魅せられしにはあらざりしかいかが。

◉「紫溟新報」明治一七年八月一五日……●

# 石降りに消防組

【熊本県／出京町発】朝飯の後、無数の石が降り始める。消防組や巡査もかけつけて原因を探るが、いっこうに降り止まない。

◎昔より投石の妙なるは八丁礫《つぶて》の喜平次と彼水滸《すいこ》伝の張清あり（朝鮮人は此限りにあらず）。獣類にて狸の石を投ぐるは曾て聞及ぶ所なるが、今或人の報知に拠れば区内出京町岡本篤次郎の隣家なる下駄屋五郎珠数屋某の店に一昨三十一日の朝飯後より

何方よりか無数の石礫が飛び来り、散々屋根瓦抔を打壊すより、白昼に何者の所為ならんと四方残る限《くま》なく其踪跡を探索すれども、目に遮《さえぎ》る物なきより、偖は彼狸の所為なるべしと云ひあへる内、石はます〳〵飛び来りて午後より日暮に至る迄絶間なく、怪《あや》しむべきは庭内樹木に掛け置たる物乾竿諸雑具迄もおのづから動《どう》揺《よう》昇降するより、家内一同大に恐れを抱き一昨夜は消防組も出張して不《ふ》虞《ぐ》を戒め、巡査も時々巡視ありて注意さるる内、金槌の如き物にて其頭部を叩き又は其棍棒を奪はんとせし抔の事もあり、其奇怪云べからず、昨朝も亦投げ始め終日止まざる趣きを伝へ聞き、京町池田岩立村等より見物人群集して為めに往来も迷惑する程なりと云。猶委しき事は再報の上。

●「紫溟新報」明治一七年一一月二日……●

# 犬の燐火が転げ回る

**【佐賀県／本社近辺発】 難産の末、死んだ飼犬。その後、夫婦の寝室の屏風上に、茶碗大の燐火がころころと出現する。**

妖火

◎本社近辺の人で大工職をなす何某は少さき女《め》矮《ち》狗《ん》を畜《か》ひをりしに、懐妊となり先日出産の催しをなすので主人の妻が種々《いろいろ》手を尽して安産さしめんと産婆の働をなすも、矮《ち》狗《ん》の体に応ざる余程の児を孕《はらん》でをるとみゑ一向に産《むま》れざるゆゑ、矮狗はワン〳〵叫で苦しむも致方がなく、裏の小屋に臥《ね》かして置しに其夜此矮狗が難産で堪がたき苦痛をなすと云夢を主人に見せたと申す事にて、翌朝主人が裏の小屋に至り不憫ながらも別に致すべき術なしとて矮狗の腹を立割り児共を出し呉ければ親《をや》矮《ち》狗《ん》は其場において死たるゆゑ旦那《たんな》寺《じ》に葬《ほふむ》りくれたる処、其翌夜夫婦蚊帳《かや》の裏《うち》に寝てをりしに、側《かたわ》らに立てある屏風の上へ大さ茶碗の如き燐火《をにび》が四つ五つころ〳〵と見ゆるので妻は気味悪く不審のことに思ひたるに、翌夜また同様に屏風の上に燐火が現るるので、夫婦は益々奇怪《きくわい》に思ひ、何様《どふ》で死したる矮狗の幽霊ならんと想像《そうぞう》しければ、其燐火に向ひ矮狗の名を呼び、コレ玉《たま》其様に迷ふて燐火《をにび》を見ずとも早く旦那寺に帰て如是《によぜ》畜生《ちくしやう》発菩《ほつぼ》提《たい》心《しん》と成仏を為て呉れやれと懇々《こんこん》さとしければ、アラ不思議《ふしぎ》やな今まで屏《びよう》風《ぶ》の上にあつたる燐火は忽《たちま》ちムラ〳〵と飛出し、旦那寺の方を指して行たりと。お題目連《だいもくれん》のお婆《ば》様方《さんかた》に因縁物語としてツイかくは誤説法。

●「佐賀新聞」明治一八年七月七日……●

# 河童は息子の敵

**【福岡県／嘉麻郡平村発】** 息子が溺死した。遺体の損傷から、河童のしわざということに。父は復讐を誓い、祈禱を頼むが……

◎筑前国嘉麻郡平村五百九番地平民小林為次郎（廿一年）は去月廿六日午前十時頃同村の内字西ケへらと申す山林へ馬を牽き薪を取りに往きしに、馬は帰り来りたれど為次郎は不思議にも帰り来ず、其后待てども〳〵帰らざるより家族は西ケへらへ行き方々を尋ね探すうち、同処溜池の辺りに同人の衣類脱ぎ棄てあるゆえ如何せしならんと池の彼処此処見廻るに、溺死したる為次郎の死骸ありたり。夫より巡査医師立会にて撿査せしに尻の穴に少々の軽我あり、腸は砕だけ舌は引抜かれ居りし趣き、此は全く水神河伯の障わりなりと認定され程なく同月卅一日に相成りければ、其父たる小林市助と申すものは悴為次郎の供養のため大胆にも河伯の敵打を致さんものと思ひ立ち、祈禱者を頼みて河伯の命を召し上げんが為め午前六時頃より永水徳太郎小林和右ェ門の二名を伴ひ溜池の辺へ赴き、大胡摩を煮て祈禱を致させければ、アアラ不思議ヤナ暫時にして溜池の真中なる水上に立つものあり、五六歳許りの子供の姿の如くして頭に皿を被ぶり狐とも狸とも知れざる苦しき声を発したり。附添ひなる二名の者は之を詠めて早ヤ河伯現はれたりと直に立帰りて村内の者へ申し廻りければ、居村の者撿査致さんとて廿名ばかり罷越したるに、此時彼の姿は水中に沈み、俄に大波を立てたり。夫より二時間ばかりは姿は見せざれども、大声を発したるは全く相違無之もの也と同村よりの通知あり。

◉「福岡日日新聞」明治一八年八月四日……●

# 娘の恋人は大狐

**【佐賀県／藤津郡野込村発】** 器量良しの娘を嫁にやろうとしない父。が、ついに決心して男の家に挨拶に行くと「そんな話は知らない」と。

◎県下藤津郡野込村の農民広助の娘おけさ（本年廿四才）は十七の年より十九の年迄蓮池村の北行路千住半吾の宅へ世《せ》帯向《たいむき》の見習の為めに来り居りしが随分容貌《きりよう》も人並に美しいにより、蓮池町から自分の宅へ帰りて後ち所の若者や近村の息子連中が見染《みそめ》思染媒妁人《おもひそめなかうど》を以つて嫁に貰ひ度いと言入けれど、親の広助は娘自《じ》慢《まん》にて彼所《かしこ》は身代《しんだい》が宜《よ》くないとか田地が少《すく》ないとか息子が馬鹿《ばか》とか不奇量《ぶきりよう》とか云艸《いひぐさ》を付《つ》けて遣《や》らねば、世間で木曾街道の峠だと嘲り笑ひけり。其は娘の心を親知らずと云ふ事なるべし。茲に鹿島町の唐物屋の息子弥一は好《かう》

男子《だんし》である所が最初おけさを嫁にせんと申込みしに、親の広助は決して遣《や》らうと言はざりしに、娘は中々弥一の男振《をとこぶり》に惚れ込《こ》み同村の稲荷社に跣足《はだし》参《まゐり》をなしけるに、途中に於ゐて料《はか》らず弥一に邂逅《いでや》ひたり。弥一は声を秘《ひそ》め、おけささんと云ひて袖《そで》を引《ひ》きければおけさは嬉《うれ》しさ飛立計《とびたつばか》りなれど、思ふ男に袖引れナニと答《いら》へも微笑《ほほゑむ》のみ、弥一は又た「おけささん一同《しよ》に御社へ参詣しませう」を手を握りて戯《たはむ》れ、終《つひ》にまた逢ふ事を約して別れしが、其翌晩《よくばん》おけさは何となく自宅を迷ひ出て稲荷へ参詣をしに果して弥一は来合せ脇の山手へ連れ行きしが、如何なる約定や做《な》しけん、おけさは毎夜出歩きしを親広助が咎《とが》めしによりおけさは思ひ切り難く弥一と云々の由を親に告しにぞ。左様《さよう》な理由《わけ》ならば唐物屋に懸合《かけや》ひ表向の婚儀を整ふべしとて、鹿島町に自分娘不束《ふつつ》かながら御子息《しそく》の御気に叶《かな》ひしならば差上申すべしと言送りしに、唐物屋方にては大に驚《をどろ》き、此方《こなた》にて一応所望せしに事調のはざりしかば、今《いま》は思ひ絶え、娘子などに約束などせし事は更になしと不興気にぞ答《こた》へける。広助は不審晴《ふしんは》れず、偖《さて》は娘の偽造《つくりごと》ならんと面目無《めんぼくなく》思ひしが、娘は其夜も弥一の来りし事を窃《ひそ》かに父に告しにより、広助は障子の此方より隙見《のぞきみ》せしに娘の床に打臥したるは大《おほ》狐《きつね》なれば、広助は己れ娘を魅入《ばか》すかと棒を取来り娘の寝間に躍込《をどりこ》みしにおけさの目には矢張弥一と見ゆるにより、身を楯《たて》にして狐を助けしかば、狐は一声こんと鳴きて一間より庭口に飛出しけり。其時始めて娘の目にも狐と見えたれば娘は吃驚《びつくり》蒲団を打被り伏したる儘《まま》起もあがらず、其れより病気となりしが、終に其狐が乗移り日蓮宗の功力《くりき》にても放《はな》れず、依《よつ》て親広助は狐の落る迄千化《せんけ》して歩行《ある》くとて、おけさが廿の年より諸国を遍歴し竟《つひ》に去十二日高木町の観浄院に参詣し、蓮池小路の千住半吾氏に親広助が男泣に泣きて物語し話なりとぞ。

◉「佐賀新聞」明治一九年七月一八日……●

# 幽霊退治に鉄砲

**【福岡県／宗像郡吉留村発】** 妻が溜池で溺れて死んで以来、毎夜、一種の怪物が現れるようになった。どうやらその正体は狸らしいのだが。

◎狐より欺《あざ》むかれて鼻毛を延ばすは昨今珍らしき事にはあらざれども、是はほんとうに狸の怪物が夜な〳〵立顕はれると云ふ奇聞、所は宗像郡吉留村平民伊賀善五郎方にては其妻お何と云ふが本年の春頃武丸村の溜池に溺《おぼ》れて死したる以来、毎夜〳〵一時か二時頃所謂草木も眠《ね》むる丑満の刻限にはドロ〳〵の鳴物もなく「う

らめしひ」とも云はずヌーツと一種の怪物が立顕はれるより、流石《さすが》の善五郎も住居得ず当時は青年夜学会に貸し与へ居る由なるが斯くても尚ほ芥子《けし》辛《から》ざる事のあるより、安野上清紀と今成久助と云ふ二名が相計り其蹤跡《じうせき》を糺《ただ》したるに狸の所為と云ふ事が判然したるより、其筋へ発砲の許可を受け鉄砲にて打取らばやとおさ〳〵準備しつつあるよしなるがどうか首尾よくゆけばよいが。

●「福陵新報」明治二一年七月二五日……●

# 不知火が現れる

**【佐賀県／百貫沖から肥前諫早の沖合発】夜半、数千の赤火が海に忽然と出現した。沿海の漁夫たちは、地震の前兆かと大騒ぎ。船を捨てて上陸する者まで現れる。**

◎筑紫の不知火《しらぬひ》は古来有名なる者にて、往時は有《あり》明《あけ》の沖に顕れしも何の時代よりか松橋の沖合に移り陰暦八朔の節句前には当地辺よりも見物の為め数里の道を遠《とほし》とせず態々同地へ赴く者今猶ほ多くあるが、之とは少しく方角違ふて去る十七日の夜半忽然幾千の赤火百貫沖より肥前諫早の方位に向つて斜めに点出《てんしゅつ》し、頗る奇観の呈せし由にて、同沿海の漁夫は該沖合には嘗て目撃せしことなきゆへ、之を見るより喫驚《びっくり》しスワ又た地震の前兆にはなきやと舟を棄てて上陸せしものもありしよしにて、未だ其何の火たるは知るに由なけれども、右は全く不知火《しらぬひ》に相違なかるべしと云へり。

●「九州日日新聞」明治二二年八月二〇日……●

# 網に怪物

**【大分県／大分郡鶴崎町字七軒町発】大漁かと勇んで網を引き上げてみれば、魚ではなく二頭二尾の怪物だった。**

◎去る二月二十七八日の頃なりとか、大分県大分郡松岡村の某が魚を漁せんとて所持の投網《とあみ》を携へ小舟に打ち乗り大野《おほの》川《がわ》の支流なる同郡鶴崎町字七軒町法心寺裏淵に来り一と網投ちて引揚《ひきあ》げんとなせしに、其の重量非常なるゆゑ定《さだ》めて数多の魚を漁せしならんと心中に悦びつつ漸くにして引揚げ見れば、コハソモ如何に魚にはあらで最も大なる怪獣の死体なれば某は大に驚き、能く〳〵其死体を改めしに体は一身《しん》なるも頭は首の着け根より二つに分れ両頭と成《な》りて、其頭両目鼻口耳とも立派に備はりて牛の頭に似て尻尾は二つに裂け其形ちは竹箒の如く、単蹄にて大きさは

犬程ありしゆゑ、某は益々驚き係る怪《あや》しき獣を見たることなければ愈々怖気立ち、怪獣の死体は其所に打ち捨て置き漁を止めて其儘我家《わがや》に帰り有りし次第を近所のものに告げ、二人打ち連れ立ちて捨てたるところに行き両人して携へ帰りしに、見る人皆其怪獣に驚かざる者なかりしと云ふ。

●「福井新聞」明治二四年三月一三日……●

## 人魚の肉を食らう

**【長崎県／下県郡豆酘村発】　仕留めた怪魚はどうやら人魚。その肉を食えば千年の寿命を得るとあって、料理して食ってしまう。**

◎対州下県郡豆酘村《つつむら》の近海にて嚢頃《さきごろ》高千穂丸の引《ひき》下《おろし》に従事せし一人の人夫が海中に怪しき魚の居るを見出し、直《ただ》に魚突器《うをつき》を以て突止め取上げて見れば頭部《あたま》は全く女児《をなご》の頭の如く目、鼻、口、耳等も鮮かに具備《ぐび》し其上頭髪もあり手の如きものもありて、純然たる人間に相違なきも、其腹から下は全くの魚類にて色は浅黒く恰かも鯉に似たるものにして、長さは二尺余、腹部の周囲一尺八寸位もありしかば、是れこそ世にいふ人魚なれ之を食へば千歳《ざい》の齢《よは》いを保つことを得るぞとて遂に之を料理して、食ひ尽したるになか〳〵美味にして兎ても鯛、鯉等の類にあらざりし由《よし》。

●「扶桑新聞」明治二四年九月二六日……●

氐人（『和漢三才図会』より）

▼**編者**

湯本豪一〔ゆもと・こういち〕

1950年生まれ。川崎市市民ミュージアム学芸員。編著書に『明治妖怪新聞』『図説 明治事物起源事典』『図説 幕末明治流行事典』（いずれも柏書房）ほか多数。

地方発《ちほうはつ》 明治《めいじ》妖怪《ようかい》ニュース

2001年6月30日 第1刷発行

編 者 湯本豪一

発行者 芳賀 啓

発行所 柏書房株式会社

東京都文京区本駒込1-13-14（〒113-0021）

電話03(3947)8251（営業） 03(3947)8254（編集）

印 刷 株式会社精興社

製 本 小高製本工業株式会社

装 幀 中根光理



ISBN4-7601-2089-0 C0039

# ◉地方発明治怪奇報道年表◉

事件の内容、発生地、報道した新聞名とその日付の順に記載した。本書に記事を収録したものについては、出典の後に▶で該当頁を示した。配列は新聞の発行日順によっている。

## 明治9年（1876年）

| | | |
|---|---|---|
| 4月 | 狐火が並んで狐の嫁入りか | 長野県/腰村の産神加茂社の森『長野毎週新報』明治9年4月9日号 |
| 6月 | 尼彦なる怪物の絵で病除け | 熊本県/青沼郡磯野浜『長野新聞』明治9年6月21日号▶174 |
| | 怪物アリエは尼彦と同一？ | 熊本県/青鳥郡『長野新聞』明治9年6月30日号▶174 |
| 7月 | 狐憑きを猟師が退治 | 兵庫県/伊丹の小家ロ村『長野新聞』明治9年7月24日号▶102 |
| 10月 | 幽霊に追いかけられた婦人 | 長野県/水内郡平出村『長野新聞』明治9年10月4日号▶72 |

## 明治10年（1877年）

| | | |
|---|---|---|
| 2月 | 洪水と狐に化かされ裸で歩く | 大阪府/御城番場『大阪日報（就将社）』明治10年2月10日号 |
| 3月 | 鉄瓶が踊り銅銭が消える屋敷 | 京都府/三条白川橋辺の堀池町『西京新聞』明治10年3月7日号▶102 |
| 5月 | 盆ほどの大きさの光りもの出現 | 京都府/旧土居の藪『西京新聞』明治10年5月17日号▶103 |
| 6月 | 14歳の娘が狸に憑かれて騒ぎ | 京都府/上京十二区本満寺横町『西京新聞』明治10年6月8日号 |
| 11月 | 大竜出現して疫病を予言す | 島根県/大原郡山方村の用水池『大阪日報（就将社）』明治10年11月8日号 |
| | 葬式中に棺桶がでんぐり返る | 京都府/下京二十三区菱屋町『西京新聞』明治10年11月9日号▶103 |

## 明治11年（1878年）

| | | |
|---|---|---|
| 3月 | 教師が天狗に病気療養の相談 | 岡山県/第四大区岡山新道『備作新聞』明治11年3月9日号 |
| | 狐の難産とりあげ10円の謝礼 | 長崎県/十一大区大村二小区茅瀬の金刀比羅宮『西海新聞』明治11年3月15日号▶175 |
| | 狐のお産手伝い1円もらう | 茨城県/鹿島郡磯浜寿町『茨城新報』明治11年3月28日号▶60 |
| 4月 | 帰ってきた夫は真っ赤な偽者 | 広島県/能美島柿の村『広島新聞』明治11年4月16日号▶142 |
| | 湯屋から女も男も幽霊目撃 | 京都府/今出川上る湯屋『西京新聞』明治11年4月26日号 |
| 5月 | 井戸から家の元主が化けて出る | 愛知県/知多郡横須賀村横須賀町札の辻『愛知新聞』明治11年5月3日号▶72 |
| | 古狐2匹が人に化けて大宴会 | 青森県/北郡田名部村『北斗新聞』明治11年5月7・12日号 |
| 6月 | 巨大な化物の正体は大狸 | 山梨県/八代郡二ノ宮村の常楽寺『甲府日々新聞』明治11年6月20日号▶73 |
| 7月 | 夢のお告げで神剣を掘り出す | 茨城県/第六大区一小区真壁郡星谷村『茨城新報』明治11年7月6日号 |
| | 風呂釜が鳴って大騒ぎ | 長野県/北第十三大区八小区東寺尾村『長野新聞』明治11年7月13日号 |
| | 亡き女房が娘の行く末頼む | 京都府/本町『西京新聞』明治11年7月21・23日号 |
| | 難産で死んだ妻の霊が出没 | 茨城県/上市新屋敷梅の小路『茨城新報』明治11年7月26日号 |
| | 伸び縮みする異形の者が叫ぶ | 広島県/第七大区二小区上深川村『広島新聞』明治11年7月27日号▶142 |
| 11月 | 死んだ店子が戸主の女房に祟る | 新潟県/本港本町通り五番町『新潟新聞』明治11年11月7日号 |
| | 逃亡者の遺言に背いて逆恨み | 新潟県/大野町『新潟新聞』明治11年11月9日号▶74 |

| | | |
|---|---|---|
| | 亡き女房が「子の養育頼む」 | 大阪府/大宝寺町東『大阪日報（就将社）』明治11年11月13日号▶104 |
| | 雨の降る夜に必ず飛ぶ火の玉 | 愛知県/加茂郡打越村『愛知新聞』明治11年11月15日号▶75 |
| | 「須藤甚五エ門」と書き狐除け | 茨城県/久慈郡下利員村『茨城新報』明治11年11月19日号▶60 |
| | 供養望む祖母の霊に悩まされる | 兵庫県/神戸港再度山の麓の水車場『大阪日報（就将社）』明治11年11月20日号▶104 |
| | 河童の子と相撲して老人死す | 熊本県/求麻郡原田村『熊本新聞』明治11年11月28日号▶176 |
| 12月 | 女の幽霊と消えた人力車の客 | 徳島県/名東郡九小区鮎喰川原不動明王の堂前、同郡高崎村『普通新聞』明治11年12月3日号▶156 |

## 明治12年（1879年）

| | | |
|---|---|---|
| 2月 | 帰ってきた父は死出の挨拶 | 京都府/油小路御池上る『西京新聞』明治12年2月5日号▶106 |
| | 娼妓に恨みの男が枕辺に立つ | 岡山県/西中島町『山陽新報』明治12年2月5日号▶143 |
| | 亡夫が昼夜目先にちらつく | 京都府/麩屋町竹屋町上る『西京新聞』明治12年2月7日号 |
| | 大黒天から授かった金は馬糞 | 福島県/安達郡中山村『福島新聞』明治12年2月13日号▶18 |
| 3月 | 江戸人形が毎夜泣き叫ぶ | 長野県/埴科郡東船山村『長野新聞』明治12年3月24日号▶75 |
| 4月 | 捨てられた妻の愚痴に仏像涙 | 滋賀県/坂田郡長浜十二区永久寺村『西京新聞』明治12年4月1日号 |
| | 役場に幽霊が「ウレシヤナー」 | 長野県/東筑摩郡坂北村『長野新聞』明治12年4月18日号▶76 |
| | 一尺二寸の人魚を博覧会出品 | 高知県/安喜郡田野村沖『長野新聞』明治12年4月20日号▶156 |
| | 大火事防ぎたくばと油揚げ要求 | 山形県/香澄町『山形新聞』明治12年4月22日号▶18 |
| | 血を流す古木が今度を薬水出す | 愛知県/八名郡一鍬田村『愛知新聞』明治12年4月23日号 |
| 7月 | 真ん丸な玉から神隠しの男 | 兵庫県/飾東郡三田村『西京新聞』明治12年7月13日号▶106 |

## 明治13年（1880年）

| | | |
|---|---|---|
| 3月 | 一座の二枚目が別れの挨拶 | 山形県/旭座『山形新聞』明治13年3月31日号▶19 |
| 4月 | 無限の瓢箪もつ翁が悪疫予言 | 熊本県/阿蘇郡宮地『熊本新聞』明治13年4月2日号▶176 |
| | 盲目の琵琶弾きを狐狸が化かす | 熊本県/天草郡大島子村『熊本新聞』明治13年4月10日号▶177 |
| | 盗賊に殺された前主人が白装束 | 熊本県/下益城郡鰐瀬村『熊本新聞』明治13年4月24日号▶177 |
| 5月 | 幽霊祟って悪妻追い出す | 京都府/白川橋の辺『西京新聞』明治13年5月3・4日号 |
| 7月 | 母子心中の家に毎夜幽霊で騒ぎ | 長崎県/北松浦郡調川村松『西海新聞』明治13年7月10日号 |
| | 口から火炎吐く大坊主に遭遇 | 京都府/竹田街道銭取橋『西京新聞』明治13年7月23日号▶108 |
| | 白沢の画を魔除け、病除けに | 石川県/金沢区小立野新坂町『北陸日報』明治13年7月24日号▶76 |
| 8月 | 死んだ姑が悪嫁に祟る | 京都府/上京区第二十四組東洞院二条上る『西京新聞』明治13年8月1日号▶110 |
| | 稲荷祠の中の木像を捨てて祟り | 石川県/福井元大工町『北陸日報』明治13年8月3日号 |
| | 川底から河童太郎が足を引く | 長崎県/三根郡市武村字江見津川『西海新聞』明治13年8月10日号▶178 |
| | 死んだ芸者が蚊帳の外を回る | 京都府/八坂新地『西京新聞』明治13年8月31日号▶111 |
| 9月 | 殺した蛇に憑かれ丁稚発狂 | 京都府/下京区第二十三組御前通西洞院西へ入町『西京新聞』明治13年9月14日号 |
| | 幽霊が守護札を剝がせと要求 | 栃木県/真岡鍛冶町『栃木新聞』明治13年9月15日号 |
| | 風呂桶より幽霊で銭湯の客激減 | 徳島県/塀裏町字境丁の湊湯『普通新聞』明治13年9月17日号 |
| 12月 | 亡夫の祟り、悪妻桶中で死す | 京都府/原八阪新地宇治郡第一組大宅村『西京新聞』明治13年12月1日号 |

## 明治14年（1881年）

| | | |
|---|---|---|
| 3月 | 人魂は死んだ知人の霊だった | 熊本県/大津往還『熊本新聞』明治14年3月8日号 |
| | 幽霊のへそくりで大騒ぎ | 栃木県/芳賀郡茂木砂田町『栃木新聞』明治14年3月18日号▶61 |
| 4月 | 娼婦が光物とともに化けて出る | 山形県/横町の豊原屋『山形新聞』明治14年4月4日号▶19 |
| 5月 | 大沼より昼夜、吼える声と火玉 | 岡山県/浅口郡乙島村字狐島『山陽新報』明治14年5月11日号▶143 |
| 7月 | 開墾地から出た石棺を狐が守る | 岡山県/勝加茂西村『山陽新報』明治14年7月16日号▶144 |
| 9月 | 亡き猫の恨みはらさんと猫憑き | 栃木県/上都賀郡日向村『栃木新聞』明治14年9月21日号 |
| 10月 | 狐が貸し座敷で夜遊び | 宮城県/刈田郡白石駅『陸羽日日新聞』明治14年10月4日号▶20 |

## 明治15年（1882年）

| | | |
|---|---|---|
| 1月 | 沼の主の怪物を仕留める | 香川県/宮川郡志度の邑の南『伊勢新聞』明治15年1月7日号▶157 |
| | 弁財天女より白蛇を預かる | 京都府/新門前縄手東入る西の町『西京新聞』明治15年1月20日号 |
| 2月 | 金輪の怪談、住職と狸の怪談 | 岩手県/西磐井郡・山形県/東村山郡東山村『日本立憲政党新聞』明治15年2月16日号▶21 |
| 4月 | 洞窟の怪物が少年を食い尽くす | 岡山県/阿賀郡下砦部村『日本立憲政党新聞』明治15年4月7日号▶145 |
| | 巡査の足元から妖火、家を焼く | 岩手県/東磐井郡八沢村字深茂地『日本立憲政党新聞』明治15年4月16日号▶23 |
| | 黒長毛の怪獣を樹上から狙撃 | 奈良県/十津川郷『日本立憲政党新聞』明治15年4月27日号▶109 |
| 5月 | 怪談聞く芸妓の後ろに幽霊が | 京都府/新京極の笑福亭『西京新聞』明治15年5月11日号▶113 |
| | 海より上陸した怪物を仕留める | 福井県/小浜沖『伊勢新聞』明治15年5月24日号▶77 |
| 6月 | 狐に化かされ赤子の死体を食う | 島根県/能義郡母里猟人村『日本立憲政党新聞』明治15年6月2日号▶146 |
| | 空より烈風とともに白米が降る | 新潟県/雑太郡達者村『新潟新聞』明治15年6月20日号 |
| | 水を張るとたちまち鳴る釜 | 京都府/紀伊郡伏見新町八丁目『京都新報』明治15年6月23日号▶114 |
| 7月 | 鬼女が若者たちを襲って殺す | 新潟県/蒲原郡福井村『信濃毎日新聞』明治15年7月29日号▶77 |
| | 湧泉のなかより黒く光る怪物 | 石川県/三ツ割村字北山金刀比良神社『京都滋賀新報』明治15年7月29日号 |
| 8月 | 空より妖虫が3、40匹ずつ降る | 新潟県/羽茂郡岬村『新潟新聞』明治15年8月4日号 |
| | 酒のみの息子に亡き母意見 | 京都府/下京第八組堤町古川東へ入る『西京新聞』明治15年8月12・15日号 |
| | 空より蛇に似た妖虫降る | 新潟県/『信濃毎日新聞』明治15年8月24日号 |
| | 腿の人面瘡が一升飯食らう | 三重県/南牟婁郡某村『京都滋賀新報』明治15年8月25日号▶114 |
| | 稲荷明神に憑かれて祈禱受ける | 京都府/上京二十五組堺町竹屋下る『京都滋賀新報』明治15年8月27日号▶115 |
| | 家より大きい蝦蟇の上に乗る | 長崎県/南高来郡『信濃毎日新聞』明治15年8月31日号 |
| 9月 | 打ち殺した猫が下女と通じる | 北海道/弁天町『函館新聞（北溟社）』明治15年9月3日号▶12 |
| | 幽霊イヤと娼妓が宿泊拒否 | 京都府/薬園町思案橋『西京新聞』明治15年9月3日号 |
| | 山中の危機を救った弁才天 | 京都府/無堂寺からの帰路『西京新聞』明治15年9月8日号 |
| | 鮀が舞い上がって巡査を襲う | 新潟県/中蒲原郡丸潟新田『新潟新聞』明治15年9月16日号▶78 |
| | 自殺した男が濡れそぼって立つ | 新潟県/中蒲原郡早通村『新潟新聞』明治15年9月16日号▶78 |

| | | |
|---|---|---|
| | 老夫の霊に悪妻悪嫁発狂 | 京都府/上京二十五組富小路竹屋町下る『西京新聞』明治 15 年 9 月 28 日号 |
| 10月 | 天狗の悪ふざけか、大石飛ぶ | 滋賀県/鷹ケ峯の奥『西京新聞』明治 15 年 10 月 11 日号▶ 115 |
| 11月 | 深夜に鳴動する空家 | 宮城県/中櫓丁細横町『陸羽日日新聞』明治 15 年 11 月 2 日号▶ 24 |
| | 夢のお告げで仏舎利を発見 | 滋賀県/江州高嶋郡勝野村円光寺『京都滋賀新報』明治 15 年 11 月 3 日号 |
| | 大蝦蟇の毒にあてられ死亡 | 滋賀県/比叡山『西京新聞』明治 15 年 11 月 29 日号▶ 116 |
| 12月 | 昼夜を問わず家につぶてが飛ぶ | 宮城県/塩釜村『陸羽日日新聞』明治 15 年 12 月 6 日号 |
| | 蜘蛛の糸のようなもの降る | 福井県/江州地方『信濃毎日新聞』明治 15 年 12 月 10 日号 |

## 明治16年（1883年）

| | | |
|---|---|---|
| 1月 | 浜辺を奔走する怪に浦民警戒 | 島根県/秋鹿郡地合浦『山陰新聞』明治 16 年 1 月 4 日号▶ 148 |
| | 宿屋の客が怪夢をみて死す | 京都府/京町裁判所芝門前の宿屋『紫溟新報』明治 16 年 1 月 24 日号▶ 118 |
| 2月 | 礫が屋敷を壊す | 熊本県/山鹿郡下高橋村『紫溟新報』明治 16 年 2 月 3 日号▶ 179 |
| | 降る石の原因は墓石の霊 | 石川県/金沢区長町『日本立憲政党新聞』明治 16 年 2 月 15 日号 |
| | 泥棒を囲んだ若者たちは狐 | 宮城県/桃生郡十五浜『日本立憲政党新聞』明治 16 年 2 月 21 日号▶ 25 |
| | 妖しい火の玉は狐のよだれ火？ | 三重県/伊賀郡岡波村『伊勢新聞』明治 16 年 2 月 23 日号▶ 119 |
| | 笠を被って踊る猫との約束 | 福井県/吉田郡殿下村『福井新聞』明治 16 年 2 月 27 日号▶ 79 |
| 3月 | 社を作ってもらった狐の恩返し | 三重県/矢野村の辛州神社『伊勢新聞』明治 16 年 3 月 11 日号▶ 119 |
| | 行者の霊が枕辺で自ら売り込む | 熊本県/山鹿郡小群村字久保山『紫溟新報』明治 16 年 3 月 11 日号▶ 179 |
| | 命乞いの狐を殺して祟られる | 三重県/本郷村『伊勢新聞』明治 16 年 3 月 13 日号 |
| | 3 人の兵士の背後に幽霊を撮影 | 熊本県/熊本区魚屋町三丁目『静岡新聞』明治 16 年 3 月 29 日号▶ 180 |
| 4月 | 頭と背に菊紋浮かべた帝鮫捕獲 | 宮城県/牡鹿郡金華山沖『奥羽日日新聞』明治 16 年 4 月 4 日号▶ 26 |
| | 髪振り乱した怪物が村を襲う | 山形県/北村山郡大久保村『山形新聞』明治 16 年 4 月 14 日号▶ 27 |
| | 斬った化け狸の腹から宝玉 | 東京都/芝伊皿子町『伊勢新聞』明治 16 年 4 月 19・20 日号▶ 62 |
| | 麒麟に似た怪獣が飼われる | 兵庫県/朝来郡山口駅『日本立憲政党新聞』明治 16 年 4 月 25 日号 |
| 5月 | 山より子どものような猩々来る | 福岡県/鞍手郡山口村『南海新聞』明治 16 年 5 月 3 日号▶ 181 |
| | 小牛ほどある怪物が猟師さらう | 兵庫県/加西郡小谷村字城山『日本立憲政党新聞』明治 16 年 5 月 6 日号▶ 120 |
| | 風呂屋の前に一団の怪火 | 福井県/川上町『福井新聞』明治 16 年 5 月 16 日号 |
| | 捕らえられた人魚を買う | 新潟県/刈羽郡荒浜村『新潟新聞』明治 16 年 5 月 31 日号▶ 79 |
| 6月 | 大蛇 2 匹のうち 1 匹を撃ち取る | 高知県/土佐郡森郷の大谷村『土陽新聞』明治 16 年 6 月 6 日号▶ 157 |
| | 人魚を上野公園内博物館へ | 新潟県/刈羽郡荒浜村『奥羽日日新聞』明治 16 年 6 月 9 日号▶ 80 |
| | 越後七不思議を紹介 | 新潟県/『新潟新聞』明治 16 年 6 月 13 日号▶ 80 |
| | 落雷とともに掛け軸降る | 山形県/香澄町字十日町『普通新聞』明治 16 年 6 月 13 日号 |
| 7月 | 狐憑きの原因めぐり近所喧嘩 | 島根県/西茶町『山陰新聞』明治 16 年 7 月 13 日号▶ 149 |
| | 狸に似た白い獣を猟師が捕獲 | 鹿児島県/桑原郡万膳村字大窪『紫溟新報』明治 16 年 7 月 17 日号 |
| | 黄色い粉のようなものが降る | 岩手県/『伊勢新聞』明治 16 年 7 月 28 日号 |

| | | |
|---|---|---|
| 8月 | 消えた子どもが3日後に戻る | 秋田県/河辺郡四小屋村『秋田日報』明治16年8月3日号▶27 |
| | 墓場にて毎夜1時に鐘の音 | 山形県/東村山郡山本村字桜田『山形新聞』明治16年8月10日号 |
| | 夜遊び帰りの男が狐に憑かれる | 三重県/松阪魚町四丁目『伊勢新聞』明治16年8月10日号 |
| | 夢に出た観音像薩陀が実体化 | 山形県/東村山郡三河尻村『山形新聞』明治16年8月18日号 |
| | 宝物の竜面が旱魃を救う | 秋田県/男鹿真山神社『秋田日報』明治16年8月21日号▶28 |
| | 湖の大白蛇が船を転覆寸前に | 新潟県/北蒲原郡十二前古川『新潟新聞』明治16年8月22日号 |
| 9月 | 弁財天女のご利益か男蛇に変ず | 京都府/新京極松ケ根町『京都絵入新聞』明治16年9月5日号▶121 |
| | 生きた鳥亀なる怪物を放す | 新潟県/本町通り十四番町入船地蔵『新潟新聞』明治16年9月5日号 |
| | 古松に降り立ち枝を折った天狗 | 愛媛県/西宇和郡津布理村字地蔵駄場『南海新聞』明治16年9月15日号▶158 |
| | 火の玉を箱に閉じ込めるが消失 | 京都府/洛東知恩院『紫溟新報』明治16年9月19日号▶122 |
| | 再会できた前夫の身体が伸びる | 京都府/建仁寺町五条上る『京都絵入新聞』明治16年9月21日号▶123 |
| | 幇間が座敷の帰りに火の玉遭遇 | 京都府/真葛ケ原東大谷道『京都絵入新聞』明治16年9月22日号▶123 |
| 10月 | 川中より河童が人を攫わんとす | 熊本県/上益城郡御船町の川筋『紫溟新報』明治16年10月3日号▶181 |
| | 遊び人の枕辺に死んだ女の霊 | 高知県/土佐郡枇杓田村『土陽新聞』明治16年10月4日号▶159 |
| | 撃剣家、渡良瀬川で幽霊に遭遇 | 栃木県/足利町緑町『栃木新聞』明治16年10月11日号▶63 |
| | 怪物屋敷に夢のお告げで越す | 秋田県/保戸野表鉄砲町『秋田日報』明治16年10月23日号 |
| 11月 | 赤頭の海坊主二つが徘徊 | 新潟県/古町通六番町の空き地『新潟新聞』明治16年11月6日号▶81 |

## 明治17年（1884年）

| | | |
|---|---|---|
| 3月 | 先妻と子どもの霊が夫に祟る | 栃木県/栃木町のある橋詰め『下野新聞』明治17年3月17日号 |
| | 背に白き鼈甲持ち飛行する怪獣 | 京都府/与謝郡四辻村『伊勢新聞』明治17年3月30日号▶125 |
| 4月 | 地蔵に化けた悪狸を成敗 | 三重県/伊賀郡名張郡某村『伊勢新聞』明治17年4月2日号▶125 |
| 5月 | 娘の寝る部屋に石が降ってくる | 福井県/足羽郡東郷町『福井新聞』明治17年5月16日号 |
| | 神隠しの少女、雲で日本遊覧 | 静岡県/岡安西の何丁目か『静岡大務新聞』明治17年5月18日号▶82 |
| | 死んだ男が霊火となって帰る | 熊本県/双樹廓『紫溟新報』明治17年5月20日号 |
| | 怪獣が笛太鼓三味線を弾く | 岩手県/西和賀郡太田村『岩手新聞』明治17年5月26日号▶30 |
| 6月 | 狐憑いた農夫が月輪明神になる | 宮城県/桃生郡大曲村『奥羽日日新聞』明治17年6月3日号 |
| | 落ちてきた雷獣を5円で売る | 岩手県/黒沢尻『岩手新聞』明治17年6月9日号▶28 |
| | 五尺の人魚が大網にかかる | 宮城県/宮城郡菖蒲田浜『奥羽日日新聞』明治17年6月18日号▶30 |
| | 狐の追いはぎが若僧を襲う | 岩手県/稗貫郡花巻駅『岩手新聞』明治17年6月24日号▶30 |
| 7月 | 額に二本角の海怪を捕獲 | 新潟県/柿沢猟師町『静岡大務新聞』明治17年7月11日号 |
| | 鰯網に謎の海猿が3匹かかる | 秋田県/南秋田郡典農村『函館新聞（北溟社）』明治17年7月13日号▶31 |
| | 捕らえた海の怪は河童でなく鬼 | 新潟県/梯崎猟師町『鎮西日報』明治17年7月16日号▶82 |
| | 大網にかかった人魚が評判に | 宮城県/宮城郡菖蒲田浜『鎮西日報』明治17年7月17日号 |
| | 毎夜10時過ぎに怪しい拍子木 | 熊本県/法念寺町『紫溟新報』明治17年7月18日号▶182 |
| | 竜宮よりの使者に酒飲ませ帰す | 島根県/嶋根郡加賀村岩木組の沖合『山陰新聞』明治17年7月24日号▶149 |

| | | |
|---|---|---|
| | 古小屋の二階から怪しい大声 | 秋田県/山本郡森岡村『秋田日々新聞』明治 17 年 7 月 30 日号 |
| | 英人サトン氏、蛇頭の怪物捕獲 | 長崎県/大浦ライシングサン新聞社の前面なる海岸『鎮西日報』明治 17 年 7 月 31 日号 |
| 8月 | 三つ目入道一つ目小僧が踊る | 三重県/一志郡布引山の片ほとり榊原村『伊勢新聞』明治 17 年 8 月 1 日号▶ 127 |
| | 毎夜三更に火玉がとびまわる | 愛媛県/宮古町の阿沼美神社『海南新聞』明治 17 年 8 月 1 日号 |
| | 見捨てられた神が娘に一言 | 岩手県/盛岡の中津上流『岩手新聞』明治 17 年 8 月 11 日号 |
| | 密通を疑われた亡妻が潔白訴え | 熊本県/託麻郡良町村『紫溟新報』明治 17 年 8 月 15 日号▶ 182 |
| | 井上円了、怪物見学に逗留 | 新潟県/西蒲原郡『日本立憲政党新聞』明治 17 年 8 月 17 日号▶ 183 |
| | 死んだかつての恋人が憑く | 岩手県/『岩手新聞』明治 17 年 8 月 20 日号▶ 32 |
| | 老狐が農家の嫁をかどかわす | 岩手県/北九戸郡山内村『岩手新聞』明治 17 年 8 月 28 日号 |
| 9月 | 倉で昼寝の宝蛇見て不幸続き | 宮城県/名取郡笠島村『奥羽日日新聞』明治 17 年 9 月 12 日号 |
| | 美女 3 名が笑いながら竈壊す | 新潟県/刈羽郡小国谷千谷沢村地内字寺山『佐賀新聞』明治 17 年 9 月 13 日号▶ 83 |
| | 地中からゴウゴウという声 | 熊本県/山本郡豊岡村の内元船底村の古閑山『紫溟新報』明治 17 年 9 月 17 日号 |
| | 狐に化かされ泥まみれで宴会 | 栃木県/足利町字本城『下野新聞』明治 17 年 9 月 29 日号 |
| 10月 | 妹一家を逆恨み、幽霊屋敷 | 三重県/度会郡宇治中之切『伊勢新聞』明治 17 年 10 月 9・10 日号▶ 127 |
| | お告げで掘った家下から金仏像 | 福井県/武生元本町『福井新聞』明治 17 年 10 月 24 日号 |
| 11月 | 朝飯後より無数の石が飛来 | 熊本県/出京町『紫溟新報』明治 17 年 11 月 2 日号▶ 182 |
| 12月 | 羽の生えた猫を生け捕る | 宮城県/桃生郡馬鞍村『奥羽日日新聞』明治 17 年 12 月 1 日号▶ 33 |

## 明治18年（1885年）

| | | |
|---|---|---|
| 1月 | 孝行息子の自殺を大亀が救う | 大阪府/東区南農民町『海南新聞』明治 18 年 1 月 8 日号▶ 129 |
| | 狐が豆腐滓と着物を奪う | 岩手県/紙町『岩手新聞』明治 18 年 1 月 23・27 日号 |
| | 「逮捕されるぞ」と悪戯される | 岩手県/紫波郡間野々村『岩手新聞』明治 18 年 1 月 29 日号▶ 34 |
| 2月 | 狐が行軍、支那事件を演じる | 岩手県/東和賀郡後藤野『岩手新聞』明治 18 年 2 月 27 日号 |
| 3月 | 誤解で撃たれた怪物が復讐に | 山形県/朝日嶽『奥羽日日新聞』明治 18 年 3 月 7・11 日号▶ 34 |
| 4月 | 稲荷明神が社壇の清掃を依頼 | 佐賀県/大堂村『佐賀新聞』明治 18 年 4 月 10 日号 |
| | 天狗の爪を兵庫県庁に鑑定依頼 | 兵庫県/飾東郡長柄村『伊勢新聞』明治 18 年 4 月 11 日号▶ 131 |
| | 大豆、小豆、籾、蕎麦など降る | 新潟県/今立郡とその他数郡『奥羽日日新聞』明治 18 年 4 月 22 日号 |
| | 山に柴とりの婦人が大蛇目撃 | 高知県/土佐郡潮江村孕山『弥生新聞』明治 18 年 4 月 29 日号▶ 160 |
| 5月 | 河童のような怪物を捕獲 | 熊本県/阿蘇谷『紫溟新報』明治 18 年 5 月 3 日号 |
| | しまい忘れの如来像が夢に出る | 島根県/母衣町『山陰新聞』明治 18 年 5 月 28 日号 |
| 6月 | 巣穴を埋められた狸が復讐 | 島根県/大原郡清田村長安寺『山陰新聞』明治 18 年 6 月 3 日号▶ 150 |
| | 産婆が稲荷の出産手伝い金一封 | 島根県/奥谷村稲荷の境内『山陰新聞』明治 18 年 6 月 9 日号▶ 151 |
| | 土蔵から怪音、鶏を連れ去る | 秋田県/牛島橋通町『秋田日々新聞』明治 18 年 6 月 9 日号 |
| | 小豆のようなものが降る | 三重県/桑名郡安永村の某寺院『伊勢新聞』明治 18 年 6 月 16 日号 |
| 7月 | 死産の飼犬の幽霊が燐火と化す | 佐賀県/本社近辺『佐賀新聞』明治 18 年 7 月 7 日号▶ 183 |
| | 薪とりの男が入道と遭遇、負傷 | 福井県/敦賀郡西浦『福井新聞』明治 18 年 7 月 26 日号▶ 84 |

| | | |
|---|---|---|
| | 河童の生け捕りに失敗 | 福井県/足羽川にかかる幸橋『福井新聞』明治 18 年 7 月 31 日号▶ 85 |
| 8月 | 水上に立つ河童は息子の敵 | 福岡県/嘉麻郡平村『福岡日日新聞』明治 18 年 8 月 4 日号▶ 134 |
| | 夜毎に小石がバラバラ降る | 島根県/北堀井上座の近辺『山陰新聞』明治 18 年 8 月 16 日号 |
| | 十丈もの大法師が笑って立つ | 高知県/北奉公人町の川岸『土陽新聞』明治 18 年 8 月 22 日号▶ 161 |
| | 墓地に六尺ばかりの大入道 | 宮城県/栗原郡花山村字窪囲『奥羽日日新聞』明治 18 年 8 月 23 日号▶ 37 |
| 9月 | 猫神が人妻と通じる | 宮城県/牡鹿郡田代浜『奥羽日日新聞』明治 18 年 9 月 8 日号▶ 38 |
| | 怪火につきまとわれた車夫発熱 | 高知県/長岡郡薊野村の天王前『弥生新聞』明治 18 年 9 月 10 日号▶ 164 |
| 10月 | 武官、悪戯好きの古狸を退治 | 滋賀県/大津三井寺下神出村『日出新聞』明治 18 年 10 月 8 日号 |
| | 姉貴分の幽霊がおせっかい | 高知県/稲荷新地『弥生新聞』明治 18 年 10 月 11 日号▶ 163 |
| | 獄死した本夫が「恨めしや」 | 高知県/西弘小路『弥生新聞』明治 18 年 10 月 25 日号▶ 164 |

## 明治19年（1886年）

| | | |
|---|---|---|
| 1月 | 杉の老木より毎夜の大火柱 | 栃木県/芳賀郡上根村『下野新聞』明治 19 年 1 月 12 日号▶ 64 |
| | 首くくりなど出る幽霊屋敷 | 滋賀県/大津下栄町『日出新聞』明治 19 年 1 月 23 日号▶ 131 |
| 2月 | 不人情な夫に妻子の霊祟る | 長野県/南長野町新田『信濃毎日新聞』明治 19 年 2 月 4 日号▶ 85 |
| | 「公債戻せ」と住職の幽霊 | 京都府/上京三十三組仁王門通り新高倉東入る浄土宗西方寺『日出新聞』明治 19 年 2 月 11 日号▶ 132 |
| 3月 | 稲荷おろしの方法伝授 | 福井県/大野寺町の某寺『福井新聞』明治 19 年 3 月 21 日号▶ 87 |
| 4月 | 極楽よりの使者が老母労わる | 滋賀県/野洲郡野村『日出新聞』明治 19 年 4 月 2 日号▶ 133 |
| 5月 | 2頭8足の怪物がいる銭湯 | 長野県/松代紺屋町『信濃毎日新聞』明治 19 年 5 月 21 日号▶ 87 |
| | 天狗と組討ちして若者大怪我 | 福井県/足羽山『福井新聞』明治 19 年 5 月 21 日号▶ 87 |
| 6月 | 風呂に出かけて化かされ迷う | 福井県/福井市元大名町『福井新聞』明治 19 年 6 月 11 日号 |
| 7月 | 大入道が米びつから盗み食い | 秋田県/楢山登町の近傍『秋田日々新聞』明治 19 年 7 月 3 日号▶ 38 |
| | 竜の天昇か、小児1名即死 | 滋賀県/滋賀郡唐崎、栗田郡目川村『日出新聞』明治 19 年 7 月 7 日号▶ 134 |
| | 毎夜乱舞する燐火が評判に | 三重県/橋南佐伯町『伊勢新聞（付録）』明治 19 年 7 月 9 日号 |
| | 愛娘と言い交わしたのは大狐 | 佐賀県/藤津郡野込村『佐賀新聞』明治 19 年 7 月 18 日号▶ 184 |
| 8月 | 子ども可愛さに母の霊迷う | 京都府/愛宕郡小山村『中外電報』明治 19 年 8 月 7 日号 |
| | 大フカに襲われた漁船転覆寸前 | 高知県/須崎沖『高知日報』明治 19 年 8 月 13 日号▶ 166 |
| 9月 | 長屋より毎夜火の玉が転げ出る | 宮城県/東三番丁『奥羽日日新聞』明治 19 年 9 月 11 日号 |
| 11月 | 夢のお告げで神棚より金銀 | 滋賀県/大津四の宮『日出新聞』明治 19 年 11 月 3 日号 |
| | 道いっぱいに大三平二満面 | 山形県/南置賜郡米沢上花沢仲町『出羽新聞』明治 19 年 11 月 26 日号▶ 39 |
| 12月 | 恒例の竜蛇神様が海から来る | 島根県/秋鹿郡佐陀神社『山陰新聞』明治 19 年 12 月 8 日号▶ 151 |
| | 人が居つかぬ幽霊屋敷が評判 | 京都府/下京十二組高辻東洞院西入る字竹の厨子『日出新聞』明治 19 年 12 月 11 日号 |
| | 悪狐跋扈か、化かされる人続出 | 島根県/安濃郡鳥井村字大平『山陰新聞』明治 19 年 12 月 16 日号 |

## 明治20年（1887年）

| | | |
|---|---|---|
| 2月 | 牛と化した人を納めた石棺出る | 宮城県/遠田郡小牛田村字牛飼『奥羽日日新聞』明治 20 年 2 月 4 日号▶ 40 |

| | | |
|---|---|---|
| 3月 | 石降りの被害に巡査出張 | 兵庫県/下山手通六丁目『神戸又新日報』明治 20 年 3 月 2・5・8・10 日号▶ 134 |
| 4月 | 林から夜な夜な怪声聞こえる | 山形県/東置賜郡宮内村『出羽新聞』明治 20 年 4 月 10 日号▶ 40 |
| 6月 | 天井の髑髏が養女に祟る | 山形県/小白川村『出羽新聞』明治 20 年 6 月 24 日号 |
| 8月 | 日没後に山石川石壁土が降る | 高知県/香美郡夜須村字添池『土陽新聞』明治 20 年 8 月 27 日号 |
| 11月 | 三十間もの黒いものが船襲う | 高知県/中島町『高知日報』明治 20 年 11 月 3 日号 |
| | 舞台の下から緑髪の美女 | 秋田県/上亀の町蔦座『秋田魁新報』明治 20 年 11 月 20 日号▶ 41 |

## 明治21年（1888年）

| | | |
|---|---|---|
| 1月 | 岩石のような大山猫と格闘 | 高知県/高岡郡角山に接する深山『土陽新聞』明治 21 年 1 月 15 日号▶ 167 |
| 4月 | 遺言違えた夫婦に亡母の恨み | 栃木県/上都賀郡中粕尾村字弁天淵『下野新聞』明治 21 年 4 月 13 日号▶ 64 |
| 5月 | 貨幣が空からふってくる | 京都府/富小路姉小路の辺り『日出新聞』明治 21 年 5 月 9 日号 |
| 7月 | 幽霊は狸の仕業と鉄砲準備 | 福岡県/宗像郡吉留村『福陵新報』明治 21 年 7 月 25 日号▶ 186 |
| 8月 | 午前 4 時から 12 時まで釜鳴る | 京都府/上京五組小川通り今出川上る『日出新聞』明治 21 年 8 月 1 日号▶ 136 |
| | 直径一尺の火球が鹿沼街道へ | 栃木県/本地慈光寺山『下野新聞』明治 21 年 8 月 3 日号 |
| 9月 | 発光体が地上すれすれを飛ぶ | 秋田県/県内北方『秋田日々新聞』明治 21 年 9 月 27 日号 |
| 10月 | 士族 2 人が鬼火を目撃 | 福井県/元小道具町『福井新報』明治 21 年 10 月 9 日号▶ 88 |
| 12月 | 奥二階から幽霊出る酒屋繁盛 | 愛知県/洲崎の酒屋『新愛知』明治 21 年 12 月 9 日号▶ 89 |

## 明治22年（1889年）

| | | |
|---|---|---|
| 2月 | 工夫たちの酒盛り中に幽霊現る | 青森県/東津軽郡朝虫村『東奥日報』明治 22 年 2 月 9 日号▶ 41 |
| 3月 | 山頂に金幣降って役所も出張 | 徳島県/麻植郡種野山字鬼ケ城の鬼ケ嶽『徳島日日新聞』明治 22 年 3 月 11 日号 |
| | 知人が昼間出あったのは亡き父 | 徳島県/八百屋町『徳島日日新聞』明治 22 年 3 月 21 日号▶ 168 |
| | 狐を手負いにした猟師に祟り | 熊本県/下益城郡杉嶋村字北崎『九州日日新聞』明治 22 年 3 月 28 日号 |
| 5月 | 猿顔に牛爪をもつ奇獣を追う | 香川県/大内郡帰来村字オホヅキ『信濃毎日新聞』明治 22 年 5 月 1 日号▶ 168 |
| | 古狸の汽車が人を惑わす | 青森県/樋川『東奥日報』明治 22 年 5 月 3 日号▶ 42 |
| 6月 | 美女に扮した狸が猟師に哀訴 | 香川県/阿野郡青海村字吉田『香川新報』明治 22 年 6 月 4 日号▶ 169 |
| | 身の丈一丈の見越し入道現る | 山形県/南村山郡堀田村大字成沢『山形新聞』明治 22 年 6 月 16 日号▶ 43 |
| | 3 日以前より神社から火の玉 | 愛知県/旧日置七面横町の日置神社『新愛知』明治 22 年 6 月 19 日号▶ 89 |
| 7月 | 天狗に虚空へ放り投げられる | 福井県/紺屋町のある旅館『福井新報』明治 22 年 7 月 24 日号▶ 90 |
| 8月 | 夜半に幾千の赤火が現れる | 佐賀県/百貫沖から肥前諫早の沖合『九州日日新聞』明治 22 年 8 月 20 日号▶ 186 |
| | 死者が訪ねてきて用頼まれる | 秋田県/南秋田郡下北守村『秋田日々新聞』明治 22 年 8 月 29 日号▶ 44 |
| | 氏神が「瓜盗んだな」と難癖 | 愛知県/碧海郡棚尾村字堀切『新愛知』明治 22 年 8 月 30 日号▶ 91 |
| 12月 | 大入道を見て倒れ、顔塗られる | 静岡県/君沢郡西浦村の大瀬神社『静岡大務新聞』明治 22 年 12 月 12 日号▶ 91 |
| | 巨大な白魚が漁船を呑まんとす | 静岡県/益津郡焼津村城之腰『静岡大務新聞』明治 22 年 12 月 12 日号 |

## 明治23年（1890年）

| | | |
|---|---|---|
| 3月 | 屋根に毎夜2時ごろ幽霊出る | 福井県/福井市旧大工町『福井新聞』明治23年3月8日号 |
| | 石の大黒様が引越し嫌い涙 | 秋田県/大町『秋田魁新報』明治23年3月28日号 |
| 4月 | 茶釜大の人魂を婦人たちが目撃 | 福井県/福井市元餌指町『福井新聞』明治23年4月18日号 |
| 6月 | 甘露がおびただしく降る | 東京都/北豊島郡の村々『徳島日日新聞』明治23年6月23日号 |
| 7月 | 掘り出した石棺には鬼の首と腕 | 広島県/ある山中の寺院『福井新聞』明治23年7月29日号▶152 |
| 8月 | 一団の鬼火は虐待死の女の怨念 | 熊本県/洗馬町近傍『九州日日新聞』明治23年8月14日号 |
| | 亡き母が子どもに最後の別れ | 静岡県/鷹匠町『静岡大務新聞』明治23年8月23日号▶92 |
| 9月 | 釜が突然に鳴り止む | 富山県/射水郡小杉町『富山日報』明治23年9月20日号 |
| | 亡き兄が枕辺で借金の催促 | 静岡県/豊田郡赤佐村『静岡大務新聞』明治23年9月25日号▶93 |
| 12月 | 幽霊が今生の別れに琴を弾く | 青森県/弘前本行寺『東奥日報』明治23年12月2日号▶45 |

## 明治24年（1891年）

| | | |
|---|---|---|
| 2月 | 織子の霊が織機で夜なべ仕事 | 福井県/毛矢町の機屋『福井新聞』明治24年2月4日号▶94 |
| | 道を聞かれた男が化かされる | 福井県/九十九新地『福井新聞』明治24年2月4日号 |
| 3月 | 双頭、二又尾の怪獣の死体網に | 大分県/大分郡鶴崎町字七軒町『福井新聞』明治24年3月13日号▶186 |
| 9月 | 捕らえた人魚を食う | 長崎県/下県郡豆酘村『扶桑新聞』明治24年9月26日号▶187 |
| | 漁師の女房を一丈の大蛸さらう | 島根県/石田郡沼津村字黒崎『扶桑新聞』明治24年9月26日号 |
| 10月 | 堤防から巨大な何かが飛び出す | 愛知県/愛知郡大沢村『扶桑新聞』明治24年10月6日号 |

## 明治25年（1892年）

| | | |
|---|---|---|
| 3月 | 猟師が大蛇の巣穴で行方不明 | 宮城県/刈田郡遠刈田温泉『秋田魁新報』明治25年3月17日号 |
| 7月 | 雷獣を村人総出でついに生捕り | 香川県/香川郡一宮村大字寺井の稲田『香川新報』明治25年7月6日号▶169 |
| | 買い取った雷獣を見世物に | 香川県/片原町『香川新報』明治25年7月12日号▶170 |
| 9月 | 凄まじい叫びと青火の妖怪屋敷 | 愛知県/西魚町一丁目『新愛知』明治25年9月2日号▶94 |

## 明治26年（1893年）

| | | |
|---|---|---|
| 1月 | 小学校のポルターガイスト | 秋田県/旧城地内『秋田魁新報』明治26年1月20・21日号▶46 |
| | 幽霊の出る三階が評判の茶屋 | 愛知県/豊橋の席貸し茶屋『新愛知』明治26年1月27日号▶95 |
| 10月 | 殺した犬の恨みか犬憑きで死亡 | 神奈川県/国府津駅『新愛知』明治26年10月7日号 |
| 11月 | 鬼の髑髏を見世物に | 青森県/三戸郡八戸町願栄寺『東奥日報』明治26年11月18日号▶46 |

## 明治27年（1894年）

| | | |
|---|---|---|
| 3月 | 飯櫃のなかの大蛇は死んだ女房 | 愛知県/丹羽郡何野村『新愛知』明治27年3月13日号 |
| 6月 | 釜鳴りは家が栄える吉兆と祝う | 岐阜県/土岐郡鶴里村字柿野『新愛知』明治27年6月8日号▶95 |
| 10月 | 狐、かがり火で行軍を送る | 岩手県/花巻停車場から3マイル余の字藤野『東奥日報』明治27年10月23日号▶48 |

## 明治28年（1895年）

| | | |
|---|---|---|
| 2月 | 息をする陶器の布袋を崇める | 富山県/梅沢町『富山日報』明治28年2月23日号▶95 |
| 6月 | いじめ殺された舅が嫁の枕辺に | 広島県/平塚町『中国』明治28年6月26日号▶152 |
| 11月 | 一団の火の玉の原因は自殺男 | 広島県/尾道港千光寺山『中国』明治28年11月27日号 |
| | 屋根の火の玉は老妻の妄念 | 広島県/水主町小字高野町円融寺のあたり『中国』明治28年11月28日号 |

## 明治29年（1896年）

| | | |
|---|---|---|
| 6月 | 死んだ行者の恨みが人魂に | 広島県/比治山あたり『中国』明治 29 年 6 月 17 日号 |
| 7月 | 女房の再婚に亡夫の人魂出る | 広島県/稲荷町『中国』明治 29 年 7 月 11 日号 |
| | 強欲家主の家に家鳴り振動 | 広島県/新川場町『中国』明治 29 年 7 月 28 日号 |
| 8月 | 寺に妖怪出るとの報に探見 | 山形県/大瀬村『東奥日報』明治 29 年 8 月 28・29・30・9 月 1・3・4・5 日号▶ 49 |

## 明治30年（1897年）

| | | |
|---|---|---|
| 5月 | 「東城に件生まれた」で大騒ぎ | 広島県/福山町地方『中国』明治 30 年 5 月 6 日号▶ 153 |
| 6月 | 毎夜、駐在所を襲う謎の幽霊 | 宮城県/桃生郡某村の駐在所『河北新報』明治 30 年 6 月 20 日号▶ 56 |
| 9月 | 食べ過ぎの狐が薬を所望 | 宮城県/瑞鳳山の片陰の穴倉明神『河北新報』明治 30 年 9 月 16 日号▶ 57 |

## 明治31年（1898年）

| | | |
|---|---|---|
| 3月 | 娼妓の恨みか、鏡に牡丹の斑紋 | 北海道/函館蓬街『小樽新聞』明治 31 年 3 月 12 日号▶ 13 |
| | 剣士が退治した妖怪は大古猫 | 広島県/高田郡生桑村烏帽子岩峠『紀伊毎日新聞』明治 31 年 3 月 13 日号▶ 153 |
| | 力士と若者たちが怪獣生捕る | 徳島県/長岸の観音寺『徳島日日新聞』明治 31 年 3 月 16 日号▶ 171 |
| | 古寺で狼虎に似た怪獣生け捕り | 徳島県/『紀伊毎日新聞』明治 31 年 3 月 22 日号 |
| | 心中者の遺書を無視して祟り | 北海道/函館蓬街の貸し座敷『紀伊毎日新聞』明治 31 年 3 月 22 日号 |
| | 転がる徳利を追って幽霊遭遇 | 和歌山県/加納橋『紀伊毎日新聞』明治 31 年 3 月 23 日号▶ 136 |
| | 毎夜、寺の墓地から泣き叫ぶ声 | 新潟県/古志郡北谷村大字名木野寿昌寺『紀伊毎日新聞』明治 31 年 3 月 29 日号 |
| | 家に住み着いた異形の獣 | 東京都/南葛飾郡隅田村『河北新報』明治 31 年 3 月 31 日号▶ 65 |
| 4月 | 家の棟に深夜怪しの声響く | 静岡県/田方郡三島町字宮『松江日報』明治 31 年 4 月 14 日号▶ 96 |
| | 呪われた畑から金銀を掘り出す | 愛知県/愛知郡広路村大字川名の若宮八幡神社『松江日報』明治 31 年 4 月 14 日号 |
| | 犬が嚙み付いた客は狸だった | 新潟県/川茂村大字川茂『佐渡新聞』明治 31 年 4 月 18 日号▶ 96 |
| | 狸顔、豹胴、猫足の怪獣捕獲 | 神奈川県/神奈川『紀伊毎日新聞』明治 31 年 4 月 28 日号 |
| 5月 | 魔の棲む池が人妻を呼び寄せる | 愛媛県/宇摩郡小富士村大字小林『新愛知』明治 31 年 5 月 26 日号▶ 172 |
| | 番頭が野狐に魅入られて帰らず | 福島県/遠賀『紀伊毎日新聞』明治 31 年 5 月 27 日号 |
| | 魔の棲む池に婦人の見投げ続出 | 愛媛県/宇摩郡小富士村字小林『小樽新聞』明治 31 年 5 月 28 日号 |
| 6月 | 白米が村のあちこちに降る | 青森県/東郡浅虫『東奥日報』明治 31 年 6 月 11 日号 |
| | 木を切って天狗に投げ殺される | 新潟県/岩船郡上海府村大字早川『東北日報』明治 31 年 6 月 30 日号▶ 96 |
| 9月 | 姉の後妻におさまった女に祟り | 東京都/麴町区麴町八丁目『新愛知』明治 31 年 9 月 6 日号 |
| 10月 | 一丈余の大入道が提灯手に走る | 千葉県/長生郡東村『九州日報』明治 31 年 10 月 30 日号▶ 66 |
| 11月 | 母と子の写真に写った亡夫 | 青森県/八戸町字二十三日町『新愛知』明治 31 年 11 月 2 日号▶ 58 |
| | 寺で雷獣を箱に入れ飼育中 | 徳島県/佐古村『九州日報』明治 31 年 11 月 9 日号 |
| | 大入道と怪美人が出る 2 階座敷 | 東京都/麴町区平河町の宿屋『新愛知』明治 31 年 11 月 29 日号▶ 66 |

## 明治32年（1899年）

| | | |
|---|---|---|
| 1月 | 二つの火玉が宙をかけまわる | 福岡県/早良郡大休山陸軍墓地『九州日報』明治 32 年 1 月 14 日号 |

| | | |
|---|---|---|
| 2月 | ポスト幽霊の正体は恨みの老母 | 山口県/周防山口の鰐石橋際『愛媛新報』明治 32 年 2 月 14 日号▶ 154 |
| 3月 | 藤原氏の姫の夢見て壺発見 | 宮城県/松島の近く地獄浜『愛媛新報』明治 32 年 3 月 1 日号 |
| 4月 | 死んだ息子か、踊る子どもの怪 | 和歌山県/那賀郡川原村大字馬宿土内『紀伊毎日新聞』明治 32 年 4 月 12 日号▶ 137 |
| 5月 | 養子に怒って釜が鳴動する | 岐阜県/『愛媛新報』明治 32 年 5 月 16 日号▶ 97 |
| | 石地蔵が一夜にして変身 | 栃木県/那須郡境村大字大沢『下野新聞』明治 32 年 5 月 27 日号▶ 68 |
| 6月 | 下駄職人が謎の神隠し | 愛知県/沢井町『新愛知』明治 32 年 6 月 2 日号▶ 97 |
| | 牛ケ淵公園の狐が娘に憑く | 東京都/神田区今川小路『愛媛新報』明治 32 年 6 月 7 日号▶ 66 |
| | 樹上に毎夜、木魚を叩く音 | 群馬県/館林町善導寺境内『愛媛新報』明治 32 年 6 月 7 日号 |
| | 飯釜が飯を炊かないのに唸る | 岐阜県/岐阜市金津廓大門通りの貸し座敷『新愛知』明治 32 年 6 月 18 日号▶ 98 |
| | 女色家の屋根上に夜な夜な火柱 | 東京県/浅草区南元町『愛媛新報』明治 32 年 6 月 22 日号 |
| | 枕辺に立った弟が翌朝に病死 | 新潟県/『愛媛新報』明治 32 年 6 月 26 日号 |
| 7月 | 髪振り乱した老婆の幽霊屋敷 | 東京都/浅草区駒形町『愛媛新報』明治 32 年 7 月 2 日号▶ 68 |
| | 古甕が持ち上げた途端に鳴る | 長野県/長野市『愛媛新報』明治 32 年 7 月 6 日号 |
| | 重さ二貫目の奇獣を山で捕獲 | 愛媛県/塩出の山中『新愛知』明治 32 年 7 月 30 日号 |
| 8月 | 英国へ輸出の人魚が価値暴落 | 愛知県/『新愛知』明治 32 年 8 月 9 日号▶ 98 |
| | 夜行性の奇獣を捕らえる | 茨城県/多賀郡高岡村の山林『新愛知』明治 32 年 8 月 16 日号 |
| | 鼠頭に猿の手足の奇獣を捕獲 | 福岡県/笠城山下の千石川『愛媛新報』明治 32 年 8 月 17 日号 |
| | 兎顔で鋭い爪もつ奇獣を捕獲 | 茨城県/多賀郡高岡村の山林『愛媛新報』明治 32 年 8 月 17 日号 |
| | 井戸への落雷とともに雷獣降る | 茨城県/筑波郡上郷村『愛媛新報』明治 32 年 8 月 23 日号▶ 69 |
| 11月 | 夜々、天狗が小児をさらう | 和歌山県/鵜川の場山『愛媛新報』明治 32 年 11 月 10 日号 |

## 明治33年（1900年）

| | | |
|---|---|---|
| 2月 | 夕食中に床下からポンポンと音 | 東京都/本郷区根津宮永町『愛媛新報』明治 33 年 2 月 1 日号▶ 69 |
| 6月 | 皇太子、人魚について御下問 | 奈良県/奈良『愛媛新報』明治 33 年 6 月 6 日号▶ 138 |
| 8月 | 汽車で乗り合わせた男は幽霊 | 和歌山県/伊都郡笠田村『紀伊毎日新聞』明治 33 年 8 月 12 日号 |
| | 門前に火柱、軒下より火の玉 | 愛知県/鶯谷町ほか『中京新報』明治 33 年 8 月 17 日号▶ 98 |
| 12月 | 大入道に出会って 40 日寝込む | 愛知県/中島郡祖父江町字居中『新愛知』明治 33 年 12 月 16 日号▶ 99 |

## 明治34年（1901年）

| | | |
|---|---|---|
| 7月 | 海中に住む妖孤を捕らえる | 三重県/度会郡神社町大字竹鼻『蝦夷日報』明治 34 年 7 月 8 日号▶ 138 |
| | 大蛇のお告げで池と社を作る | 北海道/亀田郡石川野『蝦夷日報』明治 34 年 7 月 29 日号▶ 13 |
| 12月 | 妖火にたぶらかされ子を死なす | 愛知県/大高町『北海朝日新聞』明治 34 年 12 月 13 日号▶ 100 |

## 明治35年（1902年）

| | | |
|---|---|---|
| 9月 | 阿弥陀如来像が夢で修繕依頼 | 北海道/中歌町西本願寺別院『函館公論』明治 35 年 9 月 12 日号 |
| 10月 | 烏賊干し道具に未練の幽霊 | 北海道/大森町『函館公論』明治 35 年 10 月 16 日号▶ 14 |

## 明治36年（1903年）

| | | |
|---|---|---|
| 2月 | 舌長四尺の大海蛇の頭を見世物 | 香川県/丸亀市富屋町常磐座『函館公論』明治 36 年 2 月 20 日号 |
| 4月 | 死んだ男が旅店のまわりを徘徊 | 北海道/東浜町丸米旅店『函館公論』明治 36 年 4 月 17 日号▶ 15 |
| | 竜神の祟りか、長屋で連続死 | 北海道/西川町『函館公論』明治 36 年 4 月 30 日号▶ 15 |
| 8月 | 誤って殺した猫が夫婦に祟る | 北海道/西川町『函館公論』明治 36 年 8 月 29 日号 |